Entangled Minds

Extrasensory Experiences in a Quantum Reality

缠绕的意念

当心理学遇见量子力学

【美】迪恩·雷丁（Dean Radin） 著

任颂华 译

人民邮电出版社

北京

图书在版编目（CIP）数据

缠绕的意念：当心理学遇见量子力学 / （美）雷丁
(Radin, D.) 著；任颂华译. -- 北京：人民邮电出版社，
2015.9
　　ISBN 978-7-115-40177-9

　　Ⅰ. ①缠… Ⅱ. ①雷… ②任… Ⅲ. ①超心理学—研
究 Ⅳ. ①B846

中国版本图书馆CIP数据核字(2015)第182590号

内 容 提 要

　　为什么存在宇宙？生命是否有真实的目的？而又是谁在问这个问题？如果没有人看着月亮的话，它是否继续存在？我们能否感知发生在爱人身上的事情，即使她远在千里之外？直觉是否包含关于未来事件的信息？我们可以不借助常规感官获得这些信息吗？

　　《缠绕的意念：当心理学遇见量子力学》基于量子力学与心理学的最新成果，通过深入剖析大量对照实验，雄辩地证明了爱因斯坦称之为"超距幽灵作用"的缠绕现象的存在：宇宙中的个体表面上各自独立，实则彼此交互，个体一旦交互，时空联系就会保留下来，而我们的心灵也以类似的方式缠绕在一起。因此，诸如预感、千里眼、心灵感应等并不是所谓神秘现象，只是进化的自然结果。藉由揭示隐藏在超验背后的物理现实，迪恩·雷丁不仅为我们科学地认知心理体验搭建了舞台，还为我们理解我们是谁、从哪里来以及到哪里去等终极命题创造了可能。

　　本书对几千年来的科学与心理学发现娓娓道来，观念独到、视角新颖、内容大胆且充满趣味性。作为心理学的前沿著作，它能给我们以深刻的启迪；而作为实用的科普读物，它也能为我们带来丰富的教益。

◆　　　著　　【美】迪恩·雷丁（Dean Radin）
　　　　　　译　　任颂华
　　　　责任编辑　　姜　珊
　　　　执行编辑　　郭光森
　　　　责任印制　　焦志炜

◆　人民邮电出版社出版发行　　北京市丰台区成寿寺路 11 号
　　邮编　100164　　电子邮件　315@ptpress.com.cn
　　网址　http://www.ptpress.com.cn
　　北京天宇星印刷厂印刷

◆　开本：700×1000　1/16
　　印张：18　　　　　　　　　　2015 年 9 月第 1 版
　　字数：200 千字　　　　　　　2025 年 3 月北京第 35 次印刷
　　　　著作权合同登记号　图字：01-2014-7265 号

定价：59.00 元

关于本书的赞誉和推荐

雷丁对经常由怀疑论者提出的欺骗性论点加以敏锐的分析，并表明有压倒性的证据证明超验的存在。

布莱恩·约瑟夫森（Brian Josephson），诺贝尔物理学奖得主、剑桥大学物理学教授

科学想象的巅峰之作。迪恩·雷丁用清晰的语言表明，心理学的神秘和量子力学的神秘是如何结合在一起引领出"新现实"的。与之相比，最大胆的科幻小说都显得乏味。

迈克尔·格罗索（Michael Grosso），哲学家、《现在就体验下一个世界》

（*Experiencing the Next World Now*）作者

雷丁所做的陈述有着宏大的影响。他的观点动摇了分离个体说法的核心，而代之以所有意念联合的场景。雷丁表明一致性不需要开发，它本就存在，只要我们去加以认识即可。意识研究领域的爱因斯坦为我们提供的这本书，将永久地改变我们对人类意识的本质以及人类起源和归宿的看法。在这个充满敌意、差异以及刺激性竞争的世界里，很难想象有比这更重要的贡献。

拉里·多西（Larry Dossey），医学博士、《常规事物之非常治愈能力》

（*The Extraordinary Healing Power of Ordinary Things*）作者

作为科学家,我们在巨大的无知森林中照看着一堆飘摇的篝火。雷丁的工作是可靠、可信的导引,引导我们理解这令人安心的火圈之外能转换我们形态的重要现象。

尼克·赫伯特(Nick Herbert),物理学家、《量子现实》(*Quantum Reality*)作者

很难看到一本趣味横生且观念清晰的书,一方面读起来令人振奋,另一方面又可作为权威的参考文献。《缠绕的意念》就是这样一本好书。雷丁报道了超心理学研究中的最新发现,同时说明了它们和后现代量子物理给予我们的现实的扩展场景相适应的方法——读的时候还要记住,精神现象中人的重要性!

查尔斯·塔特(Charles Tart),心理学家、《意识的另一种形态》

(*Altered States of Consciousness*)作者

雷丁是世界上最有创意的超心理学家之一。而这本非凡的书不仅仅是对超心理的论述,还提出了一个新的范例,挑战了我们对人类本质以及宇宙自身如何运作的常规看法。

斯坦利·克里普纳(Stanley Krippner),心理学家、《论异常体验种种》

(*Varieties of Anomalous Experience*)联合作者

《缠绕的意念》是一本极好的书。雷丁不断用事实证明,心理体验和物理发现源自同一口心灵之井。对理解我们自身和这个世界,这本书做出了卓越贡献。

比尔·罗尔(Bill Roll),心理学家、《释放》(*Unleashed*)作者

我等这样一本书已经很久了。出于我自身体验热情的驱动，在过去 30 年间，我阅读了数千本关于非常现象和意识的另一种形态的书籍。我认为我已经将能看的书都看过了，但雷丁博士这本开辟了新领域的书还是强烈地吸引了我。

很多人都对众多作者过度使用隐喻感到困惑："神秘主义所论述的内容几乎与量子物理一样，所以这证明了神秘主义的说法是可信的。"或者更糟的是："既然物理学说所有东西都是能量，因此意味着我们也是能量。"有时，人们将发生在亚原子级别的罕见现象外延，做出关于人类交互的超常声明，但很少意识到众多量子现象无法发生在一个整体组织的层次。雷丁避免了这一风险极大的方法，转而记录了实验的精确结论，这些结论都有力地证明了超心理现象的存在，同时也建立了一个具有想象力的模型对其加以解释。众所周知，荣格（Carl Jung）和诺贝尔物理学奖得主泡利（Wolfgang Pauli）不只对超验现象感兴趣，更相信物理学和心理学的综合不仅是可能的，而且是必要的。雷丁借助他们（以及别的许多人）的洞见，与他们一起创造了某种了不起的整合。

基于我的个人经验和对该著作的详尽审读，我毫无保留地确信，雷丁的核心假设完全正确——我们的意念是互联的。如果有足够多的人意识到并理解了这一互联性的影响，我们的世界将在刹那间被改变。这是因为，这不是什么科学实验，而是一种洞见，会直接影响到我们个人关系、商务关系和政府关系的核心，甚至影响到诸如自由意志、食用动物这样的道德和伦理事务。

该书叙事清晰，间以详尽的插图和表格。我希望该书被广泛阅读，并且我们都应该去思考一下雷丁的观点带来的影响。因此，我强烈推荐这本书。

理查德·佩蒂（Richard G. Petty），《治愈、意义和目的》

（*Healing, Meaning and Purpose*）作者

《缠绕的意念》引领我们走向以心理现象（或称超验）为主题的最尖端的科学研究的振奋旅程。雷丁不光呈现了在心灵感应领域进行的实验的详尽历史和分析，而且论述得异常清晰。如果能证明超验是真实的，而不是想象出来的现象，我们就有足够的理由将超验带入历史、科学研究、医药以及社会动态的各个形式中，包括体育、国际间的冲突等。爱因斯坦称为"超距幽灵作用"的量子缠绕可能正是理解我们如何能在一个非常深刻且非常基本的层次上互联的关键。

让雷丁来描述我们所知的超验现象再合适不过，因为他目前就职于思维科学研究所（Institute of Noetic Sciences），担任研究所实验室主任一职。受过正规训练、正从事全职超验研究的博士科学家不过寥寥 50 位，他即是其中之一。

本书我最喜欢的部分，是看到雷丁和其他超验研究人员很快注意到他们有巨大的机会去跟踪世界范围内的人们对重要事件的心理反应。我也很喜欢这本书描述那些神秘现象如何被科学研究的方式。本书真正的亮点在于，它描述了众多研究主题的元分析，对之前的科学分析加以了分析。

我极力推荐读者阅读本书。尽管目前，超验可能被认为是一个富有争议的"边缘"话题，但雷丁的看法是："历史表明，随着科学前沿的不断开拓，超自然将变成超常，然后变成常规。"这是一本极有勇气的书，激励着我们所有人对心理体验进行理性的审视。想象一下吧，如果我们能理解人与人之间是如何互联的，我们将会创造一个怎样的世界。

辛西娅·苏（Cynthia Sue），亚马逊百佳评论者

谨以此书献给我的妻子苏茜（Susie）

目　录

引 言

超距幽灵作用

在现代物理学众多最惊人的发现中，发现物体不像看起来的那样互相分离，算得上其中一个。当你深入到看似最坚固的材料内核，就会发现"分离"慢慢消失了。留下来的只是各类关联，神奇地延展在时空中——就像《爱丽丝漫游仙境》（*Alice in Wonderland*）里那只柴郡猫（Cheshire Cat）的微笑一样。[①] 这些关联由量子理论所预言，而爱因斯坦称之为"超距幽灵作用"（spooky action at a distance）。量子理论创始人之一的薛定谔（Erwin Schrödinger）将这一特性称为"缠绕"（entanglement），并说"我不会将其称为量子力学的一个特性，而是量子力学的那个特性（the characteristic trait of quantum mechanics）"。

缠绕现象所揭示的更深层的现实与我们在日常生活中所体验到的现实的差别实在太大了。直到最近，很多物理学家还认为，只有出于纯理论的原因才会对它感兴趣。他们能接受的是，基本粒子所在的微观世界可以神奇地缠绕起来，但这些缠绕是瞬态的，对我们所体验的世界没有什么实质的影响。现在，这个观点正在迅速改变。

如今，科学家已经发现，有一些方法可以将微观缠绕的效果"放大"，使其进入我们的宏观世界。经过精心准备的原子大小的物体间的缠绕关联，可以存

---

① 柴郡猫是《爱丽丝漫游仙境》中的角色。它能突然在空气中出现，又能慢慢消失在空气中。先消失的是尾巴，然后是身体和脸，到最后只有咧嘴的笑容留在空气中。——译者注。

续数公里。也有理论描述这样的情形：缠绕群怎样来完成一些任务，而不需要群内的成员以任何常规的方式进行沟通。有些科学家认为，生命系统内所展示的高度相干性在某些基本方面也可能依赖于诸如"缠绕"这样的量子效应。也有人认为，自觉意识由大脑内缠绕着的粒子引起——或者以某种重要的方式与之相关。更有人认为，整个宇宙就是一个单一的、自缠绕的对象。

如果这些推测是对的，那么在这样一个互相关联的宇宙中，人类体验又将是怎样的呢？我们是否偶尔会与所爱的人——即使相隔甚远——有着超自然的互联的感觉？这样的体验难道不该引起我们的敬畏之情，让我们认识到除了常识蕴含的现实外还有更多可能性？电话铃一响，我们就立即知道是谁打来的，这里有没有"缠绕的意念"在起作用？我们是否有过类似的体验，它们的产生是由于真实的信息不知怎地绕开了通常的感官渠道？或者，还是将这样的情形理解为巧合或错觉更好？

本书要讨论的就是诸如此类的问题。我们会发现，对于某些类型的真正的超验（psi）现象，已经有了具有实质意义的实验证据。我们也会看到，为什么直到最近，这些有趣的现象基本上还是为科学所忽视。若干世纪以来，科学家们一直认为，所有的一切都可以用类似钟表这样的机制来解释。但是出乎所有人的意料之外，到了 20 世纪，我们得知这一常识性的假定是错的。一旦开始近距离地审视现实的构造，根本找不到类似钟表这样的机制。相反，编织现实这块织物的纺线极其奇异、"一统"（holistic），在时空中没有精确的定位。在织物自由悬垂的一端拽一下，整块布料就会瞬间跨越整个时空而抖动。

在理解缠绕现象的道路上，科学才刚刚起步，还有好多要研究的东西。不过可喜的是，我们目前所知的东西提供了一种研究超验的新思路。超验不再被认为是罕见的才能、神赐天赋或者某种如魔术般超越了常规物理界限的"能力"。反之，超验成为生活在一个互联、缠绕的物理现实中的人类所无法回避的结果。超验由一种诡异的、不能与一般世界相匹配的反常——这也是为什么超验被标上"超常"（paranormal）标记的原因——重构为一种自然的物理现象。

将宇宙视作一个互联整体的想法并不新鲜。数千年来，它就是东方哲学体系得以构建的核心假设之一。新鲜的是，西方科学开始慢慢意识到，这些古老知识中的某些要素也许一直以来都是对的。当然，要接受一种新的本体论并不那么轻松。一旦开始谈到诸如对现实的某种看法这样严肃的话题，遵循那句较保守的名言"如果还没坏，就不要去修"（If it ain't broke, don't fix it）或许才是明智之举。因此，我们不得不认真审视这些证据，看看超验到底是真是假。如果结论是正面的，那么之前关于思想和物质之间关系的假定就是错的，我们必须另找一个假设。

我们将超验概念作为"缠绕的意念"进行探索的过程中，将研究生活中和实验室中关于超验实验的例子。我们会调查超验研究的起源、数千个实验室对比测试的结果，并拿出事实来应对怀疑论的挑战。然后我们将探究当代物理学所揭示的现实这块织物，看看它为何与理解超验为什么存在及如何存在这样的问题变得愈来愈相关。作为本部分的结束，我们不妨引用 19 世纪英国诗人弗朗西斯·汤普森（Francis Thompson）的诗句，因为他的表述再恰当不过了。①

> 万物生发
>
> 由近及远
>
> 隐约神秘
>
> 彼此互联

---

① 此诗原文如下：All things by immortal power, / Near and Far / Hiddenly/ To each other linked are, / That thou canst not stir a flower / Without troubling of a star. ——译者注。

一花既拈

万星耀闪

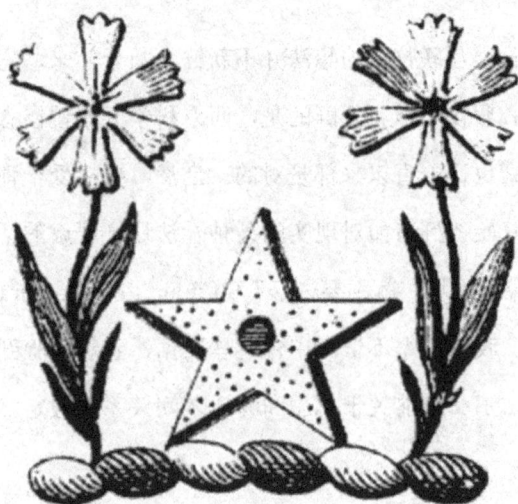

第一章
量子缠绕

如果在思考量子理论的时候，你从未有过晕晕乎乎的感觉，那说明你还没有理解它。

尼尔斯·玻尔（Niels Bohr）

何为现实？当今的看法已和过去大不相同。

这一改变又发生在何时？历史学家对此看法不一。有人认为是在 1905 年。[1] 也有人认为应归于 1964 年和 1982 年发生的一些关键事件。[2] 我觉得这一改变更像是一次延续了差不多整个 20 世纪的冰川运动。

我们还不完全理解这一新的现实。但我们所掌握的点滴已经揭示了令人震惊的"变形"（metamorphosis）。这一变化如此出乎意料，以至于几十年来几乎

---

[1] 指 1905 年这一属于爱因斯坦的"奇迹之年"。这一年，年仅 26 岁的爱因斯坦连续发表了 5 篇划时代的论文，在光电效应（他因此获得了 1921 年的诺贝尔物理学奖）、布朗运动、狭义相对论三个领域点燃了物理学革命的熊熊烈火，改变了人类的思想、文化和历史进程。——译者注。

[2] 发生在 1964 年的科学界大事有：宇宙微波背景辐射被确认，保罗·科恩（Paul Cohen）证明了连续统假设的独立性等。发生在 1982 年的科学界大事有：九星连珠、哈雷彗星回归、庞加莱猜想被证明在四维成立等。——译者注。

无人对此加以关注。那些注意到这一变化的，在一开始也只能无言以对。等他们能再次开口的时候，他们口中吐露出来的词儿居然是"震惊""诡异""难以置信""幽灵"等。他们可不是那些大肆推销我们不需要的产品的推销员，而是学问渊博、头脑冷静的物理学家和哲学家。他们有这样的反应，是因为他们正试图去理解什么是新的现实。

"新现实"，指的是对我们生活于其中的那个互联的媒介——那块由当代物理学展示出来的"现实的织物"——的当代理解。本书的目的就是探索这一新现实的众多结果之一："人类体验"这一大家熟悉的领域。我们会看到，如果从量子理论的角度来看待我们的体验将有什么样的事情发生。在研究的过程中我们会惊奇地发现：某些之前被认为不可能的现象，也许事实上是存在的。

是的，我说的是精神现象：心灵感应（telepathy）、千里眼（clairvoyance）以及念力（psychokinesis，PK）。

可能有人反对将典雅的量子理论与灵异的精神现象联系起来，认为这是不合理、"不科学"的。只是因为这两个领域中都弥漫着离奇的结果就认为两者之间存在联系是错误的。我当然理解这一反对意见。量子理论是对可观测世界的描述，基于严谨、系统的数学体系和良好精密的科学实验，而精神现象是那些不确定的、主观的事件，其研究历史过于错综复杂。但事实表明，由量子理论所揭示的现实与精神现象所关联的现象之间有着突出的相似之处。指出两者之间存在有意义的关系的正确方法恰恰非常之特别。本书要研究的正是这个关系：超验关联（psi connection）。

"超验"这个词于1942年由英国心理学家罗伯特·苏奥雷斯（Robert Thouless，又译劳伯·萧勒士）创造，是一个用来指代精神现象的中立术语。它代表第23个希腊字母（ψ），读作"赛"。ψ也是希腊语psyche（灵魂、思想）这个词的首字母。苏奥雷斯选择这一表述来指称那些精神体验，而避免暗示其起源或者机制。常见的超验体验（简称"超验"）包括：思想与思想间的联系（心灵感应），对远方物体或事件的感知（千里眼），对未来事件的感知（预知），以及思想与物体间的互动（念力）。超验在以下现象中也可能存在，例如，直觉性的预感、自发的本能反应、远距离治愈、意愿的力量以及感到被人盯着看的感觉。

所有语言——从阿拉伯语到祖鲁语、从捷克语到马恩岛盖尔语①——都有词汇来描述超验。这些词汇的普遍性说明了这样一个事实，即这些现象是人类体验的基本部分。确实，有过超验经历的人遍布所有历史时期、所有国家，他们的年龄和受教育程度不同，文化背景也不同。

▋科学禁地▋

人们一直对超验有着浓厚的兴趣。但是在正统科学范畴，超验要么被认为不过是一块烫手山芋，要么就是一个形如山芋头的玩具。很多科学家相信超验是真实的，但是处理起来却令人不悦——就像捧着热山芋一样。其他人则相信，超验不过是小孩子的把戏，哪里值得认真对待？

对于大部分相信超验为真的人来说，他们必须面对"知识禁地"的问题。由于这样的话题是禁忌，为某些想法筹资，实施和发布它们都会受到限制。2005 年的《科学》（Science）杂志上发表了一篇文章，给出了就"知识禁地"所进行的一次调查的结果。被调查对象是美国著名学术部门里的科学家们。调查发现，大部分人认为"非正式的约束"限制了他们的研究。这些限制包括他们认为新闻媒体、杂志编辑、积极分子或者同行对其兴趣点会有怎样看法的担心。正因有着来自社会和政治方面的压力，科学家们才尽量回避具有争议的话题。接受调查的一位科学家这样写道："为求生活不被认为癫狂，我竭尽所能。"

---

① 马恩岛盖尔语是苏格兰海岸外马恩岛上的传统语言。该语言中"精神"一词的拼写为 sheekagh。

这还是常规主题研究所面临的事态，超验研究要面对怎样的情况就更可想而知了。常规的资金来源几乎从不考虑接触烫手山芋。结果就是，全球只有不到 50 个接受过正规训练的博士科学家从事全职的超验研究。这些人的一个共性就是不畏正统。作为这些正牌的常规挑战者之一，经常有人问我怎么会对超验研究感兴趣，还如此执着这一堂吉诃德式的使命。要回答这些问题，我得先简要描述一下我的背景。

个人观点

从记事的时候起，我就沉迷于个体存在之类的问题。一年级的时候，其他小朋友会利用晨休的时间在操场上蹦蹦跳跳、推推搡搡。但是我会待在课堂，用存在主义问题来纠缠我的老师布拉特（Platt）小姐。小学老师的工资当然不是很高，所以没法宠溺被哲学非确定性困扰的小屁孩，更别说是在午餐前了。

为什么我们在这里？我们能做到的仅此而已吗？生命是不是有真实的目的，还是说，为了不让我们关注那些更重要的问题（比如"生之徒劳"），而强调算术和拼写来转移我们的注意力？我对这些问题着了迷。有一天，孩子们在教室里扔纸球，引起了混乱。我看着发生在眼前的混乱想到："这些孩子怎么了？这些熊孩子啊！"这一想法浮现在我脑海的一刹那，我被一种特别清晰的思维状态所击中。这不可能是我的思想。这种想法属于一个因被派来监督这帮表现顽劣、发育不全的灵长类幼体而抓狂的成年人啊。可我也曾是这些顽劣的熊孩子之一，我在这样想的时候又在做着什么？一道闪电划过，我意识到"我"和我的思想不一定是一样东西。现在回想起来，也许我和我们可怜的老师有了通感。老师的脸慢慢地凝结，表现出那种亘古不变的痛苦表情——爱德华·蒙克（Edvard Munch）的著名油画《尖叫》（*The Scream*）描绘了这一表情，并使该表情闻名世界。这一场景还引发了类似的自我感知事件，并进而让我开始思考这样的问题：观察着我的思想的那个"我"是什么？而又是谁在问这个问题？

对该话题的好奇倒不是出于对存在的焦虑。我的童年很快乐。我出生于一个无忧无虑、充满不可知论和艺术氛围的家庭。我的兴趣无疑是遗传的。一位朋友开玩笑说，我出生时肯定携带了一条额外的"why"染色体。^①且不论到底为何，我对人类思想的兴趣因我的第一份职业而进一步催化。我5岁开始演奏小提琴。不知不觉中，在接下来的20年间，我一直是一位古典音乐独奏者，并在乐团和四重奏中演出。

在这些规规矩矩的年份里，我的父母和我的小提琴老师总是用同样的说辞来逗我。我刚练完一首很难的曲目，他们就会说："不错，但是你还有潜力。"当然，说这话是要我更加努力。但实际效果是，它促使我去思考我的潜力到底是什么？这一疑问随着年龄的增长而越来越强烈。我怎么知道我发挥了自己的全部潜力？人类思想最远又能到达何处？

对诸如此类问题的沉迷使得我最终放弃了自己的音乐事业。我对有关人的能力和潜力的问题开始感兴趣。如今，我已在这个问题上花费了我职业生涯的大部分时间，但还是没有找到人的潜力的尽头。我越是深入探寻，越是发现要学的东西更多。1977—1997年在思维科学研究所（Institute Of Noetic Sciences，IONS）任所长的威利斯·哈曼（Willis Harman）——他对这些问题有着广泛的研究——说过一段话，我也很赞同。哈曼将这一情形简明扼要地总结为："人类思想的唯一极限也许就是我们愿意相信的那么远。"

---

① 作者这里开了个双关语的玩笑。why 发音同 y。男性染色体为 XY，多一个 Y 往往意味着更男性化。因此，"why 染色体"可以理解为作者从小就喜欢问各种"为什么"的问题。——译者注。

世界上有不少与人类潜力密切相关的有趣话题。其中的一个很快引起了我的注意——精神体验。我10岁左右开始对超验感兴趣。我在公共图书馆里找到了摆满童话、神话、寓言以及科幻小说的那个美妙藏区。在这些虚幻世界里，意念拥有超常能力是理所当然的事情。我那幼稚的直觉也觉得这完全合理。也就是在这段时间，我又发现科学和数学对我有着巨大的吸引力。但是，有一点也很明确，科学和童话故事只有一个共同点：创造性的想象力。除此之外，我还真看不出它们还能有什么联系。

不过，瑜伽体系中对精神力量（即所谓 Siddhis，意指神力、超自然力）的描述方式还是震撼了我。它们以"事实如此"的语调呈现在远古文字中，就像帕坦伽利（Patanjali）在《瑜伽经》（*Yoga Sutras*）里所写的那样。这样的能力没有被描绘成什么超自然的童话故事，而是进行冥想带来的实实在在、平平淡淡的结果。这样的说法打破了科学的边界。这些书的作者都是有思想有智慧之士，而且在审视"内在空间"方面，似乎和西方科学家们审视"外在空间"一样内行。当然啦，我这样想道，这些说法不过是儿童故事，是那些科学启蒙之前的人们纯粹凭想象造出来的异象。我觉得自己采取一个存疑的立场是很自然的，因为我的兴趣不是因为经常有超验感受而激发的，而是来自对通感（empathy）的强烈好奇和自然倾向。

有一天，我缠着一位好心的图书馆员，问了太多太多的问题。她推荐我去读那些描述对超验现象进行科学调查的书。我被吸引住了。我发现，精神能力和科学之间有联系——这些能力都可以在实验室中加以测试。

很快，我认识到，我每读两本为超验提供科学依据的书，读到的第三本书就会提出反驳意见。我曾读过一本怀疑超验真实存在的书，因此对人类表现出来的愚蠢本性感到讽刺，然后又读到一位科学家的书，他实实在在地进行了实验，让我觉得探索人类思想的前沿领域是有前景的，并为此感到兴奋。这一对立的两方看起来都足够理性。双方都提出了具有说服力的观点。但是读完这些书后，我注意到，这样的争论遵循着一个可预测的模式：一方提出了实验证据，表明发生了一些有趣的事情；另一方辩论说这些证据不够有力，不值得严肃对待。有些怀疑者更将质疑推向极端，坚持认为所谓正面的证据总是有误或者有意作假。

在我看来，这样的辩论表明：一方通过提出睿智的问题来探究自然，从而努力去理解内在空间的深度；另一方试图通过充满激情的、有时甚至是恶意的否认来维持现状。前者希望能促进知识进步，并承担风险；后者总是说不，只对捍卫教条在意。我认为探索者比怀疑者更有意思，而当我得知现代某些最伟大的思想家——比如诺贝尔物理学奖得主泡利以及心理学家荣格——也对超验有着浓厚的兴趣时，更是深受触动。

在开始阅读超验研究文献15年后，我在伊利诺伊大学乌尔班纳·香槟分校（University of Illinois at Urbana-Champaign）获得了电子工程硕士学位及心理学博士学位。除了超验，我还研究事理学（cybernetics）①和人工智能。我的电子工程论文导师是海因茨·冯·福斯特（Heinz von Foerster），他是基础事理学的先驱。福斯特有一个具有深远影响力的贡献，即确立了在复杂领域中——包括观察者观察其自身这样的复杂情形——自我参照（self-reference）的地位。事理学创造了如今为我们所知的话题，如自组织系统、混沌理论等。我对这些科目抱有兴趣，是因为我相信自我参照和超验有着紧密的联系。② 我的博士毕业论文论及设计具有认知功能的计算机模型和人工智能的应用。我的导师是安德鲁·奥托尼（Andrew Ortony），他以对认知和情绪的研究而闻名。在我的博士资格评审团中，还有一位是约翰·巴丁（John Bardeen）。两次获得诺贝尔奖的科学家只有四个，他

---

① Cybernetics，也译作控制论。本书译为"事理学"的出处见 http://www.wintopgroup.com/readings/articles/foerster.pdf。——译者注。
② 超验可能是宇宙审视自身而带来的某种副作用。

就是其中之一。[①]

在我读大学期间，我曾涉足一些简单的超验实验。但加入 AT&T 的贝尔实验室（Bell Laboratories）[②]后，我开始参加由超心理协会（Parapsychological Association，PA）举办的年会。PA 是一个国际化的专家组织，成员都是对超验现象有兴趣的科学家和学者。从 1969 年开始，它就是美国科学进步协会（American Association for the Advancement of Science，AAAS）[③] 的隶属机构。后来我就职于 SRI 国际公司（之前叫斯坦福研究院，Stanford Research Institute），为美国政府工作，对某些超验现象进行保密调查[④]。后来我先后受聘于普林斯顿大学（Princeton University）、爱丁堡大学（University of Edinburgh）、内华达大学（University of Nevada），以及两家位于硅谷的研究室。2001 年，我作为研究人员加入了 IONS。

我工作的大部分时间都是分析数据、写文章、在实验室中准备实验或者做实验。我偶尔也会呆呆地凝视窗外，这说明我正试图从实验观察到的有趣现象中找出道理；我也可能一边在我的五弦班卓琴上弹奏着蓝草音乐（bluegrass），一边思考某个古怪的问题。在如列子般御风而行的过程中，有次我发现自己正在对某种由科学酝酿而成的不安进行沉思。

---

① 巴丁于 1956 年因发明半导体与肖克利（William Shockley）、布拉顿（Walter HouSer Brattain）一起获得了诺贝尔物理学奖，于 1972 年因解释常规超导体超导电性的微观理论与库伯（Leon Cooper）、施里弗（Robert Schrieffer）一起再获诺贝尔物理学奖。两次获得诺贝尔奖的另外三位科学家是：居里夫人（Marie Sklodowska-Curie），1903 年因对放射性的研究获得了诺贝尔物理学奖，1911 年因发现元素钋和镭获得了诺贝尔化学奖；鲍林（Linus Pauling），1954 年因在化学键方面的工作获得了诺贝尔化学奖，1962 年因反对核弹的地面测试获得了诺贝尔和平奖；桑格（Frederick Sanger），1958 年因测定胰岛素的分子结构获得了诺贝尔化学奖，1980 年因对核酸测序的贡献与吉尔伯特（Walter Gilbert）同获化学奖的一半（另一半归保罗·伯格，即 Paul Berg）。——译者注。
② 晶体管以及众多基础通信设施都是贝尔实验室发明的。贝尔实验室目前是朗讯（Lucent Technologies）的一部分。
③ AAAS 是世界上最大的综合科学社团，服务于 200 多家隶属科学机构和学院，有约 1000 万名个体成员。
④ 某些阴谋论者认为这一调查是中央情报局（CIA）在 20 世纪 50 年代到 60 年代不法进行的 MKULTRA "意念控制" 计划的一部分。这个论断是错误的。在 SRI 国际公司进行的 "星门" 以及其他关联项目与 MKULTRA 没有任何关系。

|被动摇的假设|

从诸多领域中涌现出的众多出人意料的发现，动摇了我们之前所认可的假设。其中一个共同点是，之前观察到的被认为是无意义的反常现象，如今需要再度加以考量。在这一过程中，关于现实本质的新启示被不断展现出来。

- 宇宙学家发现，我们也许在不经意间忽视了宇宙 96% 的部分。宇宙缺失的这部分曾被称为暗能量和暗物质。我们对此几乎一无所知，而它却蕴含着宇宙结构和演化的全新概念。随着重新审视宇宙理论，我们也拥有了新的视角去看待几十年前观察到的那些宇宙异常现象。

- 就在不久之前，分子生物学家还把大段的基因序列当作"垃圾 DNA"，因为确实没人知道它们到底有什么用。现在，他们惊奇地发现，人、鸡、狗、鱼的 DNA 基对有着很强的共同点。DNA 的某些部分似乎超级保守，存续了数亿年。之前关于 DNA 中哪些是重要部分的假设是错误的。

- 一个世纪以来，神经学家相信大脑中的神经元不会再生。一旦大脑受损或者神经元随时间而死去，常规的神经功能将不可避免地退化。现在我们知道这个论点是错的：大脑神经元确实能再生。大脑的适应性比之前预计的要强得多。这为之前那些因为毫无道理可言而被忽视的事实带来了光明。1980 年的《科学》杂志提到了一个案例分析。在一次小手术之前的常规检查中，一位就读于英国谢菲尔德大学（Sheffield University）的学生被发现几乎没有大脑。[1] 但是这并不妨碍他有着 126 的高智商，并以一等生的荣誉从数学系毕业。

---

[1] 这名学生的大脑皮质因脑积水被压缩到不到 1 毫米厚。

◎ 2004 年，由美国政府资助的一次评议重新燃起了对已被科学界深度冷藏而留下 15 年空白的"冷聚变"（cold fusion）的兴趣。[①] 全世界各地的实验室都成功地重现了冷聚变，这也一再表明发生了一些不寻常的事情。要理解发生了什么，也许需要一门新的跨越原子物理和电化学的学科。

◎ 研究黑洞数学模型的宇宙学家们吃惊地发现，整个宇宙可以被描述为一种全息图，或者说是时空交错的模式。正如斯坦福大学的物理学家拉菲尔·布索（Raphael Bousso）在《科学美国人》（*Scientific American*）中所说："奇妙之处在于，全息原则在所有时空领域都起作用。我们有着如此美妙的模式，比我们起步时所用的黑洞模型更通用。可我们对它为什么起作用仍一无所知。"

▎何谓缠绕▎

要说最重要的发现，也许还是"缠绕"。爱因斯坦对这一量子理论的预测表示无法接受，称之为"超距幽灵作用"。量子理论奠基人之一的薛定谔用"缠绕"一词来描述粒子分开后不论距离多远都还存在关联这一属性。这些关联是瞬态的，其运作"超出"常规的时间流。这也意味着，在极深的层次上，我们所看到的独立物体的分离，在某种概念上，只是我们有限的观察所带来的假象。根本点在于，我们才刚刚开始理解物理现实关联的方式。

缠绕是基于量子理论的数学模型作出的预测。最初的看法是它过于脆弱，用一位声名显赫的物理学家的判断来说："任何东西，哪怕只是隔壁房间有一

---

① 以下内容引自《科学》杂志："一些审查者对该研究确实非常严苛，认为很多实验的实施过程太糟糕，得到的结果各自不一致，通常也不能重现……但与此同时，有大约三分之一的审查者……对冷聚变的说法表示接受。有人这样写道：'有强烈的证据表明在钯中发生了核反应。'另外一人写道：'应该批准进行进一步的工作，了解（低能核反应），并且由美国资金机构出资。'"

束宇宙射线穿过，也会破坏量子关联，并足以破坏其结果。"如今，我们知道，缠绕不仅仅是一个抽象的理论概念，也不是什么只出现在原子领域并维持极短时间的量子潮涌。从 1972 年以来，全世界的物理实验室不断重复证明了这一事实。随着对这一令人惊讶的自然特性的研究加速，缠绕关联被证明比任何人之前想象的都要更普遍也更稳健。《新科学家》（*New Scientist*）杂志的作者迈克尔·布鲁克斯（Michael Brooks）在 2004 年 3 月发表的关于缠绕研究进展的评论中总结说："如今，物理学家相信，粒子间的缠绕处处存在、时时存在。最近有一些震撼性的证据问世，证明它影响着更广大、更'宏观'的世界——我们所居住的这个世界。"

▌美妙的缠绕图景▐

我认为，缠绕提供了一种场景，也许最终将引领我们提高对超验的认识。该场景肇始于现代生活各个领域中数字信息系统的爆发式应用。信息安全的需要给计算和通信行业施加了巨大的压力，也就产生了制造比当今最快的超级电脑处理信息的速度还要快 1000 倍的计算机的需要。一个可能的解决方案是借助量子计算。按照估计，一台量子计算机理论上的计算能力可以超过一台整个宇宙那么大的常规计算机。如此令人振奋的声明已经吸引了大量投资，并导致量子通信和信息处理的研究得以快速发展。

如今，科学期刊中经常可以看到关于缠绕理论及应用进展的文章。最初，缠绕的演示依赖于特别敏感的测量及特别的条件（如极低温度、极短时间）。如今，研究人员已开始报道日益复杂的、可以持续更长时间、可以在更高温度下出现的缠绕现象。在诸如量子计算这样的实用领域，类似"缠绕纯化"（entanglement purification）、"相干中继"（coherence repeaters）这样的提案——这些方法都是延展特殊量子态从而保持缠绕所必需的——

也有可能得到进一步的改良，从而让越来越大的物体在常温下保持无限时间的缠绕。

物理学家已经能将由数万亿原子组成的气态原子团加以缠绕，这证明缠绕可以发生在相对较大盐块（量度为平方厘米）的原子中。打向金属箔的缠绕光子，在穿过另一面后，也保持了缠绕。不管是经由 50 千米长的光纤或者通过空气传输，光子都能保持缠绕。而四个缠绕在一起的光子群也表明，量子计算的实现要比之前想象的简单得多。至于有机分子，比如四苯基卟啉（分子式为 $C_{44}H_{30}N_4$），也能成功地加以缠绕。

要在病毒、蛋白、生命系统中演示缠绕还需要克服实际困难。但是一个缠绕的物体能有多大并没有理论限制。当然，物理学家很快会指出，精心准备的原子大小的物体会与环境交互，比如和空气分子碰撞、穿过电磁场等，于是就会和别的物体缠绕。这样的交互将很快"平整"掉量子"相干"所具有的特殊状态。而只有在这样的相干状态中，才最容易观察到那些简单形式的缠绕。这一相干的丧失——它恰如其分地被称为"退相干"（decoherence）——也就是为什么我们看到的日常物体是分离的而不是缠绕成模糊不清的一团的理由（当然也有别的原因）。但是，退相干不会变魔术似地将量子效应抹杀。我们还是被缠绕着的粒子所浸润。我们要提出的问题是：这些深度缠绕的状态对人类体验而言有意义吗？如果有，是不是也和超验有关？我的回答是：有。

如今，某些科学家相信存在生物体缠绕——生命系统内和生命系统间的量子关联——的其中一个原因是，用它来解释生命本身的整体特性很有用。众多科学家——包括诺贝尔物理学奖得主布莱恩·约瑟夫森——都提议说，生物系统可能找到了运用缠绕的新方式。[1] 2005 年，维也纳科技大

---

① 物理学家埃文·哈里斯·沃克（Evan Harris Walker）是最早一批持此观点的人之一。

学（Vienna University of Technology）的物理学家约翰·萨姆汉默（Johann Summhammer）提议道，既然自然中处处存在缠绕，就有理由相信进化也利用了这一特性。他认为：

缠绕会带来进化论上的好处。缠绕可以协调一个细胞不同部分或者一个器官不同组织间的生化反应。它可以允许相距甚远的神经元的关联触发。另外，它可以协调一个种群成员的行为，因为缠绕与距离无关，也不需要物理上的联系。甚至有理由相信，缠绕也关联着不同种群成员间，乃至生命系统和非生命自然间的进程。

物理学家甚至猜测，缠绕可以扩展到宇宙中的万物。因为就我们目前所知，所有的能量和物质都产生于那次最初的大爆炸。因此，由此而降的每样东西本来就是缠绕着的。有人甚至推测，真空——量子真空——本身也可能充斥着缠绕粒子。这些想法表明，其实我们可能生活在一个整体的、深度关联的现实中——尽管日常生活所展现的并非如此。[①] 需要说明的是，提出这些推测的是传统意义上的物理学家，而不是那些新潮的年轻人或神秘主义者。

▌"大脑缠绕"实验▐

在不远的将来，假如我们对缠绕的概念有了更好的了解，我盼望有人能产生一个美妙想法并问出这样的问题："我很好奇，如果两个人缠绕在一起，会发

---

① 一些科学家不接受缠绕所意味的非定域，因为对他们而言这就像是魔法。但是这一群体的数量正快速减少，即将成为少数派。缠绕的演示如今可以在物理实验室中进行。于是实验结果如今已经独立于量子理论。注意到超验与之的类似性：一些科学家拒绝接受超验是因为它看起来像魔术。但是重复的实验表明，这些现象在很高程度的确定性上存在。

生什么？也许他们也将展示出相隔万里的关联行为，就像缠绕的原子那样。"针对同卵双胞胎的案例分析可以用来支持这样的推测。例如，我们不妨思考一下这样的真实情形：两个双胞胎男孩分别被各自的养父母抚养，都独立地被命名为吉姆（Jim）。他们都先娶了名叫贝蒂（Betty）的女孩，离婚后又都娶了名叫琳达（Linda）的女孩。这两个吉姆都是消防员，每个人都在自家后院的一棵树旁建了一圈白色栅栏。这样的巧合是源于其相同的基因——都植入了贝蒂倾向、琳达倾向、消防员倾向，还是反映了"缠绕着的吉姆"？

　　出于对这些故事和生物体缠绕现象的好奇，一位有事业心的科学家会进行实验。她将一对同卵双胞胎 A 和 B 分开，留在无光、隔音、有电磁屏蔽的小房间里。她要求 A 和 B 都要想着对方，同时她随机地用明亮的闪光去刺激 A。这样的闪光每一次都会在 A 的脑中激发可预见的反应。一旦确认了这样的反应，她就会去检查没有受到刺激的 B 的脑部活动，看看在 A 受到刺激的同时他是不是也有相应的反应。这样的脑电图（electroencephalograph，EEG）记录或者说"EEG 相关"实验，将成功地证明在这两个大脑之间存在正相关。而这一发现也会因为实现了巨大突破而受到拥戴。

　　也许有人会悄悄地问道："我很好奇，在我的大脑和另一个大脑缠绕后，会是怎样的感觉？"于是，超验现象会披着华丽甲胄无数次地闪亮登场。只不过这一次——也是第一次，它会有一个坚实的理论基础。

　　我们还要等多久，才能等到这一美妙情景展现在我们眼前？不需要等了。"大脑缠绕"实验在过去 40 年间已经由各个独立团队进行了十几次，[①] 而且实验是非常成功的。

　　最早进行的此类实验之一发布在 1965 年的《科学》杂志上。该项研究指出，被分开的同卵双胞胎（接受测试的 15 对双胞胎中的 2 对）的 EEG 显示出意想

---

① "大脑缠绕"一词最早出现在 2004 年 5 月 1 日写给《新科学家》杂志编辑的一封信的标题上。该信的作者指出了本书讨论的量子—超验之间的类似。

不到的对应性。当双胞胎中的一个成员被要求张开或者合上眼时，会提升大脑的 α 波（alpha rhythm）强度，而在另一处的另一个双胞胎成员的 α 波强度也提升了。[①] 这一现象在没有关联的对照人群中没有重现。

如今，还不断有这样的 EEG 相关实验的正面结果被报道。2003 年，巴斯特大学（Bastyr University）的丽娜·斯坦迪士（Leanna Standish）和她的同事们发表了一个了不起的成就。这次实验没有使用 EEG，而是使用了"功能性磁共振成像"（fMRI）脑扫描技术。斯坦迪士发现，在测试者中有那么一对，一旦远方伙伴受到了一次闪光刺激，另一个伙伴大脑的视觉皮层也被激活。这一结果与 EEG 相关研究的结论吻合，并进一步精确地定位出究竟是大脑的哪一部分产生了这一效果。在 2004 年，心理分析学家吉里·瓦克曼（Jiří Wackermann）在《意念和物质》（*Mind and Matter*）——这一新创办的学术期刊专注于意念——物体交互问题的跨科目研究——上发表了一篇关于此类实验的评论。瓦克曼的结论是，这些实验看起来有着真实、可重复的效应，而且随着实验设计越来越复杂，效应也能持续地被不同的观察者观察到。

缠绕的意念

本书认为，我们要认真对待我们的思想和宇宙有物理缠绕的可能性，而且量子理论与理解超验有关系。话虽如此，我们也不要匆忙做出不成熟的结论。我不是说量子缠绕能够解释所有的灵异事件。反之，我的看法是，现实这块织物由"缠绕的纺线"构成，和超验感受的核心一致。当然，人类的体验远不止

---

① 最初，文章声明研究的资金来自美国国家卫生研究院（NIH）。但是《信息自由法案》（FOIA）最终披露出资金的真正来源是中央情报局。很不幸，这在那些认为超验和政府秘密计划间有着不法关联的人心中增添了恐惧。根据我对超验的理解，我相信操纵大众媒体是更有效的社会工具，而不是使用任何形式的超验。

收集一堆纺线那么简单。我们的身体就是一张挂毯，经由现实这块织物无穷的变化构建而成。而我们的主观体验不过是一床被褥，是各张挂毯经由数不胜数却又令人欢欣鼓舞的方式缝合而成的（我在这里对前一个比喻进行了扩展）。不过，这总是重要的第一步。它提供了一个新的视角，我们可以藉此提出关于超验的问题，也可能会得到意外的答案。

第二章
最直接的超验

很久以前，在一个遥远宁静的乡村小镇，有一位腼腆的小男孩叫汉斯（Hans Berger）。[②] 与子承父业当个医生相比，他对阅读祖父收藏的诗歌并耽于遐想更感兴趣。上完高中后，他决定到城里去读大学，立志成为一名天文学家。但是，大城市的生活节奏与他平和的性格不合拍。不久，他就离开了学校。那时正是和平年代，因此他决定在骑兵部队服役一年，希望在这一年里骑骑马，享受一下相对平静的户外生活。

一天早晨，他正骑在马背上进行训练。突然，他的马受了惊，把他抛到了空中，然后又重重地摔在地上。而此时在路上，正有一队人马拉着大炮快速行进。他惊恐地意识到，自己就要被踩死了。就在这个危急时刻，炮台的司机却奇迹

---

① 原诗为：How do you know but ev'ry Bird that cuts the airy way, Is an immense world of delight, clos'd by your senses five?——译者注。
② 汉斯出生于德国的科堡（Coburg）。

般地将马及时勒住了。这次事故让汉斯受了不小的惊吓，所幸受伤不重。

也就是在这一时刻，在离他几百公里之外的家中，汉斯的姐姐突然被真切的不祥感所笼罩，觉得汉斯肯定发生了什么不好的事情。她焦虑万分，坚持让父亲联系汉斯，于是他给汉斯发了一封电报。

那天晚上，汉斯收到了电报。他一开始很担心，因为之前他还没有从父亲那里收到过电报。接着，他读到姐姐对他是否安好所表示的焦虑和关心，他明白当天早晨自己那强烈的恐惧感不知怎地传给了姐姐。多年以后，汉斯这样写道："这是一个自发的心灵感应的例子。在致命威胁当头，在我注视着死亡来临的那一刻，我发送了我的思想，而我的姐姐——她和我特别亲——成了接收方。"

这一体验极大地影响了汉斯，将他的兴趣从探索外在空间的深度转到了人类心理的深度上。他服役完毕后，立刻回到了大学，并努力学习医学，试图去理解"精神能量"——反正他是这么叫的——是如何将感应信息传送给远在数百公里之外的姐姐那里的。

经过多年专注的努力——他主要是在大学实验室里独自工作——汉斯终于研究出一种方法来记录人类的脑电波。有一段时间，这种方法以汉斯的姓命名，被称为"贝尔格节律"（Berger rhythms）。现在它们被称为脑电图。藉由这一发明，他第一次证明，人类大脑的电波活动与意念的各种主观状态有关联。汉斯并没有忘记他最初的使命，他还进行了一次包括200名被试的实验，在催眠状态下对每个被试进行了心灵感应的测试。

汉斯试图理解精神能量的持续热情没能帮他成功地解释他姐姐所经历的心灵感应，但确实为现代神经科学的建立打下了基础。我们要感谢汉斯，不光是感谢他发明了脑电图，也要感谢他揭示了大脑的基本机制，从而使其得以应用在诸如正电子放射断层造影术（Positron Emission Tomography，PET）及功能性磁共振成像等医学成像设备中。

如同所有科学突破所惯常遭遇的那样，汉斯没能活到他的名望得到承认的那一天。这真是一件可悲的事情。与他同时期的大部分科学家认为，他的记录不过是因为一些电子或者机械设备出了故障所致或者是造假。连他的同事也把他视为一个天真的门外汉，一个令人生疑的独行者。在经受了长期的病痛折磨、意志消沉以及痛苦不堪的皮肤感染后，他于1941年自杀。

这是一个真实的故事，说的是德国精神病学家、脑电图之父汉斯·贝尔格。他的发明为越来越精细地测量大脑活动的方法的迅速发展点亮了明灯。毋庸置疑，汉斯如果知道他去世25年后，他的发明会掀开探寻"精神能量"知识的新篇章——而这正是他穷其大半生所追寻的——他一定会非常欣慰。①

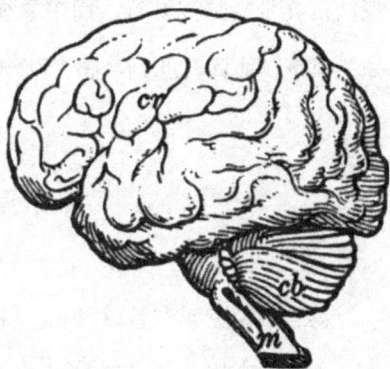

说起这段关于脑电图的不为人知的历史，其实大部分课本所呈现的重要科学发明都有一个经过精心书写、精心过滤的源起。显然，这些想法真正的起源要曲折复杂得多。大部分现代神经科学家都不知道他们的学科是因为一次心灵感应而建立起来的，也不知道在现代神经科学创立200年前，已经有了对大脑

———————————
① 这里说的是发表在1965年《科学》杂志上的EEG相关实验。后文将详细讨论。

皮层、胼胝体、纹状体功能的正确描述。[①] 大多数医学科学家并未意识到，临床研究中使用的黄金准则"随机对照试验"（randomized controlled trial），最初是用来研究精神现象的。对临床心理学、心身医学、实验心理学中的重要发展，我们也能这么说。即便是同位素的发现——那可是为制造原子弹铺平道路的重要成果——也可以追溯到某个"千里眼"的案例。

1619 年 11 月 10 日晚，年仅 24 岁的法国人笛卡尔（René Descartes）在高烧中做了一系列的梦。现代科学也许就是起源于这些梦。他当晚做了三个梦，梦里有可怕的鬼怪、暴躁的精灵、吓人的旋风，还有象征智慧的书籍。据说这些梦给了笛卡尔灵感，帮助他建立了理性经验主义的基本原理。 巧的是，11 月 10 日那晚也是圣马丁节前夕（St. Martin's Eve）。这一晚有一个传统的庆典，庆祝队伍会带着灯笼游行，用来象征为黑暗带去精神之光。笛卡尔梦想着消除无知的黑暗，而此时此刻，整个欧洲也在举行类似的仪式，追寻着同样的目标。

| 小说变成了现实 |

科幻小说家菲利普·迪克（Philip K. Dick）的创造性思维独一无二。他发表过 112 篇短篇小说以及 30 多部长篇小说。他创造的故事有很多都被改编成了大受欢迎的科幻电影，比如另类经典《银翼杀手》（Blade Runner）以及后来的《全面回忆》（Total Recall）、《少数派报告》（Minority Report）等。他对存在和时间本质的兴趣，受到很多与他创造的故事有关的不寻常的个人经历的启发。他描述过这样一段情节：

1970 年，我写了一篇小说，名为《潸然泪下，警官如是说》（Flow My

---

① 我会在第四章详细讨论这些历史方面的内容。

Tears, the Policeman Said)。其中一个角色是一个名叫凯茜（Kathy）的 19 岁女孩。她丈夫的名字叫杰克（Jack）。乍看起来，凯茜似乎在为地下黑帮卖命。但随着阅读的深入，我们会发现她其实是在为警局工作。她和一位警探有一段恋情。这个角色当然纯属虚构，至少当时我是这么认为的。

简而言之，1970 年圣诞节那天，我真的认识了一个叫凯茜的女孩——你要知道，此时我已经完成了小说。她 19 岁，她的男朋友居然也叫杰克。很快，我了解到凯茜是个毒品贩子。我用了几个月的时间试图让她别再贩卖毒品。我不断警告她说，她会因此被捕的。后来，有一天晚上我们一起走进一家餐厅，凯茜突然停步对我说："我不能进去。"餐厅里正坐着一位我也认识的警探。"我必须对你说实话"，凯茜说道，"我和他有恋爱关系。"

当然，这些都只是巧到不能再巧的巧合。不过，也许我真的有预知能力。

▌"9·11"的恶兆▐

下面这个恶兆的摘要，提到了纽约世贸中心双子塔在 2001 年 9 月 11 日的恐怖袭击中倒塌这一事件。内科医生贝西·麦克格雷格（Betsy MacGregor）和她丈夫查尔斯（Charles）在拜访完他们纽约的朋友后正搭乘飞机回家。他们的家在靠近西雅图的普吉特海湾（Puget Sound）的一个小岛上。日期是 2001 年 9 月 10 日，正是午夜时分。麦克格雷格医生写道：

航班上人不多，有很多空位……从走道看过去，有一排位置空着，我决定移到那边，好让身体伸展一下。我让自己舒舒服服地躺在那一排。终于能躺下了，感谢上帝！我还是很累，希望能立刻睡着。但感觉有些不对。我多拿了几个枕头，想让座位间的凹凸变得柔滑一些，但还是不能放松……我将自己的脑袋清空，只注意引擎那低沉的轰鸣。虽然是静静地躺着，但我却比任何时候都要清醒。

一开始，我根本觉察不到奇怪的感觉向我袭来。这时我只意识到自己的身体处于绝对的静止状态。我很惊奇地想着，我的身体怎么会一点也不动。我非常茫然，越来越想移动一下。可当我发出移动的意愿后，我的四肢并没有反应。这太古怪了。我开始怀疑我是不是已经睡着了，正做着一个诡异的梦——似乎醒着但其实不是。但我越是想移动，越是感到有阻力。某种坚实而不屈不挠的东西包围了我的身体，使我无法行动。是的，我现在能清楚地感受到它，我完全被包围了，被紧紧地包在水泥里……

被包围在水泥中的感觉越来越强烈——现在变成了恐惧。我无法转动我的头，无法移动我的手足，也无法用深呼吸扩展我的肺。我被困住了，处于幽闭恐惧症发作的边缘，看不到一点希望。

然后痛苦开始了。一开始还很轻微，很快就变强了，直到充斥我的整个身体。水泥还在移动，从各个方位向我体内施压，越来越紧，用我无法承受的力量挤压我。我的身体就要被碾碎了。

我体内有个声音尖叫道：不！这不可能！怎么会这样！有那么不到一秒钟的时间，我的思想狂野地激荡着，拒绝相信这一切，试图找到逃离的方法。但一切都那么绝对、异常的清晰：没有出路。没有什么可以依靠，也没有地方可以逃脱。我的生命随时都可能终结。我看到了。我看到死亡就在我的面前……

这到底是什么？我根本不知道过了多长时间。也许是几分钟，也许是几个小时。我长久地躺在那里，彻底地迷惑了……

从西雅图机场到码头，再渡过普吉特海湾到我和查尔斯住的小岛，是个很长的旅程。早晨6点（太平洋时间）不到的时候，我们终于到家了，已经精疲力竭。东方的天空中，一丝微弱的晨光已经升起，我们爬上楼，心怀感激地上了床。而在5000公里外，世贸中心的北塔正在熊熊燃烧。不久之后，第二架飞机撞向了南塔。我和查尔斯已经入睡，而不知所措的纽约人——其中也有我们的朋友——却带着恐惧和怀疑，张口结舌地看着第一座塔楼、第二座塔楼倒塌，然后变成灰烬。那天早晨，水泥碾碎了数千条生命。①

还有一个类似的例子是由一位叫玛丽（Marie）的女子陈述的，时间是
"9·11"恐怖袭击之前的几周。多年来，莱茵研究中心（Rhine Research Center）
收集了约 14000 件超验案例，我们看到的只是其中之一。

我们出城，我丈夫开着车。我坐在前排副驾驶的位置。我正准备闭上眼稍
微放松一会，这时他对我说："等我们绕过那个弯，你就可以好好看看五角大楼
了，我们就从它边上开过。"我们来华盛顿玩，计划做好多事，看五角大楼也是
其中之一。于是我睁开眼，向右看去，那边就是五角大楼。但是我却看到浓黑
色的烟柱从大楼升起，就是那种烟云。我没看到火光，只看到了烟，就像一枚
炸弹爆炸了似的，大量的黑色烟柱冲向空中。

我大声尖叫，用手拍打着仪表盘。我那可怜的丈夫不知道发生了什么事。
那会儿我肯定叫得很大声。他的第一反应是我们要出事故了，而我在警告他别
撞上什么人。不过我们正行驶在高速公路上的一片开阔地中，那时没有人，也
没有什么东西横穿出现在我们车前。

我真的感到我们处于危险之中，即便当时我们是在高速公路上，离五角大
楼还有几公里远。我认为它着火了。我丈夫说五角大楼没着火。后来我终于意
识到它确实没有着火。幻象就这么突然发生又突然结束了，前后不过几秒钟。

很多诸如此类关于"9·11"的预兆已经广为人知。它们只是恶兆、巧合？
或是源于心理弱点的选择性回忆或者妄想？要知道，全世界的人每个晚上都
要做数十亿个梦，我们听闻的偶尔出现的"奇迹般"的巧合也在意料之中。那
我们又该如何分辨一个恶兆是真还是假？另外，就"9·11"恐怖袭击或者 2004

---

① 我得到允许对麦克格雷格医生这段故事的摘要加以引用。

年 12 月发生的那场由海啸引起的悲剧而言①，为什么没有更多的恶兆被提到？从基本科学观出发，我们想知道的是，即便从原则上说，这样的恶兆有可能出现吗？

┃"9·11"的无意识恶兆┃

本书大部分内容讨论的都是"原则上"的问题。在开始这一探究之前，我们先暂停一下，以寻找一种新的方式来研究恶兆。2000 年 9 月，我在 www.gotpsi.org 这个站点上设计了一系列网页游戏。这个站点由边界学院（Boundary Institute）创立。边界学院是创始于硅谷的一个智库，计算机科学家理查德·肖普（Richard Shoup）和我是其联合创始人。这个站点可以让用户在线测试他们的精神能力。所有用户的数据都会被记录下来并加以研究。到 2005 年末，数据库里已经储存了来自全球 25 万人超过 6000 万次测试的数据。

该站点有一个测试是检验预知能力的。它是这样进行的：在用户输入对某张图片的描述之后，计算机会随机挑选出一幅图片，并评定用户的描述与这张挑出来的图片的吻合度。描述可以是输入一些关键字，也可以点击选项，表明用户认为那张图片应该是室内还是室外场景、有没有人、有没有水域等。这个测试要求用户去想象一个他们将要看到的视觉场景。我想调查一下关于"9·11"的恶兆有没有可能也自发地出现在他们对计算机即将展示出来的图片的描述中。我觉得这会很有意思。于是我分析了 2001 年 9 月 9 日起到 9 月 11 日早晨为止测试者用来描述他们想象中的图片的词汇——基于来自 900 次测试的 2500 个词。

2001 年 9 月 9 日，星期天，从早晨 8 点 48 分到 8 点 57 分（东部夏令时），一位昵称为 Sean 的用户在连续三次测试中做了如下描述：

> 以雷雨云为背景的大型飞机（从其左后方看去）；闪过的条纹状的云朵；某

---

① 指 2004 年 12 月发生的印度洋海啸。

种卵形的东西；两个人。

最初是一只蜻蜓？接着是一根木头或者树枝，似乎在暗示大沼泽地（Everglades），然后是从两幢高大建筑中坠落的快速变化的场景，似乎还有看得到格子图案的窗户。

第一幢高大建筑像是工厂里的烟囱，然后闪过类似印第安纳妇女所佩戴的头饰一样的东西——小圆齿状、孔雀形的装饰物？其表面像堆积的火山灰或者花椰菜？

Sean 的描述和计算机随机挑选出的图片无法吻合。但它们确实是围绕"9·11"事件所展开的令人震惊的、印象主义式的描述。第二天，也就是 2001 年 9 月 10 日，从东部时间下午 5 点开始，一位叫 shakey 的用户在两次连续测试中做了如下描述：

似乎有什么东西坠落。
好像看到了很混乱的情形。

这两种描述也不符合计算机挑选出的目标图片，但是在"9·11"的背景下却有不可忽视的意义。半个小时后，另一名用户 justatest 在四次连续测试中写道：

非常紧张……太热了，受不了了。
好像发生了爆炸。
海岸边是不是安全？
他们在检查海岸线！

第二天早晨，星期二，也就是 2001 年 9 月 11 日，在第一架飞机撞击世贸中心前一小时，用户 xixi 在十一次连续测试中写下了下面这些词汇和短句：

白宫；一眨眼就没了；烫伤；人类的愚蠢；红带子；冲击；宫殿；很难记住；美国军事基地；炫耀肌肉；意外。

这些是不是"9·11"的真实恶兆？这些描述所暗示的意象对于一个在线预知实验来说是很不寻常的，因为在测试中使用的大部分图片都是美丽的风景、人物、动物和其他一些中性的令人愉悦的场景。当然，这不过是 900 次测试中寥寥可数的几次可能有意思的匹配。纯粹基于主观判断的结论在科学界是没有人接受的。于是我设定了一种方法，以判断在"9·11"之前，该预知实验的参与者所使用的描述词汇实际上是不是也不寻常。

|"9·11"的恶兆有多少|

需要强调的是，以下讨论具有推断性，并不代表我们稍后要讨论的对照试验得出的结论。我将其呈现在此处是因为它描述了一种方法——在线实验为我们提供了一种新的手段来研究集体超验（collective psi）效应。既已声明在先，我们就接着往下看。首先，我检查了自 2000 年 9 月 2 日起到 2003 年 6 月 30 日止①所有在线预知测验产生的数据。它包括由 25000 人进行的 428000 次测试。我挑选出了那些包括文字表述的测试，一共有 256000 次，涉及 841000 个单词。

在这些测试中，我将用户提供的单词与可以代表"9·11"事件混乱环境的 9 个概念性单词加以匹配："飞机""坠落""爆炸""火""袭击""恐怖""灾难""五角大楼"以及"烟"。我的目的是看看每天由数百名用户提供的单词和这些概念性单词有多接近。只进行精确的单词匹配当然不公平，因为有些人可

---

① 结束日是任选的，只是我进行该分析时的日期，也就是 2003 年 7 月。

能会使用上述 9 个词的同义词或者关联词，这样一来，精确的匹配就会忽略这样的情形。于是我发明了一种基于计算机的"概念匹配算法"，来计算每天的"恐怖主义想法指数"（terrorism ideation score）。[①]

让我感到意外的是，该分析表明，在"9·11"当天，曲线掉到了 3 年来所收集的数据的最低点（图 2-1），而指数并没有上升。看上去似乎是由于很多人突然自发产生了灾难恶兆，却又不愿在这样的在线测试中表达此感觉，于是指数在临近"9·11"的那段时间才大幅降低。

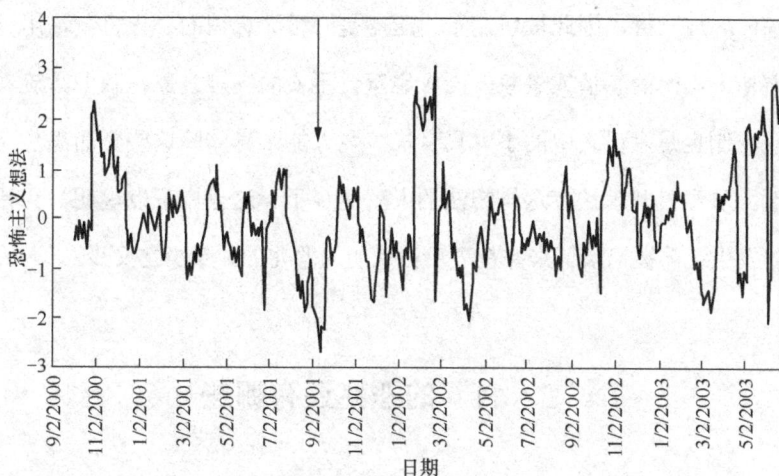

图 2-1 2000 年 9 月到 2003 年 6 月每天的恐怖主义想法指数的变动曲线。箭头所指的日期是 2001 年 9 月 11 日。该指数的下降暗示，在"9·11"事件发生之前不久，参与在线预知测试的人员都在积极地回避与恐怖主义相关的概念。

---

① 为了做到这一点，我用到了由爱丁堡大学语言心理学家在 20 世纪 70 年代早期开发的一个单词关联数据库。该数据库名为"爱丁堡关联分类词典"（Edinburgh Associative Thesaurus）。如果一个词完全匹配，计算机算法就会给它 100 分，否则就根据关联数据库给它一个分数。例如，假定"鸟→飞机"的单词关联值是 11，也就是说，如果看到单词"鸟"，每 100 人中平均有 11 人会首先联想到"飞机"。在测试中，每个单词的关联值会累加，然后再把所有测试所得到的总和进行汇总，从而计算出每天的恐怖主义想法指数。随后，这些数值会被转换成一个标准值来判定在每天的预知测试中出现了"多少"恐怖主义想法。每天的恐怖主义想法的平均关联分数 m = s/w。其中，s 是每天每个测试关联指数的总和，而 w 是每天构成总和的单词数量。最后，在得到过去 30 天内 m 的分布偏差后，再对这些数值加以标准化。

针对类似构造、随机打乱的数据库进行的一个统计测试表明，要得到如我们观察到的最小值的"恐怖主义想法指数"，且让该最小值落在"9·11"那天，其几率（odds against chance）是 3300：1。[①] 因此，该数据并未表明，恶兆在"9·11"之前进入了人们的思想。相反，它表明，平均而言，这样的想法被明显回避了。

要不是巧合，那又是什么引起了这种效应？一个可能性就是，在"9·11"之前的日子里，很多人开始不自觉地感到有灾难要发生，但是由于这些感觉缺乏相关的环境支持，因此被压制了。压制是一种无意识的心理机制，用以积极地回避令人不快的感情或景象。没人愿意让不安的灾难景象在脑中盘旋着，因此出现压制也是意料之中的事。只有极少数人能亲身体验这些负面思想而不加以压制，愿意公开承认有这样想法的人就更少了。这也许可以说明，为什么在大灾难发生之前被记录下来并在事后被证明的恶兆的数量少之又少。

▏"9·11"的恶兆还有哪些▕

如果"压制"这个概念真起什么作用的话，在别的超验测试中我们应该也可以看到它起作用的事实。事实上，我也检查了 www.gotpsi.org 站点中另一个在线测试——猜卡片测试——的数据。在测试中，你会看到屏幕上显示五张卡片，并且要你选出你认为计算机稍后会挑中的那一张。在你做出选择后，计算机会随机挑选一张并显示出来。按照概率（chance）论，从长远看，你应该有猜 5 次中 1 次（20%）的机会。从 2000 年 8 月开始到 2004 年 6 月，该测试

---

① 该几率通过非参数引导分析（nonparametric bootstrap analysis）得出。——原注。本书经常提到 chance 和 odds against chance，前者统一翻译为"概率"，后者统一翻译为"几率"。可以举一个简单的例子来帮助我们理解这两个概念。投掷一个色子，得到 6 的概率是 1/6；投掷两个色子，得到两个 6 的概率是 1/36。如果我们只投掷两个色子一次却得到了两个 6，我们可以说发生这件事情的几率是 36：1。——译者注。

共进行了 1700 万次。我们为每天的测试（每天约有数百个用户参与）建立了一个分数来衡量当天的表现，并与常规的概率期望值进行对比。[①]

分析表明，在"9·11"之前，我们看到的分数大大降低了（图 2-2）。要看到这么低的分数，并且还是发生在"9·11"当天前后，其几率是 2700 : 1。[②] 这表明，在"9·11"之前的那段时间，用户一直在积极地避免选中那张正确的卡片。

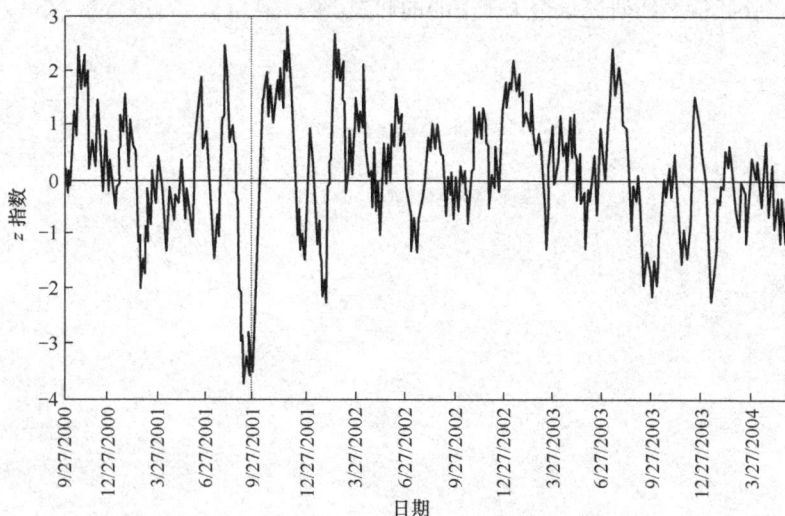

图 2-2 在线卡片测试的变动曲线。时间为 2000 年 9 月到 2004 年 6 月。"9·11"之前的竖虚线表明，所有的被试都在回避选择正确的卡片。

这一结果与我们在预知测试中观察到可能存在压制效应是一致的。两者共同表明，在"9·11"之前的几天里，很多人可能在不自觉地压制他们的超验感受，压制对即将到来的灾难的感知。尽管我们只是推测，但是两个独立的在线

---

① 为了做出该曲线，要利用 30 天内（第 i 天到第 i+29 天）得到的测试次数和命中次数的总和。然后从中得出一个比例 p_i= 命中数 / 测试数，由此得到 $z = p_i - p_0 / \sqrt{p_0 q_0 / N}$。其中，$p_0$ 是概率期望值下的命中率，也就是 20%，而 $q_0 = 1 - p_0$，N 是测试次数。接着，我们通过将起始天数加 1，以及对所有可用数据重复上述过程，就能建立一个新的 30 天 z 指数。

② 要计算出此几率，首先应该打乱这些日期的顺序，然后根据上一脚注中描述的方法计算 z 指数。在得到的曲线中找到最小 z 值，计算该最小 z 值距 9 月 11 日有几天。重复进行该过程 1 万次，就可以得到最小 z 值以及其距 9 月 11 日天数的分布图。然后用这些引导分析产生的分布图与原来的最小 z 值以及其距 9 月 11 日的天数加以比较，就能计算出我们想要的几率。

测试在同一个具有特别意义的日子之前同时展示出强烈的负面趋势，这个几率只有 180 万：1。[①] 这大概可以排除巧合的可能性了吧。

有关超验的自发报告是由于巧合吗？或者，人们广泛接受超验，只是反映出对科学原理和方法的无知？抑或说，也许只是出于对在数据堆中挖来掘去总能找到一些神秘的东西的信心？要探究未知，我们就要为各种可能性做好准备。因此，让我们继续研究这个关于信心的问题。

---

① 与远距视物引导分析结果关联的 $z = -3.5$，卡片测试的 $z = -3.4$。综合而论，其相关的史都华（Stouffer）z 指数为 -4.9。这个结果是探索性质的。对该结论加以解释时必须记住这一点。

第三章

谁会相信

如果某种在其对立面存在压倒性证据的信仰被广泛接受，那么此时的信仰就是迷信。按照这个标准来看，当代——也是有史以来——最臭名昭著的迷信，就是对超验不存在的"科学"信仰。

托马斯·艾特（Thomas Etter）

科学的理想境界是通过正规的观察和测量，以使我们的经验能经由理性的检验而成为我们的信仰。要做到这一点，可以借助对照实验（controlled experiments）。[①] 在实践中，我们自然无法亲自体验一切，因此我们必须信任别人做出的报告。一旦我们的信念和实验有了冲突，必然会产生异议。通常，我们将此类冲突描述为宗教和科学之间的冲突。只是有时候，这一争议的产生是

---

① 本书出现了为数众多的各种"对照实验"。所谓对照实验，是指设置两个或两个以上的实验组，通过对结果进行比较分析来探究各种因素与实验对象的关系。通常，一个对照实验分为实验组和对照组。实验组，是接受实验变量处理的对象组；对照组也称控制组，对实验假设而言，是不接受实验变量处理的对象组。至于哪个作为实验组，哪个作为对照组，一般是随机决定。如此一来，从理论上说，由于实验组与对照组接受的无关变量的影响是相等、平衡的，因此，实验组与对照组的差异，即可被认定为是实验变量产生的自然结果，而实验的最终结果也因此变得可信。——译者注。

因为科学信念与重复性的人类体验相冲突。一旦发生此类情况，感性会战胜理性。让我们来看看此类争议中的一个。

如果我们相信主流科学的断言，那么以科学的观点来看，一般大众就是一群愚昧无知、吐着烟圈、声称"俺没堵过书"①的乡巴佬。因为这些未经开化的大众相信那些科学认为超出理性判定、散发着迷信气息或者无法解释的东西。

这个论调有点尖刻。我敢说，来自阿巴拉契亚山脉（Appalachian Mountains）的狂热的烟草爱好者不会赞同这样的判定。但是，根据美国政府机构国家科学基金会（National Science Foundation，NSF）发表的一篇核心文献，我们发现这一论述"虽不中，亦不远矣"。NSF认为，大部分人都是愚蠢的，因为他们相信超验或者其他"伪科学"。② 在本章，我们将研究这个问题：到底谁更接近真相，NSF，还是乡巴佬们？

让我们来考虑两种类型的愚蠢："就是愚蠢"（Just Plain Stupid）和"精神缺陷"（Mentally Deficient）。为了科学起见，我们将"就是愚蠢"说得冠冕一点，给它一个官方的说法，叫"无知假设"（ignorance hypothesis）。这就是说，人们因为没有受过教育而相信那些超常的现象，并假定只要这些人能略微注意一下科学是如何描述世界的运作方式的，他们就不会再相信诸如心灵感应这样的幻觉。这一假设认为，每个人都知道诸如超验这样的概念是违背基本的科学法则的，因此，如果谁不知道这些基本法则，他必定是无知的，乃至倾向于相信任何事物、任何人。这种愚蠢会威胁我们这个文明且理性的社会结构，因此必须被清除。这一假设有一个可加以证实的预测——受正规教育程度越低的人接受超验的程度越高。

---

① 原文为突出没读过书的"乡巴佬"这一说法，故意错拼 learning 为 larning。此处也特意将"读"书翻译为"堵"书。——译者注。

② 据说，NSF 的梅丽萨·波拉克（Melissa Pollak）称自己"对这个国家中蔓延着的科学误解表示担忧，对人们不知道科学如何工作、对人们相信诸如精神力量这样的现象表示忧虑。'我不想打扰任何人观看（某个妇女能和死人对话的）娱乐节目的乐趣。但如果你真认为此人有精神能力，那我看到的是这个社会应该进行反省的一些事情。'"

第二种类型的愚蠢被称为"精神缺陷假设"（mental deficiency hypothesis）。它断言，某些人之所以会迷信，是因为他们傻或者精神有问题。和"无知假设"一样，"精神缺陷假设"也被正统医学当作金科玉律。比方说，在美国精神学会（American Psychiatric Association，APA）出版的 1994 年版《精神疾病诊断与统计手册》（Diagnostic and Statistical Manual of Mental Disorders，DSM-IV）中，有一节这样定义分裂型人格障碍（schizotypal personality disorder）：

　　一种普遍的社交及人际缺陷，其标志是极度不适于或能力不足于建立亲密的关系，伴随有认知或感知扭曲及怪诞行为，起源于成年早期阶段，并以多种形式呈现，一般会表现出以下五种（或更多）特性：

　　牵连观念（不含关联妄想）[①]，有奇怪的信念或者神幻的思想影响其行为并与亚文化规范不一致（如受迷信支配以及相信千里眼、心灵感应、第六感等）。

　　换言之，如果你是一个古怪的内向分子，还相信千里眼和心灵感应，你可能会被官方认定有精神障碍。幸运的是，有好多疗效显著的药品可以服用，减轻你的古怪程度并帮助你回归理想状态——不再有那种幼稚的幻想，什么第六感之类的想法都不会再出现。一次精心安排的疗程，服用低效精神安定剂将有助于你摆脱这些讨厌的想法。副作用可能包括泌尿困难、偶尔出现视觉模糊的症状等。但只要能抹去那种相信第六感的令人厌恶的念头，这样做就是值得的。

　　说句公道话，在某些精神疾病的表现中，分别现实和幻想的能力被大幅削弱，以致大大削减了正常的机能。精神分裂症的一个核心症状是听到或者看到别人听不到或看不到的声音或物体。这样的体验使得患者相信他们正处于强烈的心灵感应中，或者自己是世界上最伟大的千里眼，或者联邦调查局（FBI）和

---

① 牵连观念（ideas of reference），认为无关的外界现象与本人有关，而且往往是恶意的，这种观念一般是妄想的先兆。关联妄想（delusions of reference，也译作关系妄想），患者坚信周围环境的各种变化和一些本来与他不相干的事物都与他有关。——译者注。

中央情报局正控制着他们的大脑。这样的信念很快会发展成强迫狂或者破坏狂，因为这些认知不受控制，而且是侵略性的。这可不是开玩笑的事情，完全应该进行医学干预和药物治疗。

关于超验的证据

NSF 会定期发表一篇题为《科学与技术指标》（*Science and Technology Indicators*）的报告，总结当今的科技状态。报告中有一章会评价大众对科技的理解水平，而其中有一段讲到了相信伪科学这一"范围广，信众多"（NSF 语）的问题。这里的伪科学是指那些对科学进行粗浅模仿的想法和说法，这些想法和说法并未遵循常规的科学原则或者所谓的证据法则。

NSF 在 2002 年的报告中引用了它在 2001 年进行的一次国民调查结果。该调查问了这样一个问题："有些人拥有精神力量或者说超验能力。你完全同意、同意、不同意或完全不同意该说法？"本次调查由 NSF 资助。调查发现，60%的美国成年人同意或者完全同意上面的陈述。根据之前在 1990 年、1996 年和 2001 年盖洛普（Gallup）调查中得出的结论，这一百分比随着时间的推移而增长。这些数据被用来证明美国的科学教育处在了怎样一个令人扼腕叹息的状态。

这真该是一个令人沮丧的消息。只是该报告遮掩了这样一个有趣的事实：如果将被调查人员按受教育程度分组，那么在最高受教育程度为高中及以下的组中，有 46% 的人相信有人拥有超验能力，而在最高受教育程度为高中以上的组中，这一比例攀升到了 62%。而在所谓"关注人群"——即那些对该话题"非常有兴趣"或"对其非常有了解"，甚至经常读报纸或者相关的全国性杂志的人群——中，59% 的人表示同意。因此，这项调查实际表明，不能用受教育程度来解释人们是否相信超验。

为了校验 NSF 的结论，我研究了全国观点研究中心（National Opinion

Research Center，NORC）收集的数据。[①] 该中心隶属芝加哥大学，也是美国最古老的学术调查研究小组之一。NORC 通过其年度"一般社会调查"（General Social Survey）提出的一系列范围广泛的问题来收集反馈，据此冲印出一份关于美国国内观点的快照。其中一个被问了很多年的问题是关于超验的。我特别感兴趣的是这样一个问题："你是不是经常感觉自己和远在别处的某些人有了接触？"被调查人员提供的答案包括"一次也没有"以及"经常发生"。我将该问题的答案和被调查人员的受教育程度（从没有受过正规教育到受过 20 年正规教育）加以对照。无知假设会认为两者之间是负相关的关系：受教育程度越高，越是不会相信超验。但是实际结果恰好相反。事实上，基于 3880 个调查反馈的结论都是显著正相关的。得到这个结果的几率是 80∶1。不仅在美国如此。在澳大利亚、法国和几乎所有公布类似测试的国家，都有相同的趋势。这一发现也为那些持怀疑态度的人广泛接受，虽然他们接受的时候对其表示咬牙切齿。

我们不是说受教育程度的提高对相信超常现象没有影响。我们知道，对"宗教性神迹"概念——比如天堂、地域、神创论——的相信会随着受教育程度的提高而降低。美国南部各州进行过一次大规模的调查，其结果由政治科学家汤姆·莱斯（Tom Rice）于 2003 年发表在《宗教科学研究杂志》（Journal for the Scientific Study of Religion）上。它对比了宗教神迹和超验信仰。被调查人员一共有 1200 名。此次调查依据的假设是，这两种类型的超常信仰都是在社会、经济、教育层面上处于弱势地位的人所采用的一种心理学应对机制。随着人们受教育程度的提高，对宗教性神迹和超验的信仰程度应该随之降低。调查结果显示，受教育程度较高的人

① NORC 的核心资金提供方是 NSF。

确实如预计一样，不愿意相信宗教性神迹。但和预计相反的是，他们却愿意相信超验。这一结果在 2003 年的一次哈里斯民意测验（Harris Poll）中也得到了确认。

瑞典是世界上人口识字率最高的国家之一。研究人员发现，其大部分人口都相信超常现象，而这样的信仰在近几十年更是呈上升态势。这些信仰与任何特定的组织或者社会运动无关，而大部分瑞典人对制度化的宗教信仰也不感兴趣。和男性相比，女性更倾向于坚守此类信念，而笃信程度与其受教育程度无关。研究员乌尔夫·斯优丁（Ulf Sjödin）在 2001 年的《当代宗教期刊》（*Journal of Contemporary Religion*）中写道："再也不能忽略超常现象，它已经是当代人意识形态中一个潜在的组成部分。很明显，调查表明，不光是成年人，也包括年轻一代，都是如此。到目前为止，瑞典的意识形态研究显然忽视了这个领域。而且我相信，大部分其他欧洲国家的研究也忽视了这个领域。" 既然瑞典人所持有的超常信仰和无知假设相悖，斯优丁开始怀疑，是不是还有理由"视这些数据为离经叛道"。

1999 年，英国心理学家克里斯·罗（Chris Roe）在《英国心理期刊》（*British Journal of Psychology*）上发表了一个研究。他测试了这样一个假设，即相信超常的人要么是意志薄弱要么是缺乏进行批判性思考的能力。基于 117 名学生的反馈，他发现在相信的人群和不相信的人群中，没有证据表明他们的批判性思考能力有差异。而其他一些研究也表明，相信者的批判性思考能力和不信者的一样。

德国心理学家乌维·沃尔夫拉特（Uwe Wolfradt）把他在 1997 年进行的超常信仰研究成果发表在了《个性和个体差异》（*Personality and Individual Differences*）期刊上。他研究的是超常信仰中的解离性经验（dissociative experience）和焦虑。研究表明，越是相信迷信的人，越是与解离性行为（dissociative behavior）关联。但是在相信超验的人群中没有观察到这一关联。越是相信超验的人，越是与诸如沉浸——也就是在专注于某事的时候与世界的其余部分隔离的程度——这样的特性关联。进一步的分析表明，对迷信的信仰反映出人们对生命失去控制的感觉，而对超验的信仰是和与之相反的、对生命有所掌控的感觉相关联的。换句话说，相信超验不是出于解离性倾向，或者是幻想倾向，或者是感到或实际上已经失控。

心理学家达格（I. Dag）对 249 名土耳其学生进行了研究，其研究成果也发表在了《个性和个体差异》上。该研究确认，相信超验不是可能患有精神病的显著征兆，但相信迷信却是。传统宗教信仰和巫术信仰与失控感相关，但是对超验的信仰不支持该精神缺陷假设。

2004 年，瑞典哥德堡大学（Göteborg University）的心理学家安耐丽·古尔丁（Anneli Goulding）也在《个性和个体差异》上发表了一项研究。研究对象是 129 名声称自己有过强烈的超常体验的志愿者。他们被要求填写三张问卷，分别测试他们的精神分裂程度（做出精神分裂患者行为的倾向性）、精神一致度（一种精神健康量度）以及对超验的体验和信仰。古尔丁的结论是，这些有着高度信仰的人，其精神分裂程度与精神疾病没有关联。这和 DSM-IV 对精神分裂性人格疾病下的定义所暗示的正好相反。

总之，尽管反面的证据比比皆是，有些怀疑者还是断言，对超常的信仰用无知或者精神疾病来解释最好不过。《怀疑》（Skeptic）杂志的发行人迈克尔·舍默（Michael Shermer）痛惜道，社会心理研究还是表明"科学知识（关于世界的事实）与超常信仰没有关系"。舍默引用了发表在他自己的杂志上的一篇文章，其作者这样总结道：

与那些在（科学知识）考试中考得很不好的学生相比，获得好分数的学生对伪科学声明的怀疑程度既不过又非不及。显然，这些学生没能在衡量伪科学声明时运用他们学到的科学知识。我们认为，这一无能部分起源于传统上教给学生们科学知识的方法：教了学生想什么而不是怎么去想。

不过，舍默可能误读了这一发现。另一种解读是，比起老师来——他们不过是在捍卫一个不被证据支持的科学信念而已——学生们对体验的态度更加开明。

何谓常识

信仰为什么能轻易地将常识扭曲？让我们考虑一个明显的事实，比如说人类心脏的功用。在 17 世纪早期，人们认为，就解剖学而言，凡是需要知道的重要的东西，都已经为人所知。希腊解剖学家克劳狄乌斯·伽林（Claudius Galen）早在很多世纪之前就已经将其著录成书。所有人都知道，心脏是血液的加热器，大脑是血液的冷却器。[①] 可是，英国医生威廉·哈维（William Harvey）在 1628 年解剖心脏的时候却有了新发现。对他来说，心脏看起来像是一个泵，位于一个封闭的循环系统的中心。

而今，哈维对心脏的描述已经是广为人知的常识，而伽林之前的概念被认为天真到令人发噱。但是，哈维的想法刚提出来的时候，他欧洲大陆的医学同事们认为这太滑稽了。他们听不到哈维所说的心跳，自然也就找不到理由来支持哈维的想法。当时的一位著名医生——威尼斯的埃米里欧·帕里萨诺（Emilio Parisano）是这样看待哈维的想法的：

血液从静脉流向动脉的时候，胸腔中应该有脉动并可以被听到。对于这一点，我们当然观察不到，也不相信会发生，除非哈维把他的助听器借给我们……他还说，这一运动会产生一个脉搏，甚至是一个声音。但是，我们这帮聋子听不到这个声音，整个威尼斯也没人能听到。

也许有人会认为，当今时代的人们已不大可能再犯这么明显的错误了。可惜，现状不是如此。信仰很容易使我们对显而易见的事实视而不见。最近对"非注意盲视"（inattentional blindness）的研究表明，对某人的期望哪怕只有一丁点的调整，也会引起某种形式的盲视。伊利诺伊大学的心理学家丹尼尔·西蒙斯

---

① 那时的医生认为，循环系统携带着血液和精神（空气），而心脏的主要作用是协同肺一起工作。

（Daniel Simons）开发了一个简单的实验，用戏剧化的演示过程展示了该效应。我见过不少参与这个实验的人，而当他们发现漏看了那么明显的东西后，都觉得不可思议而长吸了一口气。

在西蒙斯的实验中，会播放一段 25 秒长的视频，里面有六个人正在打篮球。其中三个人穿着白色 T 恤，三个人穿着黑色 T 恤。白队的三个人互相传着球，黑队也是如此。在游戏过程中，一个穿着大猩猩外衣的人会平静地从队伍中间走过，拍打胸部，然后离开。大猩猩并未被低调处理也没有被伪装，它明显得很。但是，只要给准备观看该视频的人下一个非常简单的指令：计算白队队员互相传球的次数，那么大部分人都注意不到大猩猩走过。要引发对诸如一头大猩猩那么明显的事物加以忽略的盲视，这一轻微的注意力扭曲已经足够。在舞台上表演的魔术师太懂得注意力扭曲的威力了，他们擅长创造这样的幻觉。

要是我们这么轻易地忽视了面前的一头大猩猩，我们还可能错过什么？NSF 为公众相信那些它恰好不相信的事情而扼腕痛惜。到底是谁的眼睛瞎了呢？

▎相信者的特征▎

在 2003 年 IONS 的一次会议上，我们询问了 465 个人。问题包括他们的教育程度、过敏情况、身体敏感度、精神方面的实践、不寻常的体验等。[①] 所

---

① 我们提出的问题部分基于心理学家大卫·里奇（David Ritchery）在他 2003 年的著作 The H.I.S.S. of the A.S.P.: Understanding the Anomalously Sensitive Person 中发表的成果。如果读者有兴趣了解更多关于高度敏感人群的信息，我推荐精神病学家弗农·内佩（Vernon Neppe）的站点 www.pni.org 以及心理学家伊莲·阿伦（Elaine Aron）关于"高度敏感人群"的系列好书（可参看 www.hsperson.com）。

谓不寻常的体验，指的是心灵感应、预知以及邂逅天使和外星人之类。根据他们的反馈，我们就可以了解哪类人更容易或更不容易报道不寻常的体验。

结果显示，在男（131人）女（331人）之间存在着巨大的差异。女性比男性更少怀疑，并报道了更多不寻常的体验（图3-1）。这与其他调查的结果一致。对各种类型的不寻常体验——从心灵感应、灵魂出窍体验（Out-of-Body Experience，OBE）、濒死体验（Near-Death Experience，NDE）到"看见小人"——女性表现出更高的相信程度。[①]

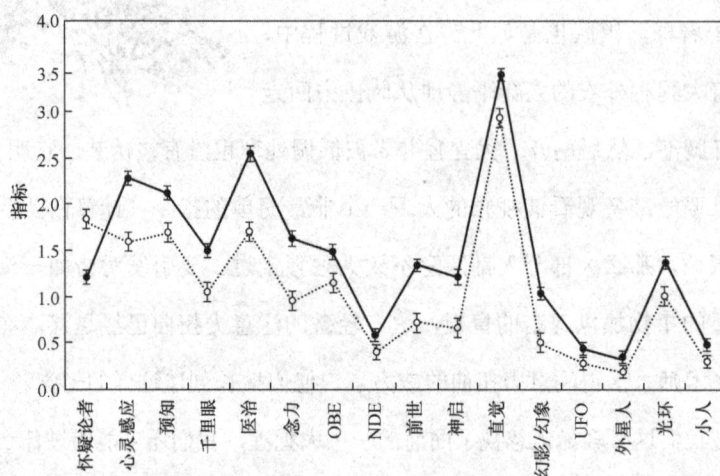

图 3-1 关于不寻常体验的信仰问题的平均反应。点线代表女性，实线代表男性。误差线用来表示"真实"平均值的可能范围。

我们发现，左撇子和双手同样灵巧的人比右撇子、年轻的人比年长的人显然更相信异常体验。进一步比较 55 名声称从来没有过心灵感应的人和 60 名宣称经常有类似体验的人，我们发现，他们的身体敏感度差异有了明显的模式。"感应者"在身体和思想敏感度的各个方面都要强得多（图3-2）。在"无感应者"组中，一半（50.9%）是女性，而在"感应者"组中，大部分（85%）是女性。两组人员的教育程度没有区别。

---

① 大部分差异都具有统计学上的显著性，可参见图 3-1 各指标的误差线。

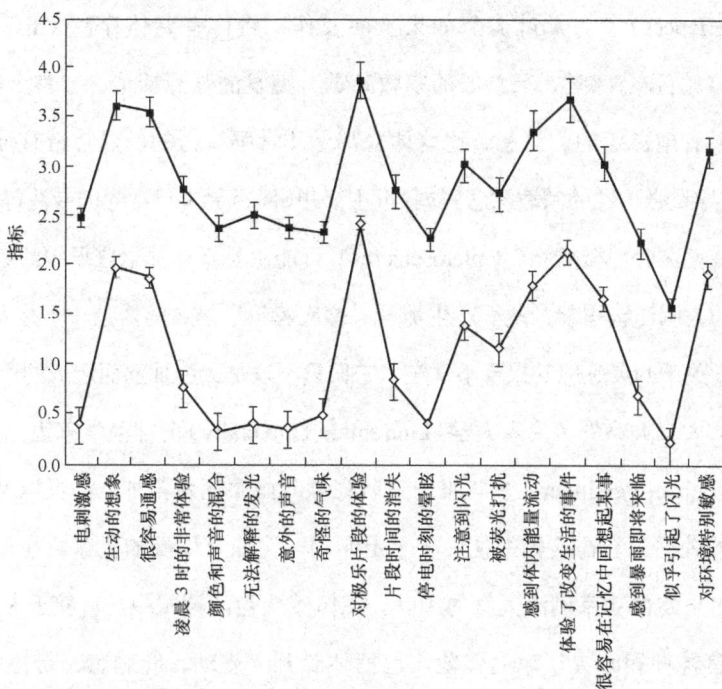

图 3-2 55 名没有心灵感应的人（靠下的线条）和 60 名经常有类似体验的人（靠上的线条）的平均反应以及标准误差线。"感应者"还报道了更多不寻常的身体感应、无法解释的声音和光、对闪光和即将到来的暴风雨的感知、极乐的片段、时间缺失的片段等。本图其他分类列在脚注中。

基于这些发现，我们可以描绘出一个声称有过精神体验的人的轮廓：左撇子女性，30 多岁或更年轻，身体高度敏感，患有长期焦虑症，存在某种程度的内向，更多地基于感情而不是逻辑来做决定，从事某种或某几种创造性艺术工作，进行过某种心理训练（如冥想），对非常规的说法保持开明的态度，对可能性而不是事实更感兴趣。

心灵感应还是脑子抽筋

"感应者"的某些超感体验（ESP）有时和颞叶癫痫显示出来的症状类似。它们有时又被称为"复合区域性类癫痫体验（complex partial epilepticlike experiences)"。颞叶癫痫如果全面发作，将伴有离体存在（disembodied presence）的强烈感觉、天堂般的宗教感觉、突发的强烈情绪、感官上的幻觉、麻木感或者电击般的刺痒感。这些体验都是非常强有力的，通常带有强烈的情绪，并会导致强迫性的宗教意念，如救世主妄想、对世界末日观念的专注等。但是，所谓区域性颞叶"微癫痫"（microseizures）可能由暴露在强电磁场中或者固有的不稳定的大脑结构引起，从而产生那些"感应者"所描述的情景。于是，这似乎暗示着，关于心灵感应的报告不真实，它们只不过是大脑抽筋而造成的假象。

加拿大安大略省劳伦森大学（Laurentian University）的神经学家迈克尔·帕森格（Michael Persinger）多年来一直研究颞叶微癫痫和精神、心灵以及宗教体验之间的关系。他在实验中使用一个定制的、镶嵌有磁圈的头盔，在很弱的磁场下通过一定的频率刺激大脑的颞叶。在佩戴头盔的被试中，有接近 80% 的人回忆说有精神和心灵现象的体验，包括体验到"震动、麻刺感、奇怪的碰触、不能或不愿移动、奇怪的气味和味道、害怕或者恐惧、强烈的梦境、另一个有感知的生命的存在等"。

这一研究与略具雏形的新学科"神经神学"（neurotheology）有关。神经神学研究的是大脑活动和宗教情感以及相应体验之间的关系。其极端形式的断言是，所有精神和心灵体验都不过是大脑失灵造成的假象。其比较温和——也许更精确的断言是，这样的体验与大脑活动相关联，但这些体验的触发根源还不为人所知。

2004 年，有人试图重复帕森格的实验，结果却对精神和心灵体验是否能简单地由磁场激发的想法提出了疑问。发表在《自然》杂志的一篇题为《电子脑冲击不是鬼怪的来源》（*Electrical Brainstorms Busted as Source of Ghosts*）的文章报道说，瑞典乌普萨拉大学（Uppsala University）和隆德大学（Lund University）的心理学家佩尔·格兰奎斯特（Pehr Granqvist）和同事们未能重现帕森格所说的磁场效应。在双盲条件下，他们将 43 名学生置入磁场，同时把 46 名未置入磁场的学生作为对照组。他们发现，磁场激励没有任何效果。在声称有强烈精神体验的被试中，有一多半来自对照组。

帕森格的回应是，瑞典小组将参与者置入磁场的时间还不够长，因此没能产生效果。英国心理学家苏珊・布莱克莫尔（Susan Blackmore）向来对所有超常事物表示怀疑，并且是以神经科学为基础解释非常体验的拥趸，但她也不愿意放弃磁场理论。她说："我去了帕森格的实验室，参与了实验。我有了有生以来最不寻常的体验。"

毫无疑问，某些形式的大脑活动，特别是癫痫，可以产生类似精神和心灵体验一样的主观感觉，但这也许并不是唯一的答案。有人或许会认为，帕森格的研究是基于神经科学对精神体验进行的"去解释化"（explaining away）。但帕森格本人并不是这么看的。例如，他的团队对著名的灵媒和艺术家英格・斯旺（Ingo Swann）进行了一次彻底的神经学研究。斯旺创造了一种方法来训练远程视物（早期被称为"千里眼旅行者"）能力，后来被用在美国政府的"星门"（STARGATE）计划中进行基于精神的间谍活动。在对照情况下，斯旺一再展示了可被验证的远程视物本领。关于其精准的远程视物能力的证据可以在帕森格的研究中找到。所以，超验的故事不会像大脑抽筋那么简单。

潜伏抑制

大众对超常的固执信仰，也许有一个更简单的原因：某些体验也许是真实的。而从事创造性工作的人对超常的信仰程度更高，其原因是他们能看到别人看不到的东西。

哈佛大学心理学家谢莉・卡尔森（Shelley Carson）和同事于 2003 年在《个性和个体差异》上发表的一次实验支持了这个想法。他们研究的是"潜伏抑制"（latent inhibition）特性。所谓潜伏抑制，是大脑潜意识的一个过程，对那些在

过去没有后续结果的刺激，它会
降低我们对其加以注意的能力。

    比如，想象一下，巴甫洛夫
的一些狗受到了铃声的刺激，但
没有被喂食。这些狗很快就学会
了忽略铃声，因为这些声音没有
产生任何有意义的结果，也就是
没有关联结果——没有关联喂食。

然后，巴甫洛夫决定训练这些狗，让它们在听到铃声后流口水。不幸的是，由
于这些狗已经学会了忽略铃声，因此，要使它们忘记之前的关联不是一件容易
的事。那些之前没有听过不关联铃声的狗会很快学会流口水。而那些之前听过
铃声的狗之所以学不会流口水，就是因为潜伏抑制在起作用。

    潜伏抑制在我们大脑中扮演着重要的角色。它允许我们同时从事多个任务。
比如，在一条繁忙的高速公路上一边开车，一边和旅伴聊天，一边啜饮咖啡。
我们不用同时对这三个任务保持注意力。要是之前我们没学过在开车时需要注
意哪些重要的事情，我们很快就会被信息淹没，因不能做出决定而瘫痪。

    健康的人有着更高的潜伏抑制。这听上去很矛盾。但是，我们的大脑越是
将其认为无关的感官知觉加以压制，我们就越能保持稳定和专注。潜伏抑制一
旦被削弱，会引起严重的问题。在精神分裂症病人身上进行了大量低危潜伏抑
制的研究。这是因为这一病症的一个关键症状就是，患者在任何地方都能察觉
到有意义的关联——即便实际上根本就没有。关联扭曲与低危潜伏抑制相关联
是因为它表明思想在忽略无关信息方面存在困难。2001 年的奥斯卡最佳影片
《美丽心灵》（A Beautiful Mind）讲的是诺贝尔经济学奖得主约翰·纳什（John
Nash）的故事，以第一人称视角展示了主人公心理处于低危潜伏抑制状态的情
景。影片的标语这样写道："他看这个世界的方式，无人能够想象。"

这行字也是对有创造力的人的一个很好的常规描述，因为他们也可能像纳什一样表现出低危潜伏抑制。之前的实验也确实表明，低危潜伏抑制一直与"对体验的开放度"（openness to experience）这一性格特征关联，进而与发散思维和创造力相关。

当然，有创造力的人并不都是疯子。卡尔森认为："某些精神学现象可能是致病的，并伴随着智力衰退。但是更常规、甚至更不寻常的是，它们通常和智力进步相关联。"他们在哈佛大学本科生中对这一想法进行了调查，以测试他们的创造力指数、IQ 和潜伏抑制。调查发现，高创造力组的潜伏抑制度明显低于低创造力组。和其他学生相比，那些最出色的、有着创造性成果的学生（发表小说或拥有自己的发明专利的一组学生）的潜伏抑制度更低，而 IQ 则更高。

他们的发现也支持了这个广为人知的关联：即天才和疯子之间的关联。高创造力的人从世界所展现给我们的万物中获取更多，而高智商也帮助他们成功地在这一认知的海洋中自在遨游。反之，那些低智商的人却只能陷入徒劳的挣扎中，以至于最后造成了精神错乱。不过，即便对于高智商的人来说，被持续扩展的认知状态所吞没也是高风险的。

基于这个观点，我们就能更好地理解，为什么富有创造性的人会经常报道更多的精神体验，为什么超常经常与精神病联系在一起。大部分相信精神现象的人既不无知也没有精神疾病。与别人相比，他们只是对这个世界看得更深入。当然，为了精神健康起见，每个富有创造性的人都应该学习如何自由地凝视这一深邃，而不要被它吞没。

第四章
太初有道

要说我们从发明和创造的历史中学到了什么的话，那就是：从长远——而通常要不了多久——来看，那些最大胆的预言都显得保守得可笑。

尼尔斯·玻尔（Niels Bohr）

那一天，高中老师在解释历史为什么很有趣的时候，我一定是翘课了。我印象中的历史课充斥着课本发霉的味道，还有一堆杂乱的日期：关于政治、战争以及战争间隙那歇斯底里的短暂时光的。要我在政治和宗教意识形态之间的冲突，或者骑士们做出的灭亡国家的举动中受到鼓舞很困难。能鼓舞我的是那些进行探索和发现的英雄行为。但是很不幸，在我的历史课本中，对这些故事只是匆匆带过，恍如惊鸿一瞥。

随着年岁增长，我开始理解为什么历史很重要。我了解到，我们最基本的信念和假设——比如我们是谁，我们认为我们是什么，社会、宗教和科学的引擎如何交织在一起——都有着深厚的历史根源。历史不仅仅是战争故事，而是一部年表，记录了征服无知和恐惧的英勇奋斗。历史还表明，对现状的挑战——无论其形式如何——总是会激起强烈的反应。人体通过挤压将刺激物排出体外。

与之类似，政治实体也狠命地将讨厌的想法挤出科学界和学术界的主流之外。

很多科学家和学者都认为，抛弃超常的主张，将其视为远古迷信的残余，最好对之不理不睬，这样的做法才是正确的。这种摒弃的反应可以理解，只要我们相信，当今的科学世界观——也就是我们用来解释包括我们在内的万事万物如何运作的那些理论——是完备的。但是历史教训告诉我们，这样的想法——说的好听一点——其实是短视的。

所以这就是为什么研究超验的历史很重要的原因。在上千年前人们已经讲述过这些现象，开始研究它们也有好几个世纪了。这一人类体验在历史长河里不同的文化体系中不断重复，并不是出于无知或者缺乏批判性思考的能力，所以值得我们认真审视。

在以下各章，一旦我们开始研究超验的证据，你可能会有"只见树木不见森林"的感觉。只注重实验的方法和统计数据的细节会让我们的思想放松，误认为我们只是在处理纯粹的异常或者仅仅是可被检测到的统计差异。所以在脑海中保留一幅较大范围的历史画卷是有用的。它能让我们了解这些实验的背景，以及把这些细微情景整合后又得到了什么：那就是证据，证明超常体验的日常报告是基于真实、可重复效应的证据。

对这一特定的历史进行审视也很有用，因为这段历史基本上还是一段秘史。某个科学学科未能跻身主流的一个后果就是，几乎没有什么地方会教授这门学科。关于超验研究的演讲我做过好多次，演讲场合从公共聚会到学术会议、从工业实验室到政府部门都有。偶尔我会感到灰心，这是因为从演讲之后听众提出的问题来看，我发现有些人还是把超验研究想象成我们在热门电影或者童书

（比如"哈利·波特"系列）中所看到的那样——被视作某种娱乐节目。

有人认为超验研究肇始于美国政府的顶级机密项目"远距视物"或者说精神间谍。1995 年该计划解密后，这一计划的存在得以确认。其他人认为它起源于那位以色列炼金术士尤里·盖勒（Uri Geller），其第一次在媒体曝光是 19 世纪 70 年代。还有人认为，杜克大学心理系的约瑟夫·莱茵（Joseph B. Rhine）教授和他的同事在 19 世纪 30 年代创立了超验研究。

不过我们的记忆是不可靠的。要完全厘清这些误解和曲解，需要一本 2000 页那么厚的书，可谁都不愿意去读它。因此，我只能把其发展历史的亮点罗列出来。完整版的故事将更丰富多彩、引人入胜，充斥着魔法仪式、神秘社团、诺贝尔奖得主、特工、降神小黑屋里的暧昧关系、秘密会议、虚假的信息和错误的争论、个人恐惧、自杀等。这些都是用来拍一系列娱乐影片的基本要素，而且看起来似乎都是真实的。

▌超验研究的历史亮点▐

最初，生活很艰辛，没有手机也没有杂货店。自然表现得喜怒无常，又睚眦必报。人们通过向自然的神灵祈祷以求被仁慈对待，从而得以与各类不确定性和平相处。这时，神迹思想至上，统治一切。

神迹的定义是"在缺乏有效的手段时，采用无效的手段来舒缓焦虑"。尽管众多"老妇人的故事"都是无用的，但有一些还是有效果的，并基于可重复的观察结果。它们是当代经验主义的源头。如今，我们将这些方法视作理所当然，特别是那些提炼后的草药制剂（如阿司匹林）。使用蛆虫和水蛭这些曾与中世纪的恐怖医疗联系在一起的东西也重回时尚，因为这些古老的民间疗法能做到今日医学奇迹不能超越的事情。对替换药物（alternative medicine）的兴趣日渐提升，特别是草本植物、针灸，也许还要加上顺势疗法（homeopathy）。这意味着在当代追求合成特效药的过程中，一些有效的传统疗法可能过早地被认为是迷信而被抛弃了。事实上，这些"老妇人"中的某一些似乎比我们认为的更聪明。

随着神迹概念的演化，其会归属到两个基本面：自然面和超自然面。前者属于对象本身固有的特性，后者属于超能、不可见的存在的行为。对自然神迹的研究是科学的前身，而超自然神迹概念更多地被归入到宗教信条中。

几千年过去了，人们对自然世界的认知也在缓慢地进步着。公元前 2000 年，埃及人将孕梦（dream incubation）作为激发预言的手段。他们睡在特别的庙宇中，希望能做受神启发的梦。几百年后的中国，卜师将龟背投入火中并检查裂纹作为对未来事件的预兆。这些占卜的预测和结果都刻写在龟壳上。商代留下了数万片甲骨文，这也是关于超验体验的最早的书面记载。这表明，预言不仅司空见惯，还能——也应该——经由结果来检验预知。

公元前 650 年，史上经营最久的业务之一开张了。希腊阿波罗神庙的德尔菲神谕（Delphic oracle）延续了 700 年。据说阿波罗通过他的女祭司皮提亚（Pythia）对未来做出预示。皮提亚吸入从庙宇地板裂缝中升起的蒸汽而进入另一种认知状态，然后在恍惚中回答访客的问题。一位官方的解读员记录下她的呻吟和喃喃自语。因为很少有留存的书面记录，所以我们很难知道在预示未来方面，德尔菲神谕有多么有效。幸运的是，希罗多德（Herodotus）确实认真记录了其中的一个案例。他写道，吕底亚的克里萨斯国王（King Croesus of Lydia）希望获得一次神谕。他也知道当时的大部分神谕都是伪造的。

于是他设计了一个测试来检验到底谁才拥有真正的预知能力。在所有回应他测试的祭司中，只有阿波罗神庙的皮提亚给出了正确的答案。她通过她的解读员用传统的六步格诗句（hexameter verse）写道：

我能量沙，亦能测海；

于无声处聆听，洞悉愚者所思；

哈！冥冥有感，海龟之味，

烈火之上，与羔羊肉同沸——

其鼎铜铸，其盖亦然。[1]

实际上，克里萨斯准备了一头海龟和一只羊羔，将它们的肉切成小片，并一同放入一个黄铜所铸的大锅中去煮。大锅有一个盖子，也是用黄铜制成的。既然德尔菲神谕如此精准，于是克里萨斯向她询问，如果他的军队入侵波斯会如何。她回答他说，如果他这么做，"一个伟大的帝国将被摧毁"。克里萨斯认为这是说他的入侵将打垮波斯，不幸的是，他没有去验证这一带有奉承意味的解释。正如历史所示，他确实摧毁了一个伟大的帝国——只不过摧毁的是他自己的帝国。因此，在和神谕打交道的时候，确认你的假定会是个好主意。

在希腊，德谟克利特（Democritus）相信梦中的心灵感应和占卜，不过亚里士多德（Aristotle）不那么确定。他这样写道：

至于在睡眠中发生的占卜，据说是基于梦境，对此我们既不能轻蔑地抛弃，也不能自信地盲从。所有人或者至少很多人，都认为梦境具有特别的重要性。

---

[1] 原诗为：I can count the sands, and I can measure the ocean; / I have ears for the silent, and know what the dumb man meaneth; / Lo! on my sense there striketh the smell of a shell-covered tortoise, / Boiling now on a fire, with the flesh of a lamb, in a cauldron— / Brass is the vessel below, and brass the cover above it. 以原格律翻译此诗实在困难，只能尽力翻出抑扬顿挫的节奏，并借用四六骈体的格律。——译者注。

这一事实为众人经历所证明，似乎能让我们相信……但是，既然看不到有什么可能的原因来解释这样的预测，也就使我们对此表示怀疑。

西塞罗（Cicero）对此表示同意。他曾这样刻薄地评论德谟克利特："我还不知道有谁能带着更大的权威说出如此无稽之谈。"

一千多年后的 1484 年，教皇英诺森八世（Pope Innocent VIII）发表了一篇迫害巫婆的教宗诏书，随后又发布了那篇臭名昭著的文件《女巫之锤》（*Malleus Maleficarium*，英译为 *The Witch Hammer*）。使用巫术被认为是死罪，并激发了所谓"猎杀女巫"（the witch hunt）的狂热行为，使之成为席卷整个欧洲的一项大众娱乐节目。120 年后，英格兰国王詹姆士一世（King James I）颁布了《巫术法》（Witchcraft Act）："一部反对进行巫术祈祷和与恶魔及恶灵打交道的法律"。自此，使用巫术正式变成了违法行为，同时也违背教律。

20 多年后的 1627 年，弗朗西斯·培根爵士（Sir Francis Bacon）发表了《木林集：十个世纪的自然史》（*Sylva Sylvarum：or A Naturall Historie In Ten Centuries*）。培根是一位作家、律师，最后成为了英国大法官。他发展了实证推理的基础——这也是能够彰显科学方法之威力的核心概念之一。在培根之前，任何人要找到关于自然问题的可靠答案，人们会建议他参考亚里士多德，因为亚里士多德的权威在过去两千多年内从未被动摇过。在《木林集》中，培根认为，心理意向（metnal intention）（他的原话是"想象的力量")可以用"最轻也最容易移动的"东西来研究,"也因此,可以用人的心灵来研究"——他指的是情感。培根继续道:"至于无生命的东西,如同洗牌、掷色子这样的意向,确实也是很轻微的意向",这预言了用纸牌、色子和其他一些随机物理系统来进行超验实验的科学行为。

培根进一步提出,在研究"思想的绑定"(也就是我们现在所说的心灵感应)的时候,"你会注意到,在大部分情形下如此,但并非总是如此",这预示着统计技术的使用。另外,他也注意到,在这样的测试中我们更可能取得成功:"如果你……指认 20 个人中的一个,要比指认 20 张牌中的一张更容易"。也就是说,牵涉有意义的目标的任务,要比涉及单纯猜测纸牌的任务更有效。培根的想法不只是领先了他的时代 300 年。它们还表明,在最早提出的科学的用途中,测试超验的兴趣也在其中。

《木林集》发表后的半个世纪,马萨诸塞州塞勒姆市(Salem)对女巫进行了一场无耻的审判。这一歇斯底里的状态导致 19 名无辜市民丧命,数百人被定罪。10 年后,马萨诸塞州议会(Massachusetts General Court)正式宣布此次审判违法。

时光飞逝,欧洲的科学革命正在加速。由培根和其他先哲,如哥白尼、开普勒、伽利略、笛卡尔、牛顿等人提出的新想法开始站住脚跟。科学也渐渐脱去雏态,开始展翅高飞。

| 18 世纪的超验史 |

伊曼纽尔·斯威登伯格(Emanuel Swedenborg)是 18 世纪中叶一位著名的炼金术士和神秘主义者。在他众多的科学成就中,斯威登伯格对大脑功能的现代理解令人惊讶。在神经科学成为一门学科之前的 200 年,他正确地描述了大脑皮层的功能,包括感觉、运动和认知、胼胝体、运动皮质的功能、每个感觉器官到皮质层的神经路线、大脑额叶及纹状体的功能、脑脊液的循环、脑下垂体与大脑和血液的交互等。 1759 年 6 月 19 日，他来到瑞典哥德堡。在当天的晚宴上，他突然向朋友们宣布他看到远在 500 公里之外的斯德哥尔摩着火了。当晚稍后一些时候，他又告诉他们火势在离他家第三家的门口被扑灭了。第二天，哥德堡市长听闻了斯威登伯格的惊人预言，和他进行了讨论。第三天，来自斯德哥尔摩的信使抵达哥德堡，确认了斯威登伯格的预见是正确的。

又过了几十年，美国这一英属殖民地宣布独立。当乔治·华盛顿正和英国开战之时，一位奥地利医生弗兰茨·安东·麦斯麦（Franz Anton Mesmer）正研究着"生物磁场"（animal magnetism）的概念。当时，电和磁引起了广泛的兴趣，因为它们刚被发现，是属于自然的神秘力量。麦斯麦认为，生物磁场是一种与那些物理力类似的力。 他的想法促使了催眠、心理分析以及心身医学的兴起。

法国贵族阿芒德·玛丽·雅各·德·查斯特内（Armand Marie Jacques de Chastenet），又名皮伊塞居侯爵（Marquis de Puységur）是麦斯麦早期的学生之一。皮伊塞居意外发现了第一种能可靠地激发超验现象的方法。他将该发现称为"磁性梦游症"（magnetic somnambulism），亦即我们现在称为深度催眠的一种"梦游"状态。他发现某些梦游者展现了全方位的超常能力，比如心灵感应、千里眼以及预知等。

麦斯麦和皮伊塞居的方法引起了爆炸性的大众兴趣，而这激怒了当时的医生们。他们的愤怒导致法兰西科学院（French Academy of Sciences）在 1784 年进行了一次调查。调查委员会主席是本杰明·富兰克林（Benjamin Franklin）。1776 年，他被美国国会派往法国，争取获得法国对美国革命的支持。法兰西科学院被要求评估催眠术的科学性。一个月后，在法兰西皇家医学会（French Royal Society of Medicine）的资助下，成立了第二个委员会。它被要求确定催眠是否对治病有用，而不管对此是否有任何科学解释。在多次实验后，两个委员会都得出结论说，麦斯麦提出的"磁性流体"（magnetic fluid）没有任何证据，所有观察到的效应都可以归结为想象（即安慰剂效应）。但是，这一结论并不是一致达成的。有一小部分成员声明，某些治愈效果不能仅仅归结于想象。

19 世纪的超验史

又过了半个世纪，催眠术依然风靡整个欧洲，于是法兰西皇家医学会又进行了一次新的调查。这一次的报告一致地支持催眠术，而且也支持由皮伊塞居报告的磁性梦游症这一超验现象。报告的结尾建议法兰西皇家医学会继续对这些现象进行调查。在接下来的五年间，研究继续进行，委员会成员也描述了很多他们亲自目击的超验现象。这是第一次由政府资助的针对超验效应的大型科学调查，而且结果都是正面的。事实上，不只是法兰西皇家医学会被打动了，让·尤金·罗伯特-胡迪尼（Jean Eugene Robert-Houdin），这位当时最著名的舞台魔术师也承认他完全被一位名叫阿列克斯（Alexis）的梦游者迷住了，他在被蒙住双眼后还能展示出千里眼的本事读出纸牌的点数和花色。

1848 年，美国与墨西哥的战争已经偃旗息鼓，南北冲突却日渐加剧。有两个来自纽约海德斯维尔（Hydesville）的年轻姐妹玛格丽塔和凯瑟琳·福克斯（Margaretta and Catherine Fox），据说能与精灵进行沟通，而这些精灵则通过发出敲击的声音来回答她们提出的问题。从古时开始，就有类似"敲打鬼"（noisy ghosts）出现的报道，但这一次却引发了公众的狂热追捧，招魂学说也因此迅速席卷了整个美国和欧洲。降神会成为了时髦的客厅游戏。那些奸诈的艺术家利用公众的这一兴趣，提供舞台作为表演降神会的合法场所。众多此类灵媒最终被揭穿了，他们不过是在欺诈。但也有一些真正的谜题。一位叫丹尼尔·道格拉斯·霍姆（Daniel Dunglas Home）的苏格兰灵媒在有众多目击者的情况下腾空而起。此类表演前所未闻，也可谓后无来者。尽管做了多次表演，但从来没有人抓到他作弊。他的能力至今还是一个谜。

著名的英国科学家威廉·克鲁克斯爵士（Sir William Crookes）曾是英国科学进步协会（British Association for the Advancement of Science）、化学协会（Chemical Society）、电子工程师协会（Institution of Electrical Engineers）的主席以及英国皇家学会（British Royal Society）的副主席，他对霍姆的表演很感兴趣，并设计了特别的实验室设备来对他进行研究。克鲁克斯对研究结果深感触动，并认为霍姆具有真正的能力。弗朗西斯·加尔顿爵士（Sir Francis Galton）是达尔文的外甥，博学多才却又生性多疑，他对克鲁克斯的调查做出了如下评价：

克鲁克斯，我很确定，要我给出一个公平意见的话，那就是，他进行研究的过程是完全科学的。我相信，这一事件无关粗鄙的手法，并值得深入调研。我的理解是，一位一流的灵媒（据说总共也只有三位）将自己放在你的手中任你处置，毫不担心你会揭穿他。

1850 年，加利福尼亚成为了美国的第 31 个州，霍桑发表了小说《红字》（*The Scarlet Letter*）。这一年的 10 月 22 日，德国物理学家古斯塔夫·西奥多·费赫纳（Gustav Theodor Fechner）突发灵感，开创了现代实验心理学和心理生理学（psychophysiology）。费赫纳的洞见基于他的信念，即思想和物质起源于同一个非物质的精神源头。为了通过演示思想和物质之间的关系来反驳唯物主义，他将这门心理学的新学科建立在牢固的科学基础之上。尽管他有着诸多科学成就，但他那些不怎么出名的同事却顽固地认为，他这一神奇的灵感只是一个疯狂的天才的胡思乱想。

25 年后的 1876 年，美国内战尘埃落定，亨氏公司（Heinz）开始销售番茄酱，而乔治·喀斯特少校（Lt. Colonel George Custer）和 647 名第七骑兵团的战友在小巨角河战役（Battle of the Little Bighorn）中被夏安族和苏族印第安人（Cheyenne and Sioux Indians）击溃。同一年，在英格兰，来自爱尔兰都柏林皇家科学学院（Royal College of Science）的物理学家威廉·巴雷特爵士（Sir William Barrett）向英国科学进步协会提交了他对"思想转移"所进行的研究。6 年后，巴雷特帮助成立了位于伦敦的心理研究协会（Society for Psychical Research，SPR），这也是在世界上建立的第一个专门研究超验现象的科学机构。在他就测心术（Thought-Reading）向 SPR 委员会所做的就职演讲中，巴雷特针对科学界对此类话题持有的偏见提出了抱怨：

当今全世界科学观念的现状是，不仅对任何有可能进行单一思想概念传输的信念充满敌意——除非是通过常规的感知渠道，而且一般而言，哪怕只对这件事加以关注也会被敌视。迄今为止，每个优秀的生理学家和心理学家都将过去被称为——说得好听点是——"测心术"的技术，降格到了需要被揭穿的谬论的边缘。

幸运的是，不是所有人都被偏见蒙蔽了。很多英国、欧洲和美国科学界、学术界以及政治界的优秀人物都成为了 SPR 的会员。会员名单中包括：奥利弗·洛奇爵士（Sir Oliver Lodge），他最为人熟知的贡献是发展了无线技术；物理学家瑞利男爵（Baron Rayleigh），他因发现了惰性气体氩气而获得了诺贝尔物理学奖——他的妻子是伊芙琳·巴尔弗（Evelyn Balfour），也就是英国首相阿瑟·詹姆士·巴尔弗（Arthur James Balfour）的妹妹。SPR 的美国会员包括天文学家、史密森学会（Smithsonian Institution）主任萨缪尔·朗利（Samuel P. Langley）；哈佛大学心理学家威廉·詹姆斯（William James）；天文学家、美国科学进步协会（American Association for the Advancement of Science）主席西蒙·纽康姆（Simon Newcomb）；哈佛大学天文台（Harvard College Observatory）主任爱德华·皮克林（Edward C. Pickering）。

SPR 成立后又过了几年，法国心理学家夏尔·里歇（Charles Richet）发表了一篇文章，描述了他是如何使用纸牌进行心灵感应实验的。他引入了"一种在科学中极为少用的方法，即概率论"。这也是第一篇使用概率统计来研究大众心灵感应的文章。里歇的结论是，"在某个特定时间的特定人群中"，确实存在"一种认知能力，它与我们获得知识的常规途径无关"。里歇后来因其对过敏反应的研究而获得了诺贝尔医学奖，并曾一度担任 SPR 的主席。

鉴于里歇关于心灵感应的声明，著名英国经济学家艾奇渥斯（F. Y. Edgeworth）被 SPR 的会员问及他如何看待里歇使用的统计方法。艾奇渥斯在《SPR 会议记录》（*Proceedings of the SPR*）中发表了两篇文章。它们被称为"精妙的文章，精妙到足以成为整个超心理学科成立的理由"。艾奇渥斯是一个顽固的怀疑论者，他确认里歇的猜纸牌实验不是出于概率，因为其出现的机会可能是 25000∶1。他这样总结里歇的声明：

可以公正地认为它具有物理上的必然性，不过由于它在自然面前保持着沉默，所以我们很难搞清楚它更像是普通的幻觉还是超常的法则。该问题需要被确定，不过不是通过数字和公式，而是通过一般哲学和常识。

又过了大概十年，阿帕奇族（Apache）酋长杰罗尼莫（Geronimo）在与墨西哥军队和美国骑兵团进行了 15 年的战争而获得了传奇地位后，终于投降了。因为其中包含可卡因，可口可乐因而得名，它被介绍为"一种珍贵的脑力水，能治愈各种神经痛"。在德国，物理学家海因里希·赫兹（Heinrich Hertz）注意到如果用紫外线照射实验用的电火花线圈，这些线圈将更容易产生电火花效应。他当时还不知道是怎么回事，但这是人类第一次观察到光电效应。这一现象将有助于推动现代物理和量子力学的腾飞。需要说明的是，赫兹也是 SPR 的长期通信会员。

又过了十年，英国物理学家 J. J. 汤姆逊（J. J. Thomson）发现了电子，并因此获得了 1906 年的诺贝尔物理学奖。两年后，在英国科学进步协会的演讲中，汤姆逊猜测，电磁场是人与人之间信息交换的载体，因此为心灵感应提供了一个物理学机制。汤姆逊爵士曾担任 SPR 理事会成员达 34 年之久。

19 世纪的帷幕即将落下，德国精神病学家弗洛伊德（Sigmund Freud）完成了他第一篇关于神秘学的论文。他的第二篇论文发表于 1904 年，第三篇发表于1919 年。最初，他的态度完全是负面的，将神秘学与迷信等同起来。后来，他的态度发生了转变，变得更加谨慎，更具有知性的好奇心。到了 1921 年，他写道："将所谓的神秘事实研究扫荡出局看来是不可能的。"

▍20 世纪的超验史▍

20 世纪初叶，德国物理学家普朗克（Max Planck）做出假设，认为能量以微小而分离的单元的形式发射，他称之为量子。量子时代自此来临。两年后，纳贝斯克（Nabiso）的动物饼干（Animal Crackers）开始销售；德国精神学家荣格完成了他的博士论文，论及对一位灵媒进行的心理学研究。后来，在一次荣格称为"同步性"（synchronicity）的治疗过程中，他描述了一个案例。一位年轻的病人拥有特别发达的理性，以致阻碍了心理分析治疗。其经过是这样的：

有一天，（荣格）坐在她对面，背对窗户，倾听她的叙述。前一晚，她曾告诉他说，她做了一个梦，梦中有人送给她一只非常贵重的黄金圣甲虫作为礼物。就在此刻，荣格听到有什么东西在轻轻地触碰窗户。那是一只很大的昆虫，正试图进入这间黑暗的屋子。他让它飞了进来并抓住了它——一只很常见的蔷薇刺金龟（rose chafer），这种昆虫很像圣甲虫。他将昆虫递给她："这就是你的黄金圣甲虫。""这一做法"，荣格说道，"在她的理性盔甲上钻出了一个我想要的缺口，破除了她知性抵抗的坚冰。"

第二年，SPR 的会员弗里德里克·迈尔斯（Frederic Myers）发表了第一篇调查意识是否可能存活的学术论文，标题为《人的个性和在身体死亡后的存活》（*Human Personality and Its Survival of Bodily Death*）。也就在差不多同时，玛丽和皮埃尔·居里（Marie and Pierre Curie）分离了镭，并在日后因此获得了诺贝尔物理学奖。居里夫妇也开始参加由著名意大利灵媒尤撒皮亚·帕拉迪诺（Eusapia Palladino）召集的降神会。

1905 年，出现了带图片的明信片和棒冰（Popsicle）；阿帕奇酋长杰罗尼莫作为受邀嘉宾出现在华盛顿特区，参加了西奥多·罗斯福（Theodore Roosevelt）总统的就职典礼游行。在瑞士，一位不知名的 26 岁的专利审查员阿尔伯特·爱因斯坦发表了三篇论文，并改变了下一世纪物理学的面貌。其中一篇论文解释了之前由赫兹观察到的光电效应。爱因斯坦因此在 1921 年获得了诺贝尔物理学奖。

1911 年，大英帝国占有了世界陆地面积的 20%。托马斯·威尔顿·斯坦福（Thomas Welton Stanford），也就是斯坦福大学创立者的弟弟，向斯坦福大学捐赠了 2 万英镑，以"成立一项应被称为'精神学基金'（Psychic Fund）的基金"。该项基金"应且只应用于精神现象和神秘科学知识的研究和进步……"托马斯·斯坦福在 20 年后去世，他在遗嘱中又捐赠了 526000 美元（相当于 2005 年的 1000 万美元）给该项基金。第一位托马斯·威尔顿·斯坦福心理研究员是约翰·埃德加·库弗（John Edgar Coover），他的任期从 1912 年到 1937 年。在他之后，没有人能再终身保留这一研究员身份（该研究员身份至今还存在）。

库弗大部分的研究工作都记录在 1917 年发行的书里。[①] 他声明，之所以没有找到任何证据以支持超验，只是因为他将正面证据的阈值设置得过高，高到了 50000：1，因此，没能达到这一水平的证据都被抛弃了。在他的书中包括对第一次进行的随机双盲对照试验所做的描述，这一技术也自此成为心理科学和医学研究中的黄金准则。就凭这一点，我们就该原谅他在斯坦福度过的碌碌无为的后 20 年。现在看来，他没有兴趣进行超验研究更是令人迷惑，因为我们如今知道，他所说的没有找到任何证据是值得怀疑的。库弗的书显示，他确实在他的实验中找到了关于心灵感应的非常显著的正面证据，其几率是可观的 167：1。

就在库弗接受斯坦福研究员一职的时候，剑桥大学的汤姆逊爵士招聘了弗朗西斯·阿斯顿（Francis Aston）做助手。阿斯顿读过 1908 年出版的《神秘化学》（*Occult Chemistry*）一书，作者是英国泛神论者安妮·贝桑特（Annie Besant）和查尔斯·李德彼特（Charles Leadbeater）。在书中，贝桑特和李德彼特描述了他们通过千里眼观察到的原子结构，包括氖元素的新形式，他们称之为超氖。他们声称，超氖的原子量为 22.33。1912 年，阿斯顿在分解氖气的时候，发现了具有这一原子量的物质。在一篇递交给英国科学进步协会年会的文章中，他也将其命名为超氖。阿斯顿的发现后来被称为"同位素"，这是原子结构中的关键发现（若干年后，这一发现也引领了原子弹的发展）。阿斯顿因该项工作获得了 1922 年的诺贝尔化学奖。但是在他的获奖演说中，他似乎忘记了提及他这一发现的灵感来自何处了。

也就是在这个时期，北半球的大部分国家正卷入第一次世界大战。1917年，美国通过了《美国义务征兵法》（United States Selective Service Act）草案，准备随时采取军事行动。就在这片喧嚣中，哈佛大学心理学家莱昂纳德·托兰（Leonard Troland）利用第一批自动 ESP 测试机，获得了成功的结果。几年后，随着战争落幕，在巴黎成立了国际超心理学协会（Institut Metapsychique

① 库弗在 1913 年发表了其中一个实验的报告。

International）。其第一任主席是诺贝尔医学奖得主、心理学家夏尔·里歇。又过了几年，法国研究者热内·华高力（René Warcollier）在一本题为《论心灵感应》（*La Télépathie*）的书中，描述了第一批极为成功的画图超验实验。

第一次世界大战结束后到美国股市崩溃的 1929 年，是一段快乐的时光。著名英国统计学家费舍尔爵士（Sir Ronald Aylmer Fisher）解决了统计推理的问题，并用在超验研究人员进行的猜纸牌测试中。德国物理学家海森堡、玻恩（Max Born）和帕斯卡尔·约尔丹（Pascual Jordan）完成了矩阵力学这一最早版本的量子力学数学模型。约尔丹和他那位获得诺贝尔物理学奖的同事泡利一样，都对超验现象非常感兴趣。他后来在《超心理学杂志》（*Journal of Parapsychology*）中写道：

> 由之前的作者报道的超验现象，已经由莱茵博士和他的合作者们赋予了现代科学所具有的全部精确性。没有人能再否认，有必要严肃对待该问题并彻底讨论其与其他已知事实间的关系。

弗洛伊德也越来越对超验感兴趣。在写给一位朋友的信中，他解释了为什么之前对心灵感应的公开立场如此保守，为什么现在又改变了想法：

> 你可能记得，在我们前往哈茨（Harz）的旅途中，我已经表达了对心灵感应的赞许。但当时没有必要公开这么做。我的信念还不够强，而出于策略方面的考虑，精神分析学家应避免和神秘主义走得太近。这个想法轻易地占据了上风……同时，在我和费伦齐①以及我的女儿一起做的那些实验中，我获得的个人体验已经对我有了足够的说服力，所以现在，策略方面的考量应该被放弃了。

---

① 桑多尔·费伦齐（Sándor Ferenczi），匈牙利心理学家，早期精神分析的代表人物之一，同时也是弗洛伊德的同事。——译者注。

就在 1929 年股市崩溃之前，生物学家约瑟夫·莱茵在杜克大学启动了一项超验研究项目。该项目由心理系主席威廉·麦克杜格尔（William McDougall）资助。后者创建了《英国心理杂志》（*British Journal of Psychology*）。莱茵的超心理研究一直在杜克大学进行，持续到 1965 年。就在莱茵离开杜克大学之前的 1962 年——刚巧这一年发明了速食土豆泥——他在资助人切斯特·卡尔森（Chester Carlson），也就是施乐公司（Xerox Corporation）创始人的帮助下，建立了人类本质研究基金会（Foundation for Research on the Nature of Man，FRNM）。FRNM 运作了 40 年（1962—2002 年），然后改名为莱茵研究中心。

在股市崩溃和第二次世界大战爆发之间这段短暂的休眠期中，社会活动家、作家厄普顿·辛克莱（Upton Sinclair）的新书《心理电台》（*Mental Radio*）出版了。这本畅销书描述的是辛克莱和他妻子玛丽·克雷格·辛克莱（Mary Craig Sinclair）成功进行画图心灵感应测试的故事。几年后，莱茵的书《超感认知》（*Extra-Sensory Perception*）出版，在学术界和普罗大众中间激起了巨大的兴趣。不久，英国心理学家蒂勒尔（G. N. M. Tyrrell）报告了 ESP 测试机器的最新发展，其特性后来成为超验实验的基本设计准则，包括随机目标选取、自动数据记录等。到了 1937 年，《超心理学杂志》开始发行，创始人是莱茵和他的同事们。

就在第二次世界大战爆发之前，胡伯特·威尔金斯爵士（Sir Hubert Wilkins）和哈罗德·舍曼（Harold Sherman）进行了一次引人注目的关于千里眼的远距离实验。威尔金斯是一位澳大利亚摄影师和自然主义者，他以乘飞机和潜水艇探索世界而闻名。舍曼是一位通俗小说作者和剧作家，对精神现象有着长久的兴趣。一架俄罗斯飞机在靠近加拿大海岸的北冰洋某处失踪，俄罗斯政府看中了威尔金斯对北冰洋的知识和他的导航能力，请他看看是否能找到那架失踪的飞机。他接受了这个任务。实验因此而得到推动。威尔金斯和舍曼决定利用这次机会来看看舍曼是否能"看到"身在远方的威尔金斯。每天，舍曼利用千里眼能力来"看"威尔金斯和他的团队做了什么。而威尔金斯也用日志的形式记录下每日发生的事件，以备日后与舍曼的感知加以对照。

1938 年那会，洲际通信还只是偶尔为之。而要和威尔金斯通信——他通常驾驶一架小型飞机翱翔在阿拉斯加海岸——是不可能的。威尔金斯写下他的日志后，要隔好几个礼拜，纽约才能收到。为了保证实验能公正进行，舍曼每天都将他当晚印象的记录拷贝交给第三方证人，而所有证人后来也证实这些记录一直在他们手中，直到威尔金斯的日志寄到。

在他们的报告中，其中比较相似的一个例子发生在 1938 年 11 月 30 日，此时威尔金斯和他的团队正在地处加拿大西北的阿克拉维克（Aklavik）。此地异常偏僻，恰在北极圈之上，又时值隆冬。阿克拉维克有少量居民。有一次，威尔金斯和他的伙伴被邀参加一场在当地医院举行的聚会。他们去了。当晚稍后一些时候，他的两位伙伴走到了地下室，惊奇地发现那里有一张乒乓台。于是，他们和几位护士一起打乒乓球，玩得很开心。

而在 5000 公里外的纽约市，舍曼如是记录他当晚借助千里眼看到的景象："我接收到强烈的关于'乒乓球'的印象，出于某种理由，我发现自己写道：'突然有乒乓球闪过——镇上有乒乓球台吗？不能解释为何有此印象……'"威尔金斯在读到舍曼当晚的记录后这样写道："（舍曼）不可能猜到我们会在北冰洋玩乒乓球。"在他们的书中记录了大量这种互相对应的案例。

正当第二次世界大战的烽火在欧洲肆虐之时，莱茵和他杜克大学的同事们出版了《60 年后的超感

体验》（*Extrasensory Perception After Sixty Years*）一书。书中详细分析了 1880—1939 年所进行的所有 ESP 猜纸牌实验。同时，英国心理学家惠特利·卡林顿（Whately Carington）进行了以大批人群为被试的画图实验。他的目的是发展出一种可重复的、自由反应的千里眼实验。其结果是极为成功的。

战后的 1949 年，当时的苏联测试了第一颗原子弹；罗杰斯（Rodgers）和哈默斯坦（Hammerstein）的音乐剧《南太平洋》（*South Pacific*）在百老汇上演。爱因斯坦将量子理论关于缠绕现象的预测与心灵感应相提并论。他用这一类比表明，量子理论必然是不完备的，因为他不相信所有分离的物体——不论是在原子层次还是在人体层次上——可以缠绕。在很多事情上，爱因斯坦都令人称奇地正确，但这次并非如此。

1950 年，贝尔实验室发明了第一台全自动电话应答机；第一张信用卡大来卡（Diners Club）开始发行。在德国弗莱堡，心理学与精神健康边缘领域学院（Institut für Grenzgebiete der Psychologie und Psychohygiene）由心理学家、物理学家汉斯·本德（Hans Bender）创立。它后来成为了欧洲超验研究的核心组织。

与此同时，在英格兰，数学家图灵（Alan Turing）——奠定了当代计算机科学基础的一位伟大人物、第二次世界大战期间破译德国英格玛（Enigma）加密机的天才——对关于超验的证据如是说：

我假定读者熟悉超感认知的概念，也知道如下四个词语的意义——心灵感应、千里眼、预知以及念力。这些令人不安的现象似乎否认了我们常规的科学概念。我们太该怀疑它们了！但不幸的是，至少对心灵感应来说，统计证据是压倒性的。要重整一个人的思想从而让这些新的事实进入，不是一件容易的事。要是有人接受了它们，好像就离相信鬼怪不远了。当务之急是革新我们的观念，认可下面这种说法，即我们的身体移动不只是简单地遵循已知的物理定律，也同时遵循某些现在还未发现但与此类似的法则……尽管与 ESP 冲突，但很多科学理论在实践中似乎还行得通；事实上，即使我们忘记这些理论，照样能正常生活。不过，这样的安慰不起作用，因为我们担心"思想"恰恰就是那种与 ESP 有着特别关联的现象。

1951 年，物理学家爱德华·泰勒（Edward Teller）正准备测试氢弹；而在泰国、巴拿马、玻利维亚和阿根廷正进行着政治革命。在英国，1735 年颁布的《巫术法》终于被废止，并由《欺骗性灵媒法》（Fraudulent Mediums Act）替代。在美国，艾琳·佳瑞特（Eileen Garrett）——一位天赋异禀的灵媒，她也与科学家们紧密合作——在纽约创立了超心理基金会（Parapsychological Foundation）。

1953 年，陶氏化学公司（Dow Chemical）发明了最流行的莎伦包装膜（Saran Wrap）；约翰·艾克尔斯爵士（Sir John Eccles）在他的"思想—大脑"（mind-brain）模型中论证了类超验（psilike）、意念—物质（mind-matter）的交互效应。10 年后，艾克尔斯获得了诺贝尔医学奖。在荷兰，心理学家腾哈夫（W. H. C. Tenhaeff）在乌特勒支（Utrecht）建立了超心理学院，隶属于乌特勒支大学（University of Utrecht）。而还在杜克大学的莱茵，则从美国海军研究办公室（United States Office of Naval Research）那里获得了一笔拨款来调查发生在动物中的 ESP。

1957 年，通用食品公司（General Foods）发明了一种橘子味的即冲早餐饮料果珍（Tang）；马萨诸塞州联邦政府（Commonwealth of Massachusetts）为 1692 年的塞勒姆女巫审判道歉，虽然这道歉确实来得太晚了。超心理协会成立，这是一个由科学家和学者组成的国际组织；捷克医生斯特凡·菲加（Štěpán Figar）测量了一对分开的双胞胎的指尖血流速度，以测试是否有无意识的心灵感应关联。在菲加的测试中，每个人都不知道对方，也没有人告诉他们实验的目的。他发现，当要求这一对双胞胎中的一个进行心算的时候，另一个的血压也会发生明显的变化。 这也是调查分开的双胞胎之间的无意识心灵感应的第一批实验中的一个。

1963 年，麦当劳创始人雷・克罗克（Ray Kroc）在阿特・林克莱特（Art Linkletter）的热门电视节目中卖出了第 10 亿个汉堡；美国总统肯尼迪在得克萨斯州达拉斯遇刺身亡；苏联心理学家莱昂纳德・瓦西里耶夫（Leonid Vasiliev）出版了《心理暗示实验》（*Experiments in Mental Suggestion*）一书。在 20 世纪二三十年代，瓦西里耶夫是苏联"远程催眠"（remote hypnosis）研究的先驱，重现了 100 多年前皮伊塞居侯爵发现的梦游现象。瓦西里耶夫证明，在某些情形下，哪怕远隔千里给出一个催眠暗示，也可以引发人梦游并进入深度恍惚状态。此书的重要性不仅体现在其描述的现象上，还体现在瓦西里耶夫详述了当时的俄国政府和科学机构是如何严肃地对待他的实验的。

1964 年，马丁・路德・金获得了诺贝尔和平奖；披头士的歌曲《我想握住你的手》（*I Want to Hold Your Hand*）成为了美国最流行的歌曲；心理学家蒙太古・乌尔曼（Montague Ullman）在纽约布鲁克林的迈蒙尼德医疗中心（Maimonides Medical Center）进行了一系列针对梦境心灵感应的研究。同一年，在欧洲，爱尔兰物理学家约翰・贝尔（John Bell）用数学证明了量子理论需要"超距幽灵作用"。这一伟大的证明以"贝尔不等式"（Bell's theorem）而闻名，不少物理学家认为它是 20 世纪最深刻的科学发现。

第二年，《科学》杂志按常规发表了一系列科学论文，其中有一篇题为《同卵双胞胎间的超感脑电图感应》（*Extrasensory electroencephalographic induction between identical twins*）的极为不寻常的文章。来自费城杰弗逊医学院（Jefferson Medical College）眼科的两位研究人员在相隔甚远的同卵双胞胎身上发现了令人震惊的——也可以说是幽灵般的——脑电图对应。"缠绕的意念"这一说法由此诞生。

1969 年，披头士录制了有史以来最畅销的专辑之一《艾比路》（*Abbey Road*）；阿波罗 11 号的宇航员尼尔・阿姆斯特朗（Neil Armstrong）成为第一个登上月球的人；就职于波音科学实验室（Boeing Scientific Laboratories）的德裔美籍物理学家赫尔穆特·施密特（Helmut Schmidt）发表了一篇论文，论及自动化的意念力实验，其中用到的一种电子"投硬币"（coin-flipper）电路被称为"随机数发生器"（Random Number Generator，RNG）。它成为了一个模板，也是以后几十年间被重现次数最多的超验实验之一。超心理协会也在 1969 年被选举为美国科学进步协会的正式成员，这标志着超验研究第一次被主流接受，成为合法的科学事业。

1972 年，第一款成功的电子游戏 Pong 开始发行；耐克首次开卖跑步鞋；理查德·尼克松成为第一位访问当时的苏联的美国总统。物理学家哈罗德·普特霍夫（Harold Puthoff），拉塞尔·塔格（Russell Targ）和埃德温·梅（Edwin May）启动了一个研究超验现象的秘密项目，为多个美国政府机构服务；物理学家斯图亚特·弗里德曼（Stuart Freedman）和约翰·克劳泽（John F. Clauser）成功发布了贝尔不等式的实验证明。第二年，阿波罗 14 号宇航员埃德加·米切尔（Edgar Mitchell），也是第 6 位在月球漫步的人，成立了思维科学研究所。米切尔在阿波罗 14 号太空舱中曾进行过一次成功的 ESP 猜纸牌实验。

1979 年，索尼发布了随身听；宾夕法尼亚州哈里斯堡的三哩岛核电站发生了泄漏；查尔斯·奥纳顿（Charles Honorton）在麦道飞机（McDonnell-Douglas）的创始人詹姆斯·麦克唐纳（James McDonnell）的支持下，在新泽西州普林斯顿创立了精神物理学研究所（Psychophysical Research Laboratories）。普林斯顿大学工程与应用科学学院（School of Engineering and Applied Science）院长罗伯特·杨（Robert Jahn）在普林斯顿建立了另一个超验研究实验室——普林斯顿工程异常研究项目（Princeton Engineering Anomalies Research，PEAR），该项目成为世界上主要的超验研究组织之一。几年后，杨在《美国电子和电气工程师学会学报》（*Proceedings of the Institute of Electronic and Electrical Engineers*）上发表了最初几个实验成果。法国物理学家阿兰·亚斯佩（Alain Aspect）和位于法国奥尔塞（Orsay）的光学研究所（Institut d'Optique）的同事们，发布了第一批被广泛认可的证据，证明了"超距幽灵作用"的存在。自此，量子缠绕的概念不再只是一种理论上的可能性，而且还是经实验证实的事实。

1981 年，美国国会成员要求国会研究服务部（Congressional Research Service）评估超验的科学证据。该项研究的动因是出于这样的担心，即，如果超验效应是真实的，那么我们必须假定外国政府会利用这一点。在接下来的 15 年中，美国陆军研究所（U.S. Army Research Institute）、国家研究委员会（National Research Council）、技术评估局（Office of Technology Assessment）以及美国研究学院（American Institutes for Research）（它是在中央情报局的要求下）都做出了相同的报告。尽管对报告中一些细微之处的解释还有可讨论的余地，但所有这五份报告的结论都是，某些超验的实验证据值得认真研究。

1985 年，吸食可卡因大肆流行；可口可乐公司的"新可乐"软饮（soft-drink）的推广活动以惨败告终；耶鲁大学的心理学家欧文·柴尔德（Irvin Child）在《美国心理学家》（American Psychologist）杂志上发表了支持"梦境中的 ESP"的文章。在英国，作家阿瑟·凯斯特勒（Arthur Koestler）和他的妻子辛西娅（Cynthia）决定将其遗产捐赠给英国的一所大学，以设立一个超心理学客座教授席位。该席位由爱丁堡大学获得，而第一位客座教授是美国心理学家罗伯特·莫里斯（Robert Morris），他的任期从 1985 年开始，直到 2004 年 8 月他去世为止。除了是超心理学的重量级人物之外，莫里斯还是英国科学进步协会心理学部门的主席。到 2004 年，在他的支持下，有将近 50 名学生获得了博士学位。在他们的帮助下，超验研究终于在英国成为一个合法的学术研究话题。

1987 年，美国历史上最长也最昂贵的审判之一开庭。在麦克马丁幼儿园儿童虐待案（McMartin Preschool abuse trial）中，一群幼儿园老师被错误地指控在邪恶仪式中虐待儿童。就像塞勒姆女巫审判以及 20 世纪 50 年代初叶麦卡锡时期对共产主义的迫害一样，这一案例是一个来自当代的提醒，提醒我们道德上的歇斯底里加上对超自然（以及其政治对等物）的恐惧总是很不幸地浮现在人类心智的表面。也就是在同一年，人类本质研究基金会主任、心理学家罗摩克里希纳·拉奥（Ramakrishna Rao）和心理学家约翰·帕尔默（John Palmer）在《行为和脑科学》（*Behavioral and Brain Science*）杂志上联合发表了一篇关于超验研究的详尽而正面的文章。

1989 年"冷战"结束后，关于"冷聚变"的报道被媒体广泛传播，继而却立刻遭到了科学主流的攻击；《忍者神龟：变种时代》（*Teenage Mutant Ninja Turtles*）正大映特映；索尼研究室（Sony Labs）研究员佐古耀一郎（Yoichiro Sako）拜见了索尼两位创始人之一的井深大（Masaru Ibuka），试图说服后者在索尼内部成立一个超验实验室。井深大同意了，于是，"ESPER"实验室开始运作。几年后，井深大去世，实验室被关闭。在被问及 ESPER 实验室的研究时，索尼研究室发言人坂口政信（Masanobu Sakaguchi）的回答是："通过实验我们发现，是的，ESP 确实存在，但是对这一知识的实际应用在可预见的将来不太可能。"

1994 年，对互联网的兴趣开始爆发，全世界的电视台都实况转播了警方在洛杉矶高速公路上"慢速"（slow speed）飞车追踪辛普森（O. J. Simpson）的古怪一幕。隶属葡萄牙某个医药公司的比亚尔基金会（Bial Foundation）开始为超心理学研究拨款。该基金会后来成为世界上超验研究主要的独立资助者之一。次年，美国政府主导的致力于超验研究和应用的秘密项目——当时代号为 STARGATE，由中央情报局公开。与此同时，由日本政府资助的一个全新的超验研究项目启动，项目领头人是山本干雄（Mikio Yamamoto），项目位于国家放射科学学院（National Institute of Radiological Sciences），它也是日本科技部的一部分。山本于 2005 年退休后，该

项目也终止了。

1998年，随着美国经济因互联网的发展而开始以前所未有的速度增长，第一个由超验驱动的电子开关的专利（专利号5830064）颁布了。该专利基于普林斯顿工程异常研究实验室对于意念—物质交互的研究。我们稍后再谈这个专利。同一年，我在硅谷的一个消费电子实验室——间歇研究公司（Interval Research Corporation）开始了超验研究。两年后，阿姆斯特丹大学的心理学家迪克·比尔曼（Dick Bierman）在比利时的工业研究室StarLab启动了另一项超验研究项目。这些处于萌芽状态的技术导向研究预示着处于领先地位的思想家们开始改变对超验的看法。超验不再被认为是不可想象的或者是无意义的异常。相反，超验被认为是一种真正的、但是对其理解很少的人类能力。如果我们能找到方法可靠地将其利用，那么毫无疑问，这会成为下一个价值万亿美元的商机。这一实用主义倾向开始战胜过时的怀疑主义。总有人顽固地否认任何新奇发明的可能，但当这些说"不"的人在舒适的家中喝着可口的饮料、看着电视的时候，他们也许会想到，如果富有创造力的科学家和工程师们不总是想象那些不可能的未来，那么我们所有人应该还生活在潮湿的洞穴里，吃着蛆虫当晚餐呢。

科幻小说家威尔斯（H. G. Wells）曾说过，历史是一场教育与灾难的赛跑。哲学家乔治·桑塔亚纳（George Santayana）也给出了类似的想法，他警告说，忘记历史就注定要重犯错误。科学中也有类似的铁律。过往的观察必须被重复，这不仅是为了避免在将来犯错误，也是因为这是让我们有信心来建立新的科学事实的唯一方法。①

以超验现象来说，我们对两种类型的可重复性感兴趣。第一种是大量关于人类体验的报告，第二种是对这些报告进行测试的实验结果。前者给出了理由，

---

① 当然，有很多有趣的事件无法按需进行重现，或者不够稳定，从而无法让我们对其加以认真研究。对自然界的这一部分，科学发展还不够，还不能做出结论。

让我们相信发生了很有趣的事情；而后者提供了信心，让我们知道如何去解释这些现象。在接下来的几章中，我们将看到科学是如何测试超验的。我们也将发现，这些超常体验是否具有足够的可重复性而得出在科学上正确的结论。

第五章
测试超验

"这个我可不信！"爱丽丝说。

"你不信？"白皇后用遗憾的口吻说，"再试试，长长地吸口气，把眼睛闭上。"

爱丽丝笑了，说："试也没用，一个人总不能相信不可能的事。"

"我敢说，你没怎么练习过，"白皇后说，"我像你这么大的时候，每天要练一个半钟头呢。嘿，有时候在早餐前，我就能相信六件不可能的事。"

刘易斯·卡罗尔（Lewis Carroll）《爱丽丝镜中奇遇记》

（*Through the Looking-Glass*）

和白皇后在早餐前的练习不同，只要我们相信实验室里收集到的数据，就能相信超验研究中"不可能"的事实。这些实验有两种类型。一种是测试信息是否可以不通过常规感官而获得，另一种是检测远程精神影响的效果。看起来，前者处理的是信息如何从环境"流入"思想。根据其表示的形式，被标记为千里眼、心灵感应、预知以及 ESP。而后者处理的是影响力——或者更可能是信息——如何从思想"流出"到环境中，并被称为意念—物体交互、心灵遥感（telekinesis）和念力。

为了测试超验或者 ESP 的感应，我们需要将测试对象与"目标"物体分离，通常是藏起来或放置在远处。目标可能是一张照片、一个小物体或者一个人，而距离可以是空间上的，也可以是时间上的（或者两者兼备）。然后我们测试此人是否能成功地描述那个目标。为了测试念力或者主动式超验，我们也需要将测试对象与目标分离。目标可以是一个无生命物体（如一个很轻的物体或者一个随机系统——色子或者放射性衰变等），也可以是一个生命体（如细胞培养物、人的生理机能或行为等）。然后我们看看此人是否能在精神上影响目标，使之以一种在没有施加"影响"的情况下不会发生的方式把这种影响表现出来。基于这两种基本的实验设计，在 20 世纪，就出现了数百种不同的实验变形，并进行了数千次实验。当然，人们也发现了不少陷阱，它们会导致虚假的正面结论。

进入 21 世纪后，已经有数个关于超验"最佳证据"的汇总被发表。它们描述了独立的实验，提供了强有力的证据支持超验。实验通常都在严苛的条件下进行，或者引入了能在超验研究中经受住考验的方法。让我们来看几个例子。

▌远距精神影响▐

1923 年，荷兰格罗宁根大学（University of Gröningen）心理系的布鲁格曼斯（H. I. F. W. Brugmans）博士和他的同事发布了一个经典的心灵感应实验。[①] 在实验中，一位名叫范 · 丹（Van Dam）的 23 岁的物理系学生接受了测试，以测试他自称拥有的心灵感应能力。他被置于一个有帷幕遮挡的小亭中，双眼

———————————
① 格罗宁根大学成立于 1614 年。

被蒙上，双手放在帷幕下。帷幕边上有一张桌子，桌子上有一个 6×8 的棋盘，他被要求在棋盘中选择一个方块。需要说明的是，丹试图选中的目标方块在实验过程中是随机决定的。

有一位实验助理（在实验中被称为"代理人"），他知道目标方块的位置，并试图在精神上影响丹的手臂运动以指引他选择正确的目标方块。在某些测试中，代理人和丹在同一个房间；而在另一些测试中，代理人在丹所在房间的楼上，通过一块隔音的玻璃，他能清楚地看到丹的房间。这是最早引入生理指标——皮肤电反应（galvanic skin response）的实验之一。该指标将检查丹在选择正确或者不正确的目标方块时，他的皮肤电阻是否会发生变化。实验结果极为显著。在 187 次测试中，他选择对了 60 次，而按照概率计算，期望值应该只有 4 次。这一结果的概率是 121 万亿 : 1。无论代理人与丹同处一个房间，还是代理人在丹所在房间的楼上，这一高水平的表现均没有区别。生理指标的测试表明，有证据证明丹的皮肤电阻在他猜对和猜错的时候是有变化的。

1978 年，研究人员对该实验进行了重新分析，对多年来针对该实验提出的众多批评进行了详尽的探讨。分析表明，所谓的潜在缺陷——如随机目标序列偏差以及可能存在感官上的提示等——都不能合理地解释为何会有这么显著的结果。这一研究直到今天也很重要，不仅是因为它在精密对照的条件下得出了强有力的结果，还因为它应用了皮肤电反应测量，这引发了基于生理学方法去检测无意识超验的持续兴趣。

心灵感应

第二个经受住时间考验的经典实验，是 ESP 纸牌测试，它是由位于杜克大学的莱茵的超心理学实验室推出的。该测试用到了印有五种符号（圆圈、方块、波浪线、五角星或者十字）之一的纸牌。一叠 ESP 纸牌有 5 组，每组都印有上述五种符号，共 25 张。这样的一叠纸牌有时被称为齐纳卡片（Zener cards）。该名称是为了纪念心理学家卡尔·齐纳（Karl Zener），做这样一叠纸牌的想法是他提出的。在一次典型的实验中，这叠卡片被彻底洗乱。然后，一个人依次选择每张卡片，并试着通过意念将卡片上的符号传递给远处的另一个人。这种方法使得在不同的环境以及对照条件下快速进行数百次测试成为了可能。对结果的分析也很直截了当，某些在高度安全条件下进行的实验结果为超验提供了极为有力的证据。

有些人似乎更愿意相信，莱茵的 ESP 纸牌测试结果最终会被发现方法有误、造假或者纯属碰巧。这是错误的理解。几乎所有否认莱茵实验结果的批评，比如，认为 ESP 卡片有问题、使用的统计手段不当等，都在相关的文献中进行过大量讨论。有人认为，所谓的选择性报告，也就是只发表成功案例而隐藏不成功的案例，可以解释这些测试的总体结果。但是分析表明，莱茵在 1940 年出版的《60 年后的超感体验》一书中描述了 188 个实验，其综合结果远远不是纯几率。要消除我们已知的 188 个实验的结果，需要 428000 个未被报道的失败实验，才能将总体拉回几率水平。[①] 考虑到 188 个实验花了 60 年，或者说每年只能做 3 个实验，按照这个速度，那些被过滤的实验要 137000 年才能完成。我认为有理由相信，克鲁马努人（Cro-Magnon）在整个旧石器时代都在忙着进行失败的 ESP 实验，而他们没能报告任何失败的

---

① 188 次 ESP 纸牌研究的总体加权 z 指标是 z=83.1。与此相关的概率比 10^{-300} 还要小得多。得出该指标基于在 4599282 次测试中有 2388789 次命中。每个研究都调整到了与 50% 相当的命中率。实际命中率、概率期望值从 1% 到 50% 不等（每叠牌有 2 ~ 100 张卡片）。这个数据库很可能存在选择性报告的偏差。但是需要另有 428000 个总体平均为无效的研究才能将该总体 z 指标拉到非显著水平。另外根据 Scargle 推荐的方法，得到一个更保守的 z 指标估计需要 9800 次研究。但这还意味着，对于每个已知的、发表了的结果，需要有另外 52 个未发表的、不成功的实验，才能使最终结果无效。

实验是因为那时还没有发明文字。不过这也太扯了。

说到对这些实验质量的担心，哲学家菲奥娜·斯坦坎普（Fiona Steinkamp）详细分析了莱茵时代进行的 ESP 纸牌实验。她发现，随着控制的提升以避免诸如感官提示、记录错误、调查员作假等问题，结果确实略微下降了，但即使在最严格的控制下，研究结果也有着 375 万亿∶1 的几率（图 5-1 中最右边一栏）。

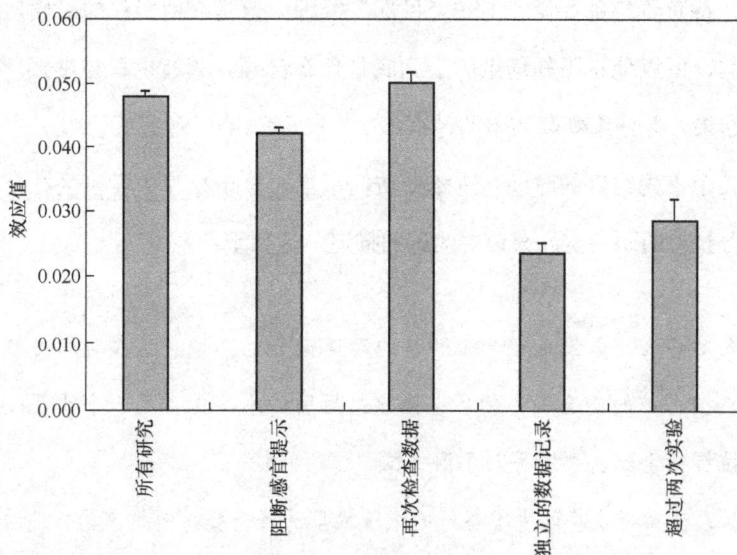

图 5-1 控制提升后的 ESP 纸牌测试结果。该图的概率期望值应该是 0 效应量。"所有实验"指 45 次研究中进行的 270 万次测试，每次都用相同的 5 张卡片设计 ESP 测试。每栏上的误差线长度表示一个标准方差。在考虑到测量误差后，"真实"效应等于每栏的高度加或减其误差线的长度。①

在莱茵时代进行的个体实验中，被引用最多的一个是皮尔斯–普拉特（Pearce-Pratt）远距心灵感应测试。实验从 1933 年 8 月开始，到 1934 年 3 月结束，包括 74 轮 25 张 ESP 牌叠。作为心灵感应接收方的人是杜克大学神学院的学生小胡伯特·皮尔斯（Hubert E. Pearce Jr）。有一天，他向莱茵自我介绍说，他相信他继承了自己母亲的千里眼能力。莱茵和他的同事盖特·普拉特

① 在本书中我使用一个标准方差的误差线。它提供了一个简单的方法判断观察到的效应与期望值之间有多少标准方差。

（Gaither Pratt）当时已经对皮尔斯进行了 700 轮 25 张卡片的非正式测试，测试条件多种多样。在这些测试中，皮尔斯达到了平均 32% 的命中率，而概率期望值是 20%。这是一个很突出的结果。因此，他们决定进行一次严格控制的实验，将普拉特和皮尔斯留在两幢分开的建筑中。

这个实验不是作为心灵感应测试进行，而是作为千里眼测试进行。也就是说，普拉特负责打乱并操作 ESP "目标"纸牌，但是在他操作的时候，纸牌面是朝下的，所以他也不知道纸牌上到底是什么符号。莱茵也参与进来，他检查记下的结果，并仔细观察实验的过程。

在某个事先约好的时间，皮尔斯访问了当时位于杜克大学校区社会科学楼顶层的普拉特的研究室。莱茵对测试的描述节选如下：

两人对好表，并设定了一个精确的时间来开始测试。这段时间足够皮尔斯穿过杜克图书馆的四合院，然后在该建筑后面的书库中占用一个小间。从窗户上，普拉特能看到皮尔斯进入了图书馆。

然后，普拉特从房间中准备好的纸牌堆里选择一叠。他用燕尾式洗牌法将这叠牌洗乱后再切一次。在整个过程中，纸牌面都是朝下的。接着，他将这叠牌放在他面前桌子的右手边。桌子中间有一本合着的书，他们之前已经和皮尔斯商量好，每次测试的卡片会放在这本书上。在预先设好的开始测试的时刻，普拉特从这叠牌中抽取第一张，面朝下放在书上，并将其留在那里大约一分钟。第二分钟开始的时候，普拉特用左手拿起这张牌，放在桌子的左手边，还是面朝下，而同时，他还用右手拿起下一张牌放到书上……这一过程重复进行，直到 25 张牌全部抽完。

皮尔斯在图书馆的小房间里，试图确认目标纸牌，每分钟都用铅笔记下他的反应……皮尔斯将他的记录做一份拷贝并签字封好在信封里，准备交给莱茵。而在另一个房间里，一旦第二轮结束，普拉特就记下用过的两叠牌的顺序。这一记录也做了拷贝，并签名封入信封，准备交给莱茵。这两份密封的记录将由专人亲自交给莱茵。大部分情况下，在普拉特和皮尔斯比对他们的记录并记下成功次数之前，两份记录已经交给莱茵了。

极少的情形下，普拉特和皮尔斯碰头并对照他们那份未被封存的副本是在两人将封好的记录交给莱茵之前。不过在没有共谋的情况下，数据也不可能被修改，因为普拉特保留了未封存的记录数据，而如果它们和莱茵手中的记录不一致，一定会被发现。

在总共 74 轮 1850 次独立测试中，皮尔斯答对了 558 次，这比概率期望值多出了 188 次。出现这一情形的概率是 1027∶1，也就是 10 后面跟 27 个 0，或者说是 10 亿乘 10 亿乘 10 亿比 1 的概率。研究结束后，其他研究人员独立核查了原始数据表，以重新验证命中率（它们确实相符），检查测试序列是否足够随机（确实是），也检查了结果是否有集中式命中突发提升的趋势（实际上并没有），以及其他一些想法。简而言之，总体结论表明，皮尔斯能做到他声称自己能做到的事情：远距描述纸牌。莱茵对这次实验的评论很审慎："该系列实验做到了一个超验实验能做到的一切，剩下的就是专业人员是否能接受的问题了。"

这次实验只有一个天才参与，所以结果不能推广到大众中间。皮尔斯出色的表现意味着，在 25 张卡片的典型轮中，他能答对 7.5 次而不是平均的 5 次。这听起来似乎也没什么了不起，但是因为皮尔斯在超过 1850 次测试中都保持了这么高的命中率，所以这每轮多出来的 2.5 次绝不是靠运气获得的。

本次实验结束后的几个月，皮尔斯在过去两年间表现出来的高命中率突然消失了。事实上，在 ESP 测试中拿到高分的人最终都失去了这个本事。有些是在几千次测试之后，有些则是在几万次测试之后。出现这种衰减现象的一个明显的理由是，这些测试在最初 10 分钟是令人振奋、吸引人兴趣和让人充满动力的，然后，就如同手术结束的时候麻醉药的效力逐渐消失一样，测试越来越无趣，变得令人感到痛苦，以致最后你宁可把一根棍子戳进眼睛里，也不想继续猜卡片。随着这一动力的消失，最终使得被试失去了对这一技能的兴趣。

但是，这一测试的结果仍然需要解释。我们知道概率已经被排除了，因此，还剩下什么呢？一旦所有其他的因素都不能解释这一结果，最后用到的解释总是存在造假的嫌疑。心理学家马克·汉赛尔（Mark Hansel）在 1964 年出版的《ESP：一次科学评估》（*ESP：A Scientific Evaluation*）一书中认为，普拉特并未如计划中那样待在图书馆。相反，汉赛尔说，皮尔斯偷偷地溜回普拉特所在的建筑，接着穿过大厅来到普拉特所在的房间（汉赛尔不知道这个房间在进行测试的时候有学生在用）。然后，皮尔斯可能站在一张靠近门的椅子上，通过门上的气窗向下注视普拉特的办公室，看到了他记录纸牌的顺序。为了支持他解释的场景，汉塞尔按照他在 1960 年访问杜克大学时的印象，画出了那些房间的布局图。在这张图的标题中有这样的说明："未按比例画出"。这是因为汉赛尔去了杜克大学建筑师的办公室，却没能找到该建筑在 20 世纪 30 年代进行实验时的布局图。要是汉赛尔能拿到实际的布局图，他会发现自己的"偷看假设"是不可能成立的。当然，这一实验和所有那些获得特别好的结果的实验一样，永远无法说服那些顽固的怀疑分子。

┃千里眼┃

在某次画图超验实验中，一个人选择或者想象一个物体并画出来，然后专注于把画出的东西"发送"给远方的伙伴。然后，这位伙伴试图重现第一个人画出的东西，紧接着，实验人员会拿它们进行比较，看看其是否相似。

一些早期进行的画图测试无法满足实验控制的现代标准，因为目标图像的选择不是完全随机的。如今我们知道，在随机选择东西上，我们其实做得很差。所以，某人的"随机"涂鸦可能与伙伴接收到的"随机"图形有紧密的对应，因为他们有着共同的回忆和体验。比如说，在海上度过一天后，一对夫妻决定进行这样的实验。在他们的意识中，很可能浮现出海景，所以诸如一只海鸥这样的图形，而不是仙人掌的图形，更有可能同时出现在他们两人的脑海中。这种回忆的共同性很容易模拟出心灵感应的案例。

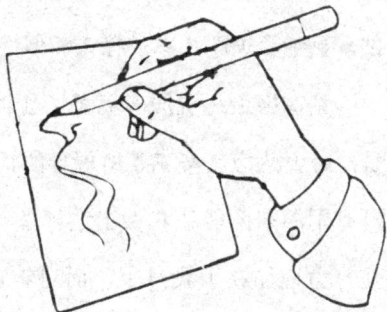

即使有这样的警示，一些早期进行的画图实验还是给人留下了深刻的印象。另外，当时的研究者也知道共同经历造成的偏差是一个可能的漏洞，所以他们在实验中采用不同的方式将人配对，用不同的方式选择目标，以检验这些因素是否会对结果有所影响。

| 厄普顿 · 辛克莱 |

1930 年，美国社会活动家厄普顿 · 辛克莱发表了《心理电台》一书，里面记录了一系列非常成功的画图实验。辛克莱因小说《屠场》（*The Jungle*）而成名，小说描绘了芝加哥肉类加工厂里可怕的工作条件和糟糕的卫生环境。这本书促成美国政府颁布了《纯净食品和药物法》（*Pure Food and Drugs Act*）和《肉类检查法》（*Meat Inspection Act*）（均在 1906 年）。很多年后，辛克莱的小说《龙牙》（*Draong' s Teeth*）描写了德国纳粹运动的崛起，并因此获得了普利策奖。

辛克莱和他的妻子玛丽 · 克雷格 · 辛克莱（Mary Craig Sinclair）合作，写下了《心理电台》一书。在书中，她是这一系列画图实验的天才被试。正是她不断展示出的能力，最终说服本来存疑的辛克莱和很多其他人相信超验是存在的。在这些实验中，先是由辛克莱画出一个小物体，而在远处的克雷格则试图用精神来接受这个草图并重新画出。在某些测试中，有时也会由一位朋友来画图，而克雷格则离画图的那位朋友好几公里远。《心理电台》展示了十几个测试，显示了远超几率的惊人相似性。

克雷格最终说服辛克莱，让他将这些证据记录成书。虽说略有讽刺意味的是，心灵感应比辛克莱所倡导的社会公平还要具有争议。他这样写道："世上再没有别的东西能让我做出这种举动，这个除外。心灵感应是真实的，这一证据强有力地加在了我身上。而对宇宙本质的忠诚，让我有义务说出这个真相。"辛克莱的朋友们后来写的评论文章用了诸如"辛克莱之幽灵化"（Sinclair Goes Spooky）这样嘲讽的标题。但是他坚持自己的看法，并解释说："没有证据就相信当然愚蠢，但是有了实在的证据还否认也同样愚蠢。"

爱因斯坦是辛克莱众多杰出朋友中的一个。爱因斯坦对心灵感应很是存疑，但是他相信辛克莱是正直的，也愿意认真考虑他在书中得出的数据。读完他的书后，爱因斯坦答应为《心理电台》德文版写一个序。爱因斯坦这样写道：

> 我带着极大的兴趣读完了厄普顿·辛克莱的书，我相信，不论是门外汉还是职业心理学家，都需要格外认真地看待他得出的结论。在书中，辛克莱仔细而平实地列出了这些心灵感应实验的结果，甚至比一位自然调查员做得还要出色。另外，辛克莱是一位认真的观察者和作家，他不可能故意带着欺诈来解读世界。他的诚实和可靠毋庸置疑。因此，即便这里所描述的事实不知怎地并不基于心灵感应，而是基于一些无意识的人与人之间的催眠影响，也能让人们产生高度的心理学兴趣。不论怎样，对心理学感兴趣的人们不应该对这本书掉以轻心，视而不见。（爱因斯坦签名，1930 年 5 月 23 日）

辛克莱的几个朋友求他不要发表这本书，担心此举会损坏他的名誉。一位朋友说，结果不可能是真的，因为如果心灵感应是真的，他必须放弃"他一生所依赖的基本观念"。不难理解，当一个人的基本信仰受到挑战时，害怕是最常见的反应。

热内 · 华高力

第二个画图实验在法国研究员热内 · 华高力于 1948 年出版的《从心灵到心灵》（*Mind to Mind*）一书中有所描述。这本书的大部分内容是华高力应欧洲最著名的大学之一索邦神学院（the Sorbonne）邀请所作的演讲。 他之前的那本《论心灵感应》于 1921 年出版后在法国引起了轰动，在增添了材料后又于 1938 年在英国重印，并更名为《实验心灵感应》（*Experimental Telepathy*）。

通过阅读莱茵和其他人的书，华高力已经相信心灵感应的存在，所以他的书主要研究它如何起作用。他进行的实验和分析中的大部分工作重点关注原始的目标图片被扭曲或者被接收方误解的情形。他注意到，图片的传输不像照片，它会被"打乱，分割成各种要素，并变形成一种新的模式"。

华高力所证明的，与当今认知神经科学对大脑如何构造可视图形的理解是兼容的。这意味着，心灵感应获得的认知是从无意识中生成并进入我们的意识的，其在大脑中的处理方式可能与我们在梦境中生成图形类似。因此，心灵感应的"图像"比感官驱动的图像更不确定，更容易被扭曲。

惠特利 · 卡林顿

第三个画图实验由剑桥大学心理学家卡林顿于 1941 年发表。他将这些研究称为"超常认知"（paranormal cognition）实验。卡林顿率先使用随机选择图形和交叉比对统计分析（cross-matching statistical analyses）。他还雇用了第三方调查员来确保恰当地处理和记录数据，以防止造假。卡林顿之所以热情地进行实验，是因为他相信，之前报道的画图实验已经提供了关于超验存在的实在证据。他充满挖苦意味地说道：

这些研究使我相信，尽管该主题充斥着恶意的巫毒术痕迹，但是显著而真实的正面结果已经在以前的此类实验中获得。这一说法是强有力的。

卡林顿设置了四个主要目标：（1）必须事先明确说明实验设计和条件；（2）计分必须不带偏见；（3）结果必须具有明显的统计性；（4）实验必须能重复进行。他所进行的每个画图实验都持续了十个晚上，每个晚上都有一幅图画。在这些晚上，卡林顿和他妻子会各自画一幅画。画的主题是这样确定的：随机打开一本关于数学乘法表的书，选择这本书里前三项或前四项的最后几位数字，然后在韦氏大辞典中翻到与这些数字相同的那一页，在这一页或者下一页找到第一个可以画出来的单词。接着，在晚上七点的时候，卡林顿将画好的关于那个单词的画挂在自己书房的墙上，一直到次日早晨。他详细描述了这个房间，以及他采用了什么预防措施防止实验的参与者从窗口偷看或者进入房间造假。

不论身在何处，只要图画还挂着，实验的参与者就可以在他们方便的时候试着猜出图画是什么。卡林顿总共进行了 5 次实验，每次实验有 10 幅画，一共有 50 个目标。大约有 250 人作为感知方（percipients）参加了实验，他们总共画了 2200 幅画。其中，参加一次以上实验的人不超过一打。

一位并不知道目标图形的仲裁者对参与者的涂鸦进行评估。通过将原始图形与参与者的图形加以交叉比对，他认为有 1209 幅画与目标类似。基于这一盲配法，卡林顿算出了在概率期望值下被"猜中"的目标的数量，并与实际得到的数量进行对比。在这个实验中，他得出了如下结论：

我们发现，如果只考虑概率的话，这样的一个"高猜中率"等于或者超出在 3 万次测试中出现一次。换句话说，与感知方不怎么专注目标时相比，感知方更专注目标时画出的图形更类似原图。其类似原始图形（以组来考虑）的程度不能令人信服地归结于概率。

卡林顿又补充了几点，对于这几点，当代的超验研究人员也会赞同：

看上去我找到的……是与常规体验的两方面都异常吻合的情形：一方面，我们知道，总体来说，人们很少展示出超常认知的能力；另一方面，我们也知道，不论如何人们有时还是能做到这一点。最后，我们所讨论的能力其实在很多人身上都有体现，至少不是以令人吃惊的程度集中在极少数特别有天赋的人身上。这个事实也意味着，它可能是所有人共有的一个特性，没有什么值得大惊小怪的。所以，形容词"超常的"也许只是个误称而已。

远程视物

远程视物这个术语由 SRI 国际公司的物理学家哈罗德·普特霍夫和拉塞尔·塔格在 20 世纪 70 年代早期创造。它指的是对千里眼的研究：一个人（"代理"）旅行到随机选择的远方，而远程视物者则待在一个实验室里，描述代理去的地方。关于这些实验的一篇文章，由普特霍夫和塔格发表在《自然》杂志上。文章当然引起了批评，但是对批评的仔细研究表明，它们无法对报告的结果加以否定。

塔格、物理学家埃德温·梅和另外很多人之后在极为严苛的对照条件下多次重复了远程视物实验。普林斯顿工程异常研究实验室完成了最大规模的远程视物实验。[①] 在 2003 年的一份报告中，前普林斯顿大学工程系主任罗伯特·杨和心理学家布伦达·邓恩（Brenda Dunne）总结了 25 年的远程视物研究（他们称之为 remote perception，即远程认知）。他们在 1976—1999 年进行了 653 次正规实验，参与人数多达 72 名。这些实验的大部分以预知的方式进行，也就

---

① 在美国政府超验项目的赞助下，进行了数千次远程视物研究和实验。

是说，在感知方记录下其印象后，才随机选择一个目标。

　　普林斯顿工程异常研究实验室不断发展出越来越精细的分析手段，大大扩展了半个世纪之前卡林顿所使用的简单方法。他们的目标是，发展定量方法来衡量远程视物者的印象和代理体验之间的相似性。653 次实验的总体评估提供了强有力的证据，证明结果肯定不是出于概率（出现该情形的几率是 3300 万∶1）。杨和邓恩这样写道："不管按什么标准来看，这些分析的总体结论都没有疑问。（预知远程认知数据）显然含有更多关于指定目标的信息，不能归于概率猜测。"进一步的分析表明——普特霍夫、塔格以及之前的众多研究者也注意到了——远程认知的结果似乎与距离和时间无关。

　　"不过，与众多对意识的研究一样，"杨和邓恩接着说道，"与这些结果相关的异常、重现、改进和解释都被证明是很难懂的。随着程序越来越高级，分析的技术越来越复杂，实验结果变得越来越无力。"这不是说，随着控制的加强——因为这些实验设计全部置于严苛的控制之下——远程感知的结果减弱了。相反，由于分析方法越来越注重于从"噪声"中提取"信号"，以致信号也随之消失了。杨和邓恩猜测，这可能意味着，事实上信号可能也需要一些噪声。这与被称为"随机共振"（stochastic resonance）的看似矛盾的物理现象类似：噪声的提升提高了检测微弱信号的能力。例如，如果对腿部的感知下降，病人通常很难维持站立或走路时的平衡状态。基于此，有人可能认为，让他穿着能产生机械振动的鞋垫会进一步降低腿部的敏感度。但事实并非如此，感知度和平衡性反而提升了。振动的额外噪声放大了人对腿部的微弱感知，使其更容易被感知到。相似的随机共振现象也在很多生物体的感知系统中找到了。

　　我们看到，由独立实验室报道的一些独立实验，已经获得了令人惊讶的结果。但不管这些实验多么优秀，似乎还是不能说服其他科学家。总有这样的怀疑：怀疑研究人员可能犯了什么错，或者密谋来欺骗所有人。而这正好给我们提供了动力去研究对实验集合进行的分析，即"元分析"（meta-analysis）。

第六章
有意识的超验

> "所以我根本没有做梦，"她自言自语道，"除非——除非我们都是同
> 一个梦里的东西，只是我真希望那是我的梦，而不是红国王的梦！我可
> 不是别人梦里的东西。"她用抱怨的口气说："我一定得去把他叫醒，看
> 看会发生什么！"
>
> 刘易斯・卡罗尔《爱丽丝镜中奇遇记》

多年来，研究人员一直试图找到超验的圣杯（the Holy Grail）：能轻易重复进行的实验。一个高中生应该也能进行这种特别具有说服力的实验，就像扔出一块石头来证明引力的效应一样，不需要任何形式的个人判断或评估，而所有人都能立刻看到自证的结果。我们竭尽所能，目前还是一无所获。如此挫折使得一些人认为这样的实验是不可能存在的，甚至因此声明超验超出了科学的边界。

这里的关键词是"容易"重复。我们会看到，超验实验确实可以重复，只是不那么容易重复。说起来，牵涉人类技能的行为几乎没有绝对可预测的，当然，在大量证据面前却不愿意接受事实的顽固性可能是个例外。

竞技体育为什么这么受欢迎？正是因为每个运动员的表现水平有着不确定

性。大家都知道，在那些需要高超技能的运动中，我们能想象出一般水平的运动员的表现会出现什么样的起伏。超验实验也是如此。大部分超验实验的对象是一般人，没有什么特别技能，因此，结果显示出大范围的起伏也就不足为怪了。

要讨论超验实验中这个可重复的重要问题，在下面几章中我们会审视超过 1000 次实验。总体来说，我们会发现，这些研究提供了可重复的、在科学上正确的超验证据。这可能会立刻引起你内心的怀疑。你应该正在想："哦？是吗？说说看。"我们马上就会说到这些。不过，我们首先要说的是在评价这类证据时面临的一种两难境地。

这种情形通常被称为"细节中的恶魔"（the devil is in the details）。也就是说，很容易做出炫彩华丽的结论，可一旦仔细审视其所依据的细节，你通常会发现这些结论没有你被引导而认为的那么强有力。用一个令人沮丧的政治案例来说，小布什总统在 2003 年决定进军伊拉克，他对这场战争的"推销"是基于中情局的结论，说伊拉克有大规模杀伤性武器。结果呢，没有发现这样的武器。小布什总统随后成立了一个委员会去调查中情局的错误情报，委员会得出结论说，中情局的声明不是错了一点，而是"错得离谱"。这也说明，忽视细节会造成多么戏剧性的后果。

所以，恶魔确实存在于细节中。但不幸的是，这些细节通常与技术行话、概念联系在一起，要是不经过专门的训练还真不容易理解。这就非常讨厌了。在评估互相矛盾的实验结果时更是如此。所以我的两难境地是，一方面要证明我们讨论的证据不是"大量诱导后的结果"，另一方面也要不限于细枝末节——如果不是这样的话，本书将成为治疗失眠症的特效药。我挥舞这柄双刃剑的方法是，把大部分技术内容和文献引用放

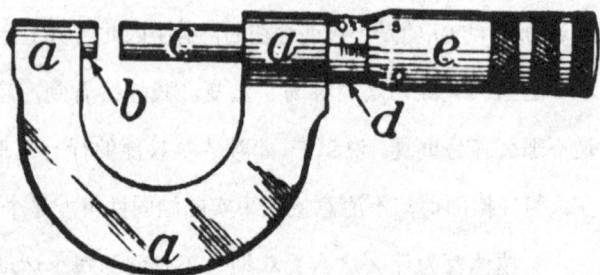

在脚注①。要是你愿意远离河边以保持鞋子不被弄湿，就不用去看。如果你对事实真相的细节很有热情，你也知道在哪里找到它们。②

测量误差

所有的测量都有误差。在物理学和心理学中都是如此。牵涉人类行为的测量更不确定，因为我们不是一块石头。我们极为敏感，总是动态地回应着环境。我们会根据自己生理和心理的感受调整行为，甚至会基于想象别人希望看到什么对行为进行调整。实验手段又增加了人为的限制，因此只有某些特定的行为可以被可靠地测量。也就是说，超验可能看上去弱而不稳，但这至少部分因为用来研究它的工具不恰当。就像用 5 厘米网眼的渔网去抓 2 厘米长的鱼，不论你如何一丝不苟地撒网，你的猎物总是会逃之夭夭。

不管怎样，因为我们要进行科学研究，所以必须遵守证明规则，进行对比试验。因此，我们不得不处理诸如测量噪声以及在现实生活中超验是如何自发发生的等问题。而我们得到的回报是对超验生出了高度的信心：我们观察到的效应不是连篇累牍的一般性解释（如巧合或对常规感官信息的反应）所能涵盖的。

一旦我们接受了实验结果不可能完美的事实，我们必然要处理这样的问题："实验表现应该有多好"才能拒绝类似巧合这样的解释？"实验需要重复多少次"才能得到具有说服力的案例，证明发生了一些有趣的事情？对这些问题，通常的回答是怀疑论者的名句："不凡之果，必有不凡之因"（Exceptional claims require

---

① 这些内容被作者放在了书后的尾注中，为了便于读者对照阅读，所有有助于理解本书的文献引用以及技术内容都被挪到了脚注中。——译者注。

② 我差点就要给尾注加上脚注。实在是需要多层的恶魔般的细节才能完全理解矛盾的实验结果。但是在考虑用多重层叠式的解释来实现我的战略时，我认为这种但丁《神曲》般的形式只能由但丁本人使用。于是我很不情愿地用了单层尾注方式。

exceptional evidence)。① 可我们又怎么知道，到什么时候证据才能称得上足够不凡（异常）呢？原则上说，随着我们积累的证据越来越多，总有一天会超过说服力临界点，从而克服任何程度的怀疑。不幸的是，这个策略在现实生活中行不通。

20 世纪 80 年代，我为美国政府的一个顶级机密的超验研究计划工作（现在该计划已经解密）。在我参加的第一次通报会上，我看到了在高度严格控制的环境下收集到的高质量的远程视物案例。我好奇地问道："为什么科学主流还认为超验具有争议呢？何不再进行一次实验，对这样的远程视物能力再测试 20～30 次？这足以说服任何人相信超验是真实的。"物理学家梅耐心地为我进行了解释，问题的答案也很简单。他说："你犯了'理性之人'的错误。"他的意思是说，我们通常假定科学是一个理性的过程，但实际上并不是。如果看到一些证据与我们之前的信念相悖，那么新的证据不但不会使我们转向这一新的或者改动后的信念，反而倾向于再次确认之前的信念。好吧，我认为这实在太滑稽了，肯定是出错了。不幸的是，20 年来我不断目睹人们对数据做出类似的反应后，我很不情愿地得出结论说，"理性之人"的假设确实是错误的。②

有个专业术语被用来形容这类非理性现象的其中一种形式——"确认偏颇"（confirmation bias）。这一心理特性是，那些支持你信念的证据会被认为是可信的，而挑战你信念的证据则被认为是不可信的。③ 对社会心理学的研究一再表明，杂志的编辑会不可避免地根据他们之前的信念来评判提交上来准备发表的文章。对赞同某个假定的人来说，他会倾向于认为一篇报道了该假定的正面结

---

① 这句格言通常归于天文学家卡尔·萨甘（Carl Sagan），但第一个说这句话的人是科学社会学家马切洛·特鲁奇（Marcello Truzzi）。

② 关于这些保密的超验研究项目的 12000 个文档已经解密，可从中情局公开获得。这些项目都有很古怪的代码，如 GRILL FLAME、CENTER LANE、SUN STREAK 以及 STAR GATE 等。咨询一下你可亲的 CIA 特工邻居，问他要一套 CD，其中有差不多 90000 页报告。

③ 这一感知扭曲类似于"情人眼里出西施"。爱人的外貌在爱他 / 她的人眼中比在其他人眼中更有吸引力。与此类似，如果一个人所爱的对象是一个关于世界如何运作的理论，那么支持该理论的证据会被认为更有吸引力。

果的文章写得太好了，而其他不赞同该假定的人则会认为这篇文章糟糕透顶。前者会推荐发表而后者不会。最终是否发表取决于主编，所以，如果主编恰好不赞同文章的假定，那这篇文章就不大可能发表在杂志上。于是，对其他科学社区来说，这样的证据好似未曾存在过。在科学中，这种倾向会形成一个由上流社会主导的"老男孩"俱乐部，里面只有能被接受的想法。而那些不能被接受的想法则被安排到了自行车俱乐部的吧台里，因为它们站错了赛道。还好，大部分科学家似乎有着高度的好奇心，所以俱乐部的规则会改变，只要有足够的毅力就行（当然还要等到一些老男孩们退休）。

元分析

要克服确认偏颇有三个方法：可以开发一个实际的应用，或通过新的实验对可测试的理论解释进行确认，或者借助权威影响大众的观念。但这些方法都不大可能，除非先证明在实验室条件下，这些效应是可以独立重现的。怎么证明这一点？我们只能对之前的实验集合得出的结果进行分析。换句话说，我们分析之前进行的分析。这被称为"元分析"。

在所谓软科学（如生态学、心理学、社会学和医学）中，元分析已经成为一个基本工具。目前，已经有数千个元分析发表，也有专门的元分析科学期刊，此外，它还成为了循证医学（evidence-based medicine）的基础。随着元分析越来越重要，合并实验结果的方法也随之不断改进。

对于元分析一般有三个问题：首先，合并不同实验的做法怎么能告诉我们一个效应是否可重复？其次，假如在被检查的实验中，有些设计的好，有些则不然，这会怎么样呢？最后，如果你找到的实验都是成功案例，却忽视了失败的案例，又会如何呢？这些问题被称为"苹果和橘子问题"（apples-and-oranges problem）、"质量问题"（quality problem）以及"文件柜问题"（file-drawer problem）。

苹果和橘子问题问的是，合并不同研究员用不同方法针对不同主题进行的研究可行吗？只要我们想了解的是苹果和橘子有什么共同之处，也就是"水果"有些什么特性的话，那么回答是"可行"。我们将一系列超验实验合并。在这些研究中，苹果和橘子当然会不可避免地显示出差异性，但是其共同的效应——超验效应——还是一样的。当然，要是你只对红色水果感兴趣，或者说你对草莓特别不感兴趣，那你在挑选水果进行合并时对这一点要非常清楚。在我们这里讨论的元分析中，我感兴趣的是对证据进行了广泛的、证明导向的评估的元分析。所以，我会尽可能多地包含相关的研究。

下一个要问的问题是，每个实验的设计和实施的质量各不相同，将它们合并起来可行吗？一个实验如果执行得粗心大意，应该不会像认真执行的实验那样有太多的证据权重。一般而言，如果随着研究质量的提升，却产生了更微弱的效应，这就意味着出现了潜在的问题。不过幸运的是，如今有很多评估实验质量的方法已经研究出来了。[①]

第三个问题关注的是，研究人员倾向于发表有正面结果的研究，而不发表有负面结果的研究。这被称为选择性报告或者"文件柜问题"。之所以这么称呼，是因为我们假定那一堆不成功的案例被遗忘在研究人员后院的文件柜里。要是能找到大量未发表的负面研究数据，足以使已经发表的支持正面研究的证据无效。评估"文件柜问题"的数量以及其影响的方法在近几年变得越来越精细。

最后，我们要说一下元分析的类型。它有两种主要的类型：证据导向和过程导向。第一类型的目标是证明超验是否存在。第二类型的目标是认识超验

---

① 在实践中，这一关系并不简单。在元分析中，研究质量随着时间的推移而有提升的趋势。随后，更高质量的研究也趋于要求更多的样本。出于纯统计的原因，效应值通常随着更高样本的数量而降低，研究质量和效应值之间的负相关性也可能是基于样本大小产生的共变。

如何工作。[1] 我们将特别注重第一类型的元分析，因为在我们有足够的理由确信超验存在之前，担心它如何工作是没有道理的。我们已经将要采取的方法做了一个简单的介绍，现在不妨来看看将元分析应用在梦境中的超验后会发生什么。

▌梦境超验实验 ▌

安妮·林（Anne Ring）女士给我写了一封信，描述了她在梦境中经历的超验体验：

多年前，我做了一个和我父亲有关的很奇怪的梦。我梦到他在装扮屋子（与我们以前在英国用花纸串、冬青树装饰屋子的方式一样）。不过，他用的不是在圣诞节中经常使用的那种装饰。突然，他坐在一把椅子上，然后瘫了下来，紧接着就死去了。我大哭着醒来，我丈夫也醒了。我看了下钟，正好是加州时间凌晨 2 点。我跟丈夫说了这个梦。他说："没事的。你总是做奇奇怪怪的梦。继续睡吧。"但是这个梦让我很不安，以致很久之后才再次睡着。

次日清晨是感恩节。我正准备着菜肴，电话响了。我弟弟从伦敦打来电话告诉我说父亲去世了。这真是晴天霹雳，因为我 5 月还见过他，当时他身体很棒（事实上，他一辈子都没

---

[1] 一个综合性的元分析包括：选择合理的效应值，检查可能的干扰变数，评估效应值之间的不均质程度，比较固定效应和随机效应模型，评估选择性报告操作以及实验质量变化的影响等。尽管这些话题可以让统计学家感到愉悦，但这些细节已经超出本书范围。我们只要知道：元分析越来越精细，已经成为了很多科学科目中频繁用到的工具，但是它和所有工具一样，并不是万能药。

生过病，也没去过医院）。我问弟弟是什么时候的事情。他说我们的继母刚给他打电话，并说那时是伦敦时间早上 10 点。那正是我做梦的时候（加州时间凌晨 2 点）。还有，他当时正在装饰屋子，因为当天是他和我继母的结婚纪念日，他们准备在晚上搞个派对。①

我们该如何解释林女士的经历呢？它是一次心酸的巧合，还是真正的千里眼？这是林女士第一次也是唯一一次做这样的梦，而其中的细节、时间与发生在现实世界中的事件极其吻合。此外，我也从著名大学的教授、NSF 的项目主任和军队的将军那里听到过类似的超验经历。他们不是不谙世事、容易幻想的人。他们懂得如何区分无意义的巧合与真正的异常事件。

对这些描述有一个可能的解释，那就是，全世界的人一晚上要做十几亿个梦，其中肯定有些会偶尔成真。我们都听过这些梦境，然后据此想象发生在梦中的超验一定很常见。确实，对不同文化的调查表明，一半的自发超验体验都发生在梦中，其中很多是关于远方的家人出事或者死去的。正因为这些报道很频繁，研究人员才开始产生兴趣，想看看在可控的实验室环境下，类似的超验体验是否可以被激发，而此时最明显的解释（巧合）也能被严格评估。

这类实验中的最早一批是在 1960 年实施的。精神病学家蒙太古·乌尔曼对灵媒艾琳·佳瑞特进行了测试。佳瑞特是位于纽约市的超心理基金会的主席，也是一位慈善家，资助了众多以超验体验为主题的科学研究。有了佳瑞特的支持，乌尔曼、心理学家卡利斯·奥西斯（Karlis Osis）和工程师道格拉斯·迪恩（Douglas Dean）在纽约超心理基金会建立了一个睡眠实验室。1960 年 6 月 6 日，奥西斯博士从《生活》（Life）杂志上挑了三幅图片，封在三个信封里交给佳瑞特的秘书带回她几公里之外的家中。她在家中等基金会打来电话，告诉她佳瑞特已经在实验室中睡着。然后，她会随意打乱这三个信封，再从中挑出

---

① 此处引用的例子来自林女士 2005 年 4 月 3 日的私人邮件，特此感谢。

一个，并用封在这个信封里的图片和佳瑞特进行心灵感应的沟通。

为了对佳瑞特进行观察，迪恩和乌尔曼整夜没睡。不过他们很失望，因为没有看到她进入所谓的"快速眼动"（Rapid Eye Movement，REM）状态而表明她在做梦。结果，他们也没给秘书打电话让她发送信息。但是，当晚佳瑞特确实做了一个梦，梦到一匹马疯狂地跑上了山。后来她说，这个梦让她想到电影《宾虚》（Ben-Hur）里发生的战车赛的场景。她在两周前看过这部电影。乌尔曼后来得知，在《生活》杂志的目标图片中，有一幅是来自《宾虚》里的战车赛的彩色图片。这很意外，但也非常令人着迷。于是，乌尔曼将该项目转移到位于纽约布鲁克林迈蒙尼德医疗中心的他自己的睡眠实验室进行。在进行了若干尝试性测试后，他开始进行正式的测试。

从 1966 年到 1973 年，乌尔曼、心理学家斯坦利·克里普纳和众多合作者一共进行了 379 次梦境超验研究。在大部分研究中，一位自愿接收方——我们叫她吉尔（Jill）——在睡眠实验室度过一晚。吉尔与作为发送者的被试杰克（Jack）会面并交谈。当晚，吉尔还和参与此次测试的其他研究人员会面。

当吉尔准备睡觉时，就被送入一间隔音并被电磁屏蔽的房间。在严格控制的超验实验中经常会用到这样的房间，为的是不让参与者对任何常规信号产生反应。进入房间后，一位实验人员在吉尔的头上安上电极以监视她的脑电波和眼球活动。从这一刻到实验结束前，她将不会和杰克或者任何其他人进行丝毫接触。在实验房间的隔壁房间里，一位技术人员整夜监视着吉尔的脑电波和眼球活动。一旦观察到 REM，也就是梦境开始了，技术人员立即通知杰克。

杰克身处迈蒙尼德的某个研究室中，离吉尔有 10 米左右。在其他测试中，杰克和吉尔之间的距离是 30 米、23 公里，有一次甚至远在 72 公里之外。在杰克离开前，一位实验助手交给他一个密封的信封，里面有一幅图。这幅图通常是从 8 幅或者 12 幅图片中随机选出的。只有在杰克来到远处的地点后，才可以打开信封。在实验中，只有杰克知道选中的是哪幅图片。为保证没有其他人能偶然得知目标图片是什么，在整个实验过程中，只允许杰克和实验人员进行一种形式的交流，即通过蜂鸣音或者一系列事先说好的电话铃声来沟通。每当杰克收到这样的信号，他就试图根据他看到的图片来影响吉尔的梦境。

在吉尔的梦境结束后，实验人员会发送另一个信号给杰克，告诉他停止实验。然后，一位实验室人员会唤醒吉尔，请她描述一下梦境。在实验人员将梦境描述录音后，她可以继续睡觉。在当晚每次做梦后，她都会被再次唤醒，而这种陈述过程也将再次重复。一般来说，在一个晚上的睡眠中，要重复3～6次这样的过程。到了早晨，吉尔再次起床，描述对杰克试图发送的图片的整体印象，并被再次录音和转录供稍后的研究之用。

为了评估吉尔的梦境，一位或几位独立的评判员会对其梦境的脚本进行审查，并与所有图片进行比对（其中有一幅是杰克试图发送给吉尔的）。评判员并不知道被挑中的是哪张图片（目标图片），他们会给出一个分数来评定每幅图片与吉尔梦境的匹配程度。最匹配的图片得1分，最不匹配的图片得8分（假定图片一共有8张）。如果评判员对目标图片的评分位于上半区（1～4分），则算命中一次，否则就是未命中。如果梦境超验真的只是出于巧合，那么在多次重复的过程中，该实验的命中率应该与抛硬币差不多：概率期望值会在50%上下浮动。

提醒一下准备自行测试的人：参与这些研究的人应该事先知道会发生什么，并且愿意为了科学牺牲一个晚上的美好睡眠。你要是想一个晚上都盯着你的兄弟姐妹、父母或者配偶，不断地弄醒他们，问他们是不是接收到了你的思想，最好先征得他们的同意。幸运的是，还有一个简单的方法来进行梦境超验实验，不用弄醒任何人。

研究新方法的起因是迈蒙尼德实验室用了7年时间才完成了379次梦境超验实验。平均下来一周才得到一个数据。为了加快速度，新一代的研究员利用了人们每晚都会做梦且大部分人都能记住梦境的事实。在一次于普通的家庭中进行的梦境超验实验中，一个计算机程序自动在一组图片中随机选择一幅图片，并在一间空房间中的显示器上整晚显示这幅目标图片，一般来说，重复时间定在凌晨 3 点到 4 点。计算机放在位于远处的被锁住的房间里，房间里空无一人，也没有人能从窗口偷看，或者通过别的途径知道目标图片是什么。

每个参与者都在家中记录自己的梦。到第二天早晨，所有参与者开始观看四幅图片：一幅是真正的目标图片，另外三幅是干扰图片。他们分别独立地给四幅图片打分，依据是每幅图片与他们梦境的匹配程度。然后，图片的得分被汇总，以票选出哪幅图片最匹配。只有计算机知道前一晚显示的真实的目标图片。投票结束后，参与者可以知道他们的选择是否正确。这样的实验一晚上只允许进行一次。但与梦境实验室的研究不同的是，它不需要一个特制的实验室，不需要整晚不睡的技术人员，也不需要独立的发送者或评判员。[1]

▎对实验结果的元分析▎

2003 年，英国北安普敦大学的心理学家西蒙 • 舍伍德（Simon Sherwood）和克里斯 • 罗审查了从最初在迈蒙尼德实验室到后来在普通家庭中所做的所有梦境超验研究。所有这些测试都有两个关键因素：它们都测试了在梦中是否能接收远方的信息，它们都在受控条件下进行，从而摒弃了诸如感官提示或者记录错误之类的一般性解释。

舍伍德和罗分析了包括 1270 次测试的 47 次实验。总体命中率是 59.1%，而概率期望值是 50%（图 6-1）。比概率期望值高出 9.1% 听起来似乎不是很多，但与之关联的概率是 220 亿 : 1。这就将巧合排除在了可信的解释之外。

---

[1] 使用一致票选，每晚只能得到一个测试结果，而不是用每个参与者各自的评分得到多个测试结果的理由是要避免被称为"堆垛效应"的统计学人工因素。这里指的是这样一个事实，即在此类实验中，被试各自的猜测看上去可能不相关，但事实上并不是完全独立的，而缺乏独立性将在数据的统计学评估中产生严重的高估倾向。

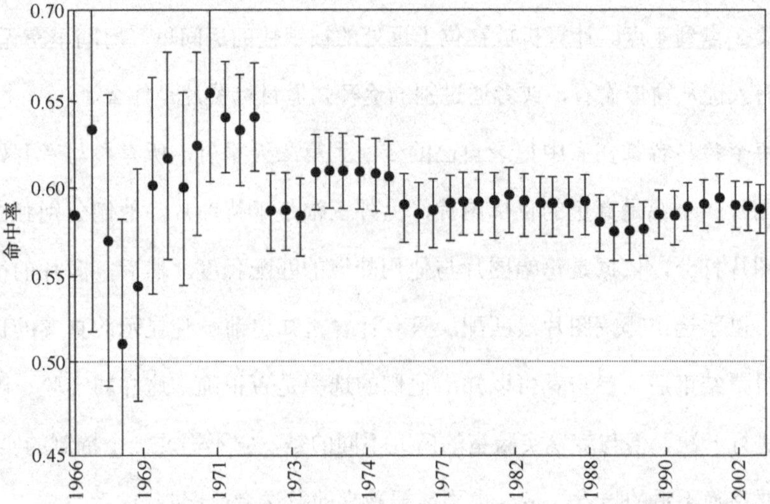

图 6-1 1966 － 2004 年所有已知梦境超验实验总体平均命中率估算，误差线为一个标准差。概率期望值为 50%。总体估算与 220 亿:1 的概率关联。所以，对梦境超验研究的实验结果来说，巧合不是一个可信的解释。

　　由于没有任何测量是绝对正确的，通常在图表上用"误差线"来表示真实效应应该在什么范围。误差线能我们一眼看出，命中率和概率期望值有多么接近。在本案例中，梦境超验效应偏离概率有 6.4 个标准差，我们有 99.999999996% 的信心说，结果排除了概率。因此，我们非常有信心地了解到，吉尔梦境中的内容和杰克通过精神发送的或者一台远程计算机显示的相匹配。

　　如果不是碰巧，那么又怎么解释这些结果呢？一个可能是，这些实验设计得很糟糕，因此我们看到的效应不过是错误或者缺陷造成的。但是，只要快速浏览一下实际的实验报告，就会发现，这样的解释站不住脚。进行这些研究的人员也很清楚会有很多陷阱污染实验，所以，在设计和执行方面，这些研究都有效避免了可能遇到的陷阱。此外，人们也采用了更正式的方法去评估因实验质量不同而产生的不同效应，并确认了梦境超验研究的设计一点也不糟糕。

　　所以，还有可能是，这一强有力的统计结果是因为我们只考虑了正面的研究而忽略了失败的研究。如果有数千个研究被无意中忽视或者没有被报道，而且这些"失踪"的研究没有提供任何关于超验的证据，那么我们说的 220 亿:1 可能就是一个大大夸张的数字了。要确定是否如此，必须回答两个问题。第一，假定我们错过了一些失败的研究，那么该数字要有多大才能使我们观察到的结果无效？如果该数字很小，我们就不得不得到结论说，梦境超验的证据根本就不是我们想象得那样具有说服力。第二，是否有方法在研究缺失的情况下对已有研究进行估计？我们在研究实验证据的时候，这两个关于可能存在研究缺失的"文件柜"问题会不断被提到，所以应该对更多细节进行检视，看看能否发现更多的东西。[1]

┃检查文件柜┃

对于梦境超验实验来说，需要另外 700 次结果为平均概率水平的研究，才能将观察到的结果平均到概率水平。[2] 考虑到有大约 20 名不同的研究员报告了梦境超验研究，也就是说，每个研究员对他们报告的每个得到正面结果的实验，还要进行——但不报告——35 个失败的实验。每个梦境实验平均有 27 个进程，那 700 个缺失的实验意味着有 700×27=18900 个进程需要进行但不被报告。一个梦境进程需要一晚上时间，所以我们不得不说，有 18900 个夜晚，或者说有超过 50 年的数据没有被报告。这看上去很难让人相信。

---

[1] 这里用到的是在行为科学、社会科学和医药科学中广泛使用的标准元分析方法。
[2] 更精确地说，罗森塔尔（Rosenthal）计算了需要多少数量的研究才能将总体统计显著水平拉到 p>0.05。

一个比较保守的估算是，这些缺失的研究没有恰好平均到概率期望值，而只是因为对统计"显著"的实验的技术含义的界定出现了些微不一致，导致产生了一些负面结果。[1] 基于该假设，推翻总体结果需要的研究数量就降低到了 670 次，也就是缺失了 49 年的数据。[2] 由此我们得到结论，对于梦境超验研究来说，文件柜问题不是一个可信的解释。

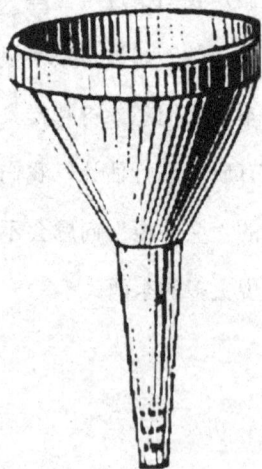

　　还有一种方式可以用来检验选择性报告是不是一个问题。它被称为"漏斗图"。出现倒漏斗图是因为，对少数几个重复样本的研究产生的数据不如对大量重复样本进行的研究产生的数据更精确。因此，如果我们画出一个实验的样本数量（重复测量的次数）和它对应的效应量值（总体结果的量度），我们将得到一个完美对称的漏斗形状，中心位于假定没有选择性报告问题的某个平均值处（图 6-2）。该平均值是对我们感兴趣的效应的最佳估计。

---

[1] 理由是，按照常规，"统计显著"意味着我们得到了正面的结果，而其几率大于 20∶1。这相当于小于 5% 的概率（通常表示为 p＜0.05）。但还有另一种方式得到统计显著的结果，也就是很明显的负面结果。比如说，我们进行一次梦境超验实验，得到了 0% 的命中率。这么低的命中率更不可能是出于概率。所以我们也可能受到鼓励发表该研究——即使该研究得到的结果完全指向了"错误"的方向。但是，由于大部分研究不会事先去预想得到负面结果，所以这一结果的概率需要调整。通常，不考虑方向，对这些结果的调整因子为 2。因此，我们可以这样想象，那些与 p＜0.05 的概率关联的强正面结果的研究，以及那些与 p＜0.025 的概率关联的强负面结果的研究都将被发表。这一不对称性致使总体估计的分布出现了一个微小的负平均值，而不是 0 平均值。

[2] 文件柜数量介于 1339 到 2697 之间，或者说从 28∶1 到 57∶1。

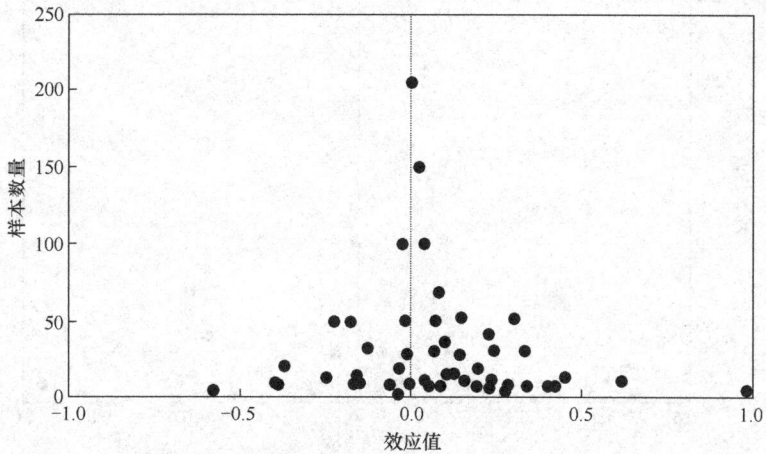

图 6-2　没有选择性报告问题的对称的漏斗图（基于假想数据）。

　　如果有选择性报告，那么这些没有发表的研究最可能是那些有负面结论的小样本数量。这是因为小规模研究通常是试验性的，而负面的试验性研究很容易"被遗忘"而没有发布。这一报道上的偏差导致的结果就是，漏斗图的左下部分会有一块被"咬掉"了（图6-3）。梦境超验研究的漏斗图没有被咬去一块，

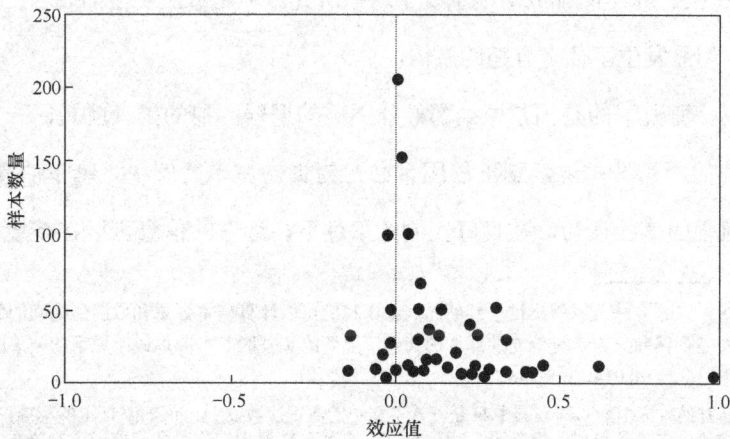

图 6-3　表明有选择性报告问题存在的一个不对称的漏斗图（基于假想数据）。

所以没有证据表明是选择性报告（图6-4）。[1]

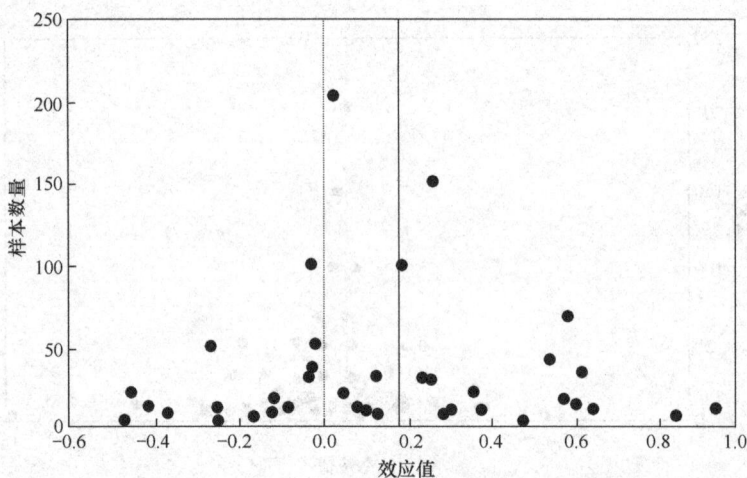

图6-4　1270次梦境超验过程的漏斗图。竖实线表示在这些研究中观察到的总体平均效应；竖虚线表示概率期望值以作为对比。[2] 此漏斗图没有显示选择性报告的问题。

　　现在我们已经知道，梦境超验研究的综合结论与概率无关，其研究设计仔细，避免了所有已知的缺陷，整体评估也没有被选择性报告偏差所影响。那结果可能是欺骗所致吗？实验设计已经排除了参与者作假的可能性，此外还有严密的实验受控来防止偶然或者故意的提示。研究人员作假也不可信，因为各独立小组在过去30年间都成功地重复了这些研究。不是每次实验都成功，但总体来说，很明显发生了什么有趣的事情。

　　现在，所留下的是福尔摩斯那颠扑不破的逻辑。他的推理就是，一旦所有其他可信的因素被排除，剩下的因素必定为真。在本案例中，剩下的真相是，我们有很强的信心认为，在良好控制的条件下，远方的信息可以在梦境中被接

---

[1] 还有更多正式的方法可以做出这一判断。例如，我们可以计算样本数量和效应值之间的关系，看看漏斗图是否偏向一方。有偏向的漏斗图会显示显著的负关联。本图虚线所展示的结果的关联基本上是平的：$r = -0.014$，$p = 0.46$。

[2] 本书中所有的效应值$e = \dfrac{z}{\sqrt{N}}$。其中N是一次实验中的测试次数，z是区间N[0,1]上的标准正态离差。本章中讨论的实验结果实际上基于二项分布。但是由于N很大，所以非常接近正态分布。因此我们用z指标来估算真正的二项分布概率，与此类似，效应值e也是估算的。总体平均的效应值为$e = 0.18 \pm 0.03$（加权平均及标准方差），而$e = 0$是概率期望值。求平均时用的权重根据样本数量计算而来。此算法基于固定效应模型，即假定不同研究中的潜在效应基本相同。

收。不过我们还是谨慎一些。如果该结论是正确的，那么应该也能在清醒状态下检测到类似的超验效应。我们来看看是否如此。

‖全域中的超验‖

Ganzfeld 是德语，意思是"所有领域"。它是感官刺激的一种温和形式，最早由完形心理学家提出，用以研究视觉图像的本质。 在全域超验实验中，参与者（吉尔）放松地在一张舒适且倾斜的椅子中休息。在实验中，她的双眼都被盖上半个乒乓球，双耳戴上了耳机，耳机里放着粉红噪声，有点类似瀑布倾泻而下发出的哗哗声。

然后，实验人员用一束红光照在吉尔的脸上，并要求她在乒乓球覆盖下的双眼保持轻微张开。这样一来，她看到的就是一片柔和的红色光。很快，她就无法分辨自己的眼睛是睁着还是闭着，再加上她听到的流水声的配合，她的大脑在刺激下产生了一些更有趣的反应。在此全域环境下，很多人会描述说，不用几分钟，就进入了愉快而梦幻般的清醒状态。

在这一梦境般的幻想中待了约 15 分钟后，吉尔被要求大声说出——术语称为"意念陈述"（mentate）——在接下来的 30 分钟内出现在她意念中的任何东西。而杰克身处远方，试图通过意念向她"传递"一幅图像。在大部分全域情形中，吉尔的叙述会被录音，在较新的环境下，杰克的目标图像（一幅图画或者一段一分钟的视频）会与吉尔的叙述一同被记录，这是为了方便独立评判人员稍后检查吉尔的印象时与杰克正在观看的目标图像进行对比。

在这个 30 分钟的实验进程中，杰克看到的是同一幅图像或者重复播放的视频（图 6-5）。这一目标图像是从四幅潜在的图像中随机选出的。每一组四幅图像的安排都不同。比方说，典型的一组四幅图像可能包括：第一个是一分钟的沙漠情景，第二个是城市景观，第三个是一个人在吃冰淇淋，第四个是鱼儿在海洋中畅游。一台计算机随机选择其中一个，而杰克则被要求通过意念将这个目标影像发送给吉尔。

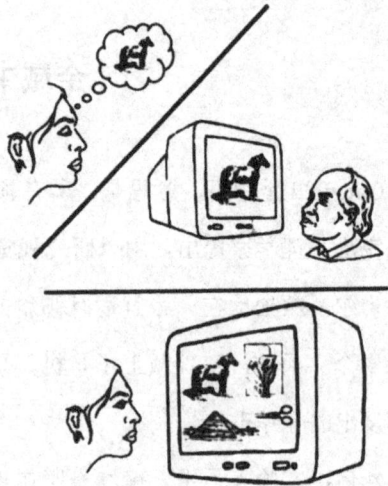

图6-5 全域心灵感应实验设计示意图。
上：杰克通过意念"传送"一幅图像给吉尔。吉尔身处远方并想象杰克在观看什么。
下：发送阶段结束后，吉尔尝试将她意念中的印象与四幅图中的一幅匹配，其中一幅是真正的"目标"图像，其他三幅是干扰图像。

在最现代的全域设计中，杰克可以单向听到吉尔描述她不断呈现的景象。通过这一方法，杰克可以利用吉尔的影像来调整他传输意念的策略，这有点类似生物反馈（biofeedback）。在30分钟的发送过程中，杰克可能会发送10次目标视频，间隔着短暂的休息。在发送过程结束后，实验人员——和吉尔一样对目标图像一无所知——将吉尔带出全域环境，和她讨论其印象，同时一起观看四个潜在的视频——其中之一是真正的目标图像，其他三个是干扰。吉尔被要求根据自己对目标的印象给四个视频打分。她给正确的目标打第一的概率是四次中有一次，或者说有25%的命中率。

心理学家查尔斯·奥纳顿、威廉·布劳德（William Braud）和阿德里安·帕克（Adrian Parker）在20世纪70年代分别独立地开发出了这一技术。比起其他类型的现代超验测试，这些全域测试在科学界引发了前所未有的争论和审核。这么被关注的一个结果就是，现代全域实验是人们所了解的超验实验中最接近完美的一个。直到最近，全域实验在超心理学圈子之外还不怎么为人所知。到了1994年，康奈尔大学的心理学家达里尔·伯恩（Daryl Bern）和爱丁堡大学的查尔斯·奥纳顿在《心理学公报》(*Psychological Bulletin*)上——一本广受好评的心理学学术期刊——发表了关于全域研究的元分析。该论文为真正的超验效应提供了强有力的证据。伯恩和奥纳顿对之前的全域研究进行了审核,得到的综合几率是480亿:1,而对较新的全自动实验——这些实验经过特殊设计,专门用来克服所有对之前的研究提出的已知批评——进行审核得到的结果也很显著,几率是517:1。

在他们报告的结尾,伯恩和奥纳顿总结说,其他研究人员进行的新实验将最终解决全域实验中是否观察到了真正的超验的问题。其他科学家继续进行着自己版本的实验,有些类似"传统的"全域测试,其他的实验则采取了一些新的步骤。1999年,爱丁堡大学的心理学界朱莉·米尔顿(Julie Milton)和英格兰赫特福德郡大学的理查德·怀斯曼(Richard Wiseman)在《心理学公报》上发表了一个新的元测试。他们分析了在伯恩和奥纳顿的文章之后发表的30个全域研究,并得到了正面的结果,但是与概率期望值太接近,所以他们的结论是超验根本无法重复。读到他们的分析后,我注意到他们用的统计方法低估了总体效应。事实上,他们选择的研究不光是正面的,而且用统计学术语来说,是显著正面的。[①]

几年之后,澳大利亚阿德莱德大学(University of Adelaide)的心理学家兰斯·斯托姆(Lance Storm)以及德国乔治-奥古斯都-哥廷根大学(Georg-August University of Göttingen)的苏贝特·厄特尔(Suitbert Ertel)正式回应了米尔顿和怀斯曼的论文。他们发现,米尔顿和怀斯曼忽视了几个早些时候进行的全域研究。他们认为,判断某个全域方法是否真正成功的最好方式是合并所有已知的研究。他们找到了79个没有被伯恩和奥纳顿考虑过的研究。这一批研究的结论与1.31亿:1的几率关联。有人可能认为这就解决问题了。但是争论还在热烈地进行着,来来回回,就像用手雷打羽毛球比赛一样。争论的一部分聚焦于一次由爱丁堡大学的心理学家凯茜·达尔顿(Kathy Dalton)进行的大规模、

[①] 如果他们只是简单地汇总这30个研究中的命中次数和试验次数,他们将得到统计上明显的结果,结论会是单边几率接近20:1。

高显著性研究是否已经被考虑在内。如果被考虑在内了，那么每个人都会同意说，有关全域超验的证据总体来说是明显的。

接着，争论又出现了新的转折。心理学家达里尔·伯恩和他的同事们注意到有两种基本类型的全域研究。一种基于"标准"设计，如20世纪80年代进行的研究那样使用图片目标，而一些新的实验室则采用了"非标准"设计，例如，使用了音乐目标。针对全域的最新一轮争论似乎聚焦于非标准设计，而这些研究的结果很糟糕。这可能是因为超验不存在，或者因为全域过程不能重复产生超验，或者——这才是关键——也许人们"得到"某种类型的超验信息要比得到其他类型的超验信息更容易一些。为了测试这个想法，伯恩检查了这批比较新的全域研究，发现使用可视目标的标准实验的显著性超过 5000∶1，但是使用音乐目标和其他新变种的非标准研究的显著性仅仅停留在概率水平。[①]

我没有讨论争论中谈到可能存在设计缺陷的那部分。这些争论枯燥无味，令人思想麻木，而且它们通常过于注重过程中微不足道的差异，而这些差异从未被证明能产生什么实质性的区别。这不是说缺陷分析完全是浪费时间。从历史上看，找到真正的缺陷是有价值的，能帮助我们改进实验的设计。但是最近几年来，所谓"可能缺陷"（potential flaw）的概念——不论其存在多么不可能，却为那些偏向于不接受任何形式的证据的人提供了一种很方便的"排除"借口。[②]

---

① 为保证分析不带偏见，他们询问了独立的评判员（他们对研究的结果也一无所知）来进行"标准"的评判。

② 针对这些实验中存在的"可能缺陷"进行的讨论非常透彻。假想中的缺陷包括：(a) 发送方、接收方或者实验人员之间是不是可能传递了任意形式的"感知泄露"；(b) 因为发送方要处理目标纸文件，其上的指纹是不是可能提供给接收方一个线索，提示哪个才是真正的目标；(c) 只有一个实验人员是不是可能引发安全上的问题；(d) 在每次测试中，目标是否都足够随机化；(e) 在判断过程中，接收方在浏览图片时，看到目标图片的顺序是否足够随机。针对全域讨论，约翰·帕尔默（John Palmer）进行了彻底的总结，他说："我的感觉是，这么多年来，对超心理学的批判是好的，好在能提供可能的对超验的常规解释，但可悲的是，不能提供可信的对超验的常规解释。"

┃全域元分析┃

　　据报道，从 1974 年到 2004 年，总共有 88 个全域实验进行了 3145 次测试，其中命中 1008 次。[①]　综合命中率是 32%，概率期望值是 25%（图 6-6）。与这一超出概率期望值的 7% 关联的概率是 29000000000000000000∶1。这些全域测试的漏斗图也表明，这些研究不存在选择性报告的问题（图 6-7）。

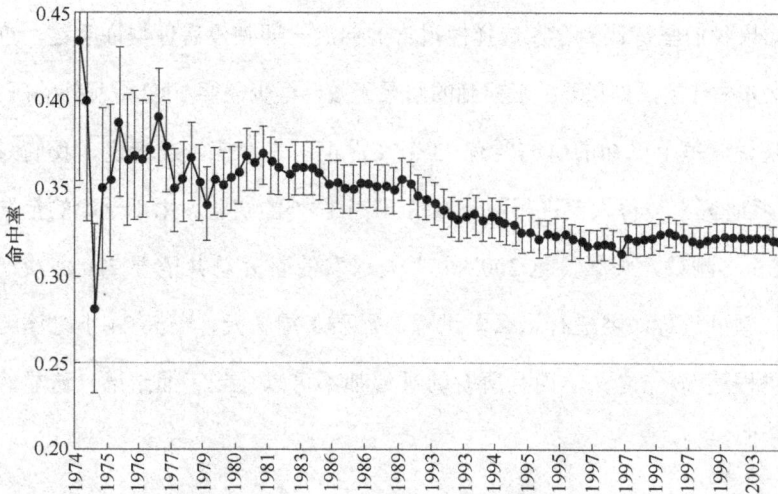

图 6-6　1974 年到 2004 年全域实验综合平均命中率曲线图。误差线为一个标准差。整体概率为 29000000000000000000∶1。所以概率不是这些结果的可信解释。每个点表示一次实验，而 X 轴上的日期则表明研究发表年份的平均值。

---

① 不包括一些最早的全域研究，它们无法用命中 / 未命中类型的分析加以评估。

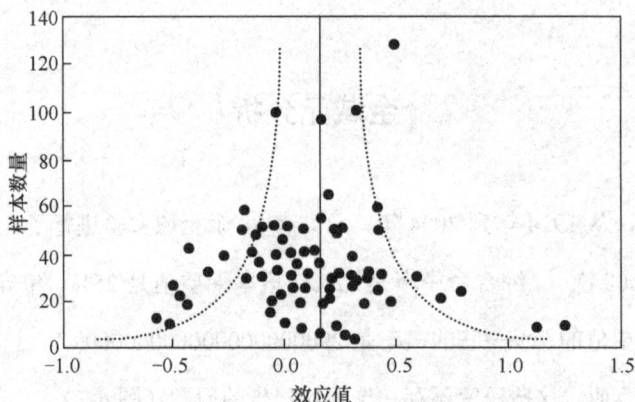

图 6-7　全域研究的漏斗图。对称形状表明没有文件柜问题。[1]

　　如果我们坚持认为存在选择性报告的问题——即使没有证据证明这一点——那么在保守估计下，如果要使观察到的结果无效，至少需要 2002 个额外的研究。[2] 也就是说，每个已知的研究要有 23 个文件柜与之对应。或者说，我们知道的这 30 名研究人员每人要进行但不报道 67 个额外的实验。由于一般的全域研究都有 36 次测试，那么，这 2002 个"失踪"的研究总共需要 72072 次（36×2002）额外进程。要进行这么多进程，需要 1 周 7 天、一天 24 小时连续运行全域进程达 36 年之久，而且所有的进程都不可以得到正面结果。这显然无法令人信服。

效应衰减

　　如果我们比较前 44 个全域实验（平均发表年份为 1981 年）和后 44 个全域实验（平均发表年份为 1998 年），就能注意到，前者有 34.4% 的命中率，而后者只有 30.3%。两者都大大超过概率，但是后者在命中率上有显著的降低。有

---

① 综合加权效应值是 e =0.16 ± 0.02。
② 使用的文件柜方法来自 Scargle (2000), op.cit. 的推荐。

人会说，之所以出现这一衰减现象是因为方法在不断改进，所以一旦某一天能进行假想中的"完美"实验，整体的命中率将回归概率。更可能的理由是，实验目标发生了改变。早先，那些证据导向的研究只注重证明超验。他们使用的设计比较简单，而且对于调查者和参与者来说，不但让他们感到振奋，也能激励他们。与之相反的是，最新的那些过程导向的研究目标是了解超验如何工作。这些研究用到的设计更加复杂，它们对个人的激励也不那么强烈。另外，某些后来进行的研究中采用的实验条件被预见到不会显示任何（或者显示很少）超验效应。所以，一旦这些研究被混入大范围的元分析中，总体结果的衰减自然在意料之中。

我们为什么会对效应衰减感兴趣呢？因为超验研究中一个常见的情形是，一个新实验在最初进行的时候特别成功。然后，当其他人试图重现它的时候，效应就开始衰减。有时，甚至当最初的研究人员重复他们自己的工作时也存在困难。这样的衰减只发生在超验研究领域吗？还是说在其他实验领域也存在类似情形？这个答案很重要，因为如果只是在超验研究中发生衰减现象，就会使人怀疑这些实验肯定存在什么特别的可疑之处。

证据表明，超验研究不是唯一发生衰减现象的领域。对其他学科进行的元分析同样显示出衰减趋势。例如，《皇家学会学报》（Proceedings of the Royal Society）上有一篇文章提到，在生物科学中元分析的效应也随着时间而衰减。该文章分析了经过同行评议后发表在生态和进化生物学杂志上的 44 篇元分析。这 44 篇元分析的效应显著衰减，几率高达 250∶1。

我们不妨再举一个更加具体的实验作为例证，然后考察一下这个实验的结果：测量使用某种疗法消灭寄生虫的奶牛的产奶量（图 6-8）。在 1972 年到 2001 年发表的 75 个研究中，该疗法的效果极大地衰减了。出现这一衰减的一个理由是，我们处理的不是一块石头那样非常稳定的对象。我们处理的是一个对奶牛、寄生虫、疗法和环境之间的交互特别敏感的复杂系统。毫无疑问，这一点也同样适用于心理过程。超验更是一个高度动态和交互过程的产物，所以，如果超验效应随着时间推移而保持稳定才会让人感到意外。

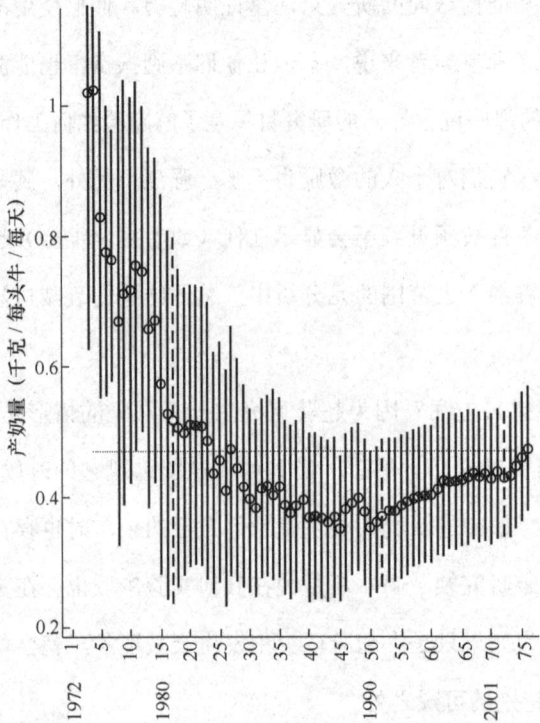

图 6-8 对某一抗寄生虫疗法的反应：奶牛每日平均产奶量的下降曲线图。从 1972 年到 2001 年，置信区间为 95%。类似的衰减现象在超验实验中也很常见。

通过对比，有人也许会认为，基本物理粒子（如中子）所具有的那些经过仔细测量的性质会更稳定。事实确实如此吗？与中子衰变相关的所谓"弱耦合比例"（weak coupling ratio），自 1960 年进行的第一次测量到 2001 年的测量表明，其值显著下降（图 6-9）。这要么意味着宇宙的一个基本属性在过去 30 年中改变了，要么意味着测量技术大大改进了。后者可能是更好的解释，但是这二次测量之间的差异有 10 个标准差。这是巨大的差异，要比全域超验研究中观察到的衰减大很多倍。当然，我不想把这件事推向极端。关键是，测量效应的衰减在很多科学领域都可以被观察到，所以在超验实验领域出现的衰减并不是什么特别的现象。

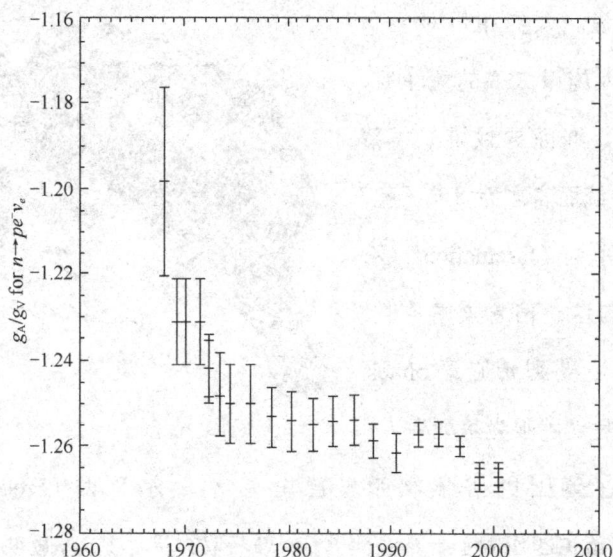

図 6-9 中子衰变弱耦合比例的衰减图。来自 2004 年的《粒子物理评论》(*Review of Particle Physics*)。出现这种衰减,究竟意味着宇宙的一个基本属性在过去 30 年中改变了,还是意味着测量技术大大改进了?

至此,我们观察了梦境实验和全域实验。它们都为超验的存在提供了强有力的证据。全世界共有数十位研究人员总共进行了超过 4000 次处于对照条件下的实验进程,时间跨度为几个时代。实验的设计一再被批评、改进,最后达到了最严格的标准,但即便如此,也不能识别出选择性报告的问题。这两个数据库应该足以说服任何人相信超验确实存在。但除此之外,我们还有更多证据。

感觉被人盯着看

诸如"心灵感应""千里眼"这样的术语会让人觉得超验只包含一些定义得极其整齐明确的能力。这种认识纯系误解。超验指的是信息传递的一般过程,心灵感应和千里眼不过是呈现这一现象的无数方式中的两种而已。另一种呈现方式是"感觉被人盯着看",这是一种与注视的力量相关的知识。感觉被人盯着看与"恶魔之眼"(evil eye)——当今最古老也最普遍的一种迷信——相关联。

恶魔之眼是说，人们相信对一个物体或者个人施以太多的关注后，会引发欲望，继而导致嫉妒、猜忌、蛊惑等，统而言之为"着了魔"（evil）。英文单词"fascination"（着迷、入迷）与这一信念紧密关联，其字源可以追溯到希腊语 phaesi kaino，意思是"用眼光杀死"。

1895 年，英国民俗学家弗里德里克·埃尔沃西（Frederick Thomas Elworthy）就该主题出版了一本经典著作，书名取得恰如其分，就叫《恶魔之眼》（The Evil Eye）。他认为该信仰具有普遍性，在书中，他描述恶魔之眼有能力发出一种辐射或者力量：一种恶意的影响可以"从带有嫉妒和愤怒的人的眼睛中发出，因此感染了空气，进而渗入生物和非生物体，并破坏之"。埃尔沃西的书虽然写于 100 多年以前，但如今我们发现他的观点依然正确。比如他曾写道：

我们处在后科学时代。嘲笑迷信不过是时髦或者狂热。无论如何，行动和言语已经透漏，在我们内心深处，有一些东西蛰伏着。那是一种感觉，你要说是迷信也可以。我们所有的文化——我们自认其比那些粗俗的信仰来得高贵——也无法扼杀它。它很可能成为一种世代相传的本能。

要确认埃尔沃西的这段话，我们只要在互联网上搜索"恶魔之眼护身符"（evil eye amulets）即可。你很快就能找到数万个对此进行讨论或者销售饰品、手镯和护身符来保护你不受恶魔之眼侵害的页面。从科学的角度来看，问题是——贯穿全书的问题也是这个——如此广泛传播的信仰有没有事实的根据？或者只是由于无知或者焦虑而产生的迷信？

对被人盯着看的感觉的实验研究已经进行了一个世纪。在常规研究中，一个人负责盯着人看（我们叫他杰克），一个人被人盯着看（我们叫她吉尔）。杰克和吉尔相隔几米坐着，并且，吉尔背对着杰克。杰克通过掷硬币来决定在下一次测试中是否应该盯着吉尔的后脑勺看。[①] 如果要，那么杰克会死盯着吉尔 10 秒钟。然后，他用一种咔嗒声提醒吉尔，吉尔根据她认为杰克是否在盯着她而回答"是"或"否"。

英国生物学家鲁帕特·谢尔德雷克（Rupert Sheldrake）基于这一简单的设计将该实验推广普及。有些实验在随意环境下进行，每次测试都需要反馈，比如，由教室里两个小朋友进行的实验。而在对照条件下，比如使用遮眼布时，就不再每次都提供反馈，而在更严格的环境下，杰克则透过一扇窗从远方盯着吉尔。

在谢尔德雷克和其他人引用的出版刊物中，我找到了 60 个这样的实验，总共进行了 33357 次测试。 这些实验总的成功率是 54.5%，而概率期望值是 50%（图 6-10）。这一结果的几率是 $2 \times 10^{1059} : 1$。

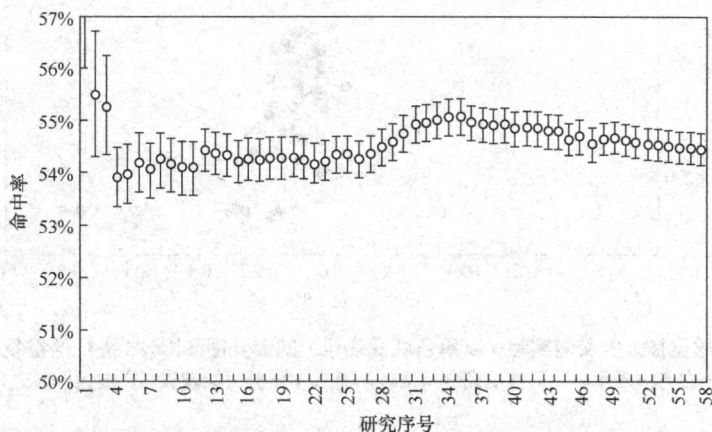

图 6-10　60 个感觉被人盯着看实验，共 33357 次测试。与概率期望值（50%）相比的几率是 $2 \times 10^{1059} : 1$，解释为巧合是肯定不可能的。

---

① 在更精细的设计中，杰克会查看一张事先准备好的随机表，或者使用真正的随机数发生器。

对这些结果，研究者提出了很多批评作为一般性解释。它们包括一些常规的说法，如假想的缺陷、作假、选择性报告等。对这些假想的缺陷也进行了试验，证明其并不能提供可信的解释。有些缺陷虽然可以从原则上解释某些结果，但是没能找到一个缺陷或者缺陷组合能够可信地解释总体结果。同样，将共谋作假作为解释也不可信，因为很多独立的小组成功地重现了这些结果。

选择性报告的可能性很大，因为很多这样的研究是在学校中的研究组里进行的，某些研究很可能没有被报告。对这些研究做一个漏斗图分析表明，确实存在选择性报告的问题。小规模、负面效应在漏斗图中太少（图 6-11）。要自动确认并填充这些漏斗图中的"缺口"，统计学家经常用一种被称为"裁剪并填充"（trim and fill）的技术。这一技术可以对图形中缺少的研究数量做最坏估计，它还能估计这些缺失的研究会对总体结果产生什么影响。

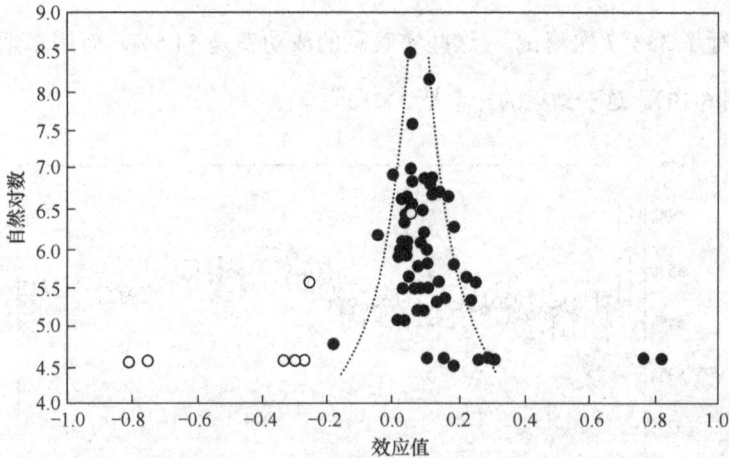

图 6-11　感觉被人盯着看实验（以黑色圆圈表示）的漏斗图。IONS 进行的重复实验在漏斗图中以小白方框表示。裁剪并填充分析估计，有 6 个研究可能缺失（以白色圆圈表示）。[1]

---

[1] 对这些研究进行的一个更全面的元分析表明，更严格环境下、通过窗户进行实验、没有每轮反馈的效应值是同质的。在固定效应模型下，其加权效应值为 $e = 0.060 \pm 0.007$，$p = 4.8 \pm 10^{-17}$。

裁剪并填充技术估计，有 6 个研究可能隐藏在文件柜里。如果将这些研究加入其中，我们会发现总体结果略微降低。[①] 但是，其发生几率还是大大超过巧合的程度，为 $10^{46} : 1$。

要完全使结果无效，我们需要 1417 个非显著的研究隐藏在文件柜里。这几乎无法使人相信，所以选择性报告不能解释这个结果。这些实验采用的控制条件不同。研究表明，那些没有严格屏蔽感官提示的研究的效果高于那些有着更好的控制的研究。这表明，总体结果中有一部分可能是因为吉尔收到了一些潜意识的提示造成的。[②] 但是，那组采用最高安全级别的研究还是给出了足够显著的结果，所以某些"感觉被人盯着看"的实验确实涉及超验。

到目前为止，我们谈到的这类研究基于这样的实验设计，即，在最后的分析中，要求参与者在一组可能的目标中选择一个随机选中的目标。这种命中和未命中的做法将超验是否存在的问题简化为掷硬币问题。这些研究向我们表明，我们比概率期望值得到了更多的命中。但是，掷硬币的方法将梦境和全域研究中产生的那些非常精细的信息压缩成一点，同时给人这样的错觉：超验类型的信息很微弱也极为多样。当今的很多研究者开始更仔细地了解梦境和全域意念陈述下的真实内容，去理解为什么以及在何时，某些信息从杰克传递给了吉尔。他们研究的对象是那些具有高度创造性的艺术家和音乐家，他们在这些实验中给出了更强的效应。而感觉被人盯着看实验的新变种，比如，感觉另一人的手臂开始移动等，也在探索中。这些研究表明，我们日常进行的、司空见惯的意识感知流，也许遮掩了更广范围的、蛰伏于我们潜意识中的超验。我们不妨来看看是不是有证据证明这一点。

---

① 原始效应值是 $e = 0.089 \pm 0.005$（基于 33357 次已知试验），调整后的效应值是 $e = 0.078 \pm 0.005$（估计有 34097 次试验）。

② 除了感官提示外，还有一个解释可以说明杰克和吉尔在非常靠近的情形下进行的研究为什么得到了更好的结果，比如，生物电磁或者说"生物场"交互。

第七章
无意识的超验

在研究人类心智史的过程中，我们会一次又一次地对这个事实印象深刻——心智的发展就是意识范围的扩大。

卡尔·荣格（Carl Jung）

对心理治疗和认知神经科学的研究表明，有意识的体验就像从一个巨大水库的裂缝中流出的涓涓溪流。如果在有意识体验的溪流中也存在超验，那么在无意识深处又存在什么呢？这是不是预感、直觉、征兆产生的地方？为了找到答案，我们来看一看研究人体内无意识超验效应的各类实验。我们将集中研究神经系统的三个方面：自动调节人体功能（如心跳、出汗）的那一部分（自主神经系统），处理有意识的运动和思想的那一部分（中枢神经系统），以及进行消化和排泄的那一部分（肠道神经系统）。

自主神经系统中的超验

第一类研究简称 DMILS，意为"与生命系统的直接精神交互"（direct mental interactions with living systems）。在一次 DMILS 研究中，杰克和吉尔来到实验室，实验人员将吉尔带进一个房间。这个房间看上去像一个巨大的冷冻间。它由钢铁构成，有双层墙壁，可以屏蔽电磁信号和声音。此房间能够保证在门关上后，任何常规的力量或者信号都不能传递给吉尔。[①] 与房间森严、冷冰冰的钢铁外表不同，其内部通常会装饰成茶色，摆放着绿色植物，给人一种暖意融融、宾至如归之感。吉尔被要求坐在房间内一张舒适的斜躺椅上，实验人员将她和一台监视器连接，以测量其汗腺活动的变化。[②] 这种活动由自主神经系统调节，是用来测量吉尔情绪状态变化的简便方法。

连接好设备后，吉尔被要求放松休息 30 分钟，在这段时间内，会对她进行不间断的监测。[③] 她唯一的任务是不要睡着，并且想着杰克，努力通过意念与他沟通。吉尔知道杰克也会在远方想着她，但她不知道什么时候、也不知道有多久、更不知道他向她传递的是什么类型的思想。实验人员在确认吉尔的皮肤电阻数据能被正确记录后，房间的门就关上了。房间之所以这样设计，为的是创建一个紧密的电子封条，所以关上门就像封上了宇宙飞船的舱门。（对初级研究人员的建议是，要告诉吉尔这扇大门关上后她还是能出来的。这对实验很有帮助。）

接着，杰克被送到一个远处的隔音房间，坐在一台监视器面前，并按照屏幕上弹出的指示行动。在另一个房间里有一台电脑，它控制着实验。电脑会等

---

① 有些房间还特别进行了电磁屏蔽。
② 更常用的指标是皮肤导电率，也就是电阻的倒数。皮肤导电率反映了自主神经系统的活动。
③ 在类似实验中，还会测量其他的生理学参数。

待几分钟，然后基于类似掷硬币这样的方法，决定是应该命令杰克安抚吉尔还是去刺激她。如果电脑决定让杰克去安抚吉尔，那么显示器上会弹出单词"安抚"，要求杰克想象吉尔处在某种放松、平静的环境中，比如，在海滩上打盹。如果他要试图刺激她，他可以想象她正跑向一座陡峭的山峰，或者正在跳伞。弹出的指示消失后（通常在 20 秒左右），杰克收回对吉尔的关注，而计算机则开始计时准备下一次测试。在整个 30 分钟的实验里，计算机程序可能会下达 20 个安抚、20 个刺激指令，但顺序随机。在一些实验的设置中，杰克可以看到记录吉尔皮肤电阻变化的纸带，因此他可以用它作为反馈来调整自己的精神"发送策略"去影响吉尔。

实验结束后，研究人员将采集到的记录着吉尔连续 30 分钟皮肤电阻的数据分为两组：杰克向吉尔发送安抚信息的阶段和发送刺激信息的阶段。如果我们发现，在杰克想着安抚的念头时，吉尔表现出较低的皮肤电阻，或者在杰克想着刺激的念头时，吉尔表现出较高的皮肤电阻——如果这一关联出现在多次测试进程中，那么研究人员就可以据此证明在杰克和吉尔之间存在无意识的超验联系。为了彻底证明这一结论，必须更加小心，不能让任何常规的信号在他们之间传递，并且确保吉尔不知道杰克何时或者试图以何种方式影响她。事实上，正确进行的实验都采用了这些控制和其他多种控制。①

DMILS 实验的一个变种被称为"远程注视"研究。这是上一章讨论的"感觉被人盯着看"实验的严格对照版本。 在随机选择的时间段，杰克在闭路电视终端上观看关于吉尔的实时图像转播（图 7-1）。他专心地注视着她，试图刺激她的神经系统。在屏幕变黑后，他放松下来想一些别

---

① 例如，安抚 / 刺激的顺序必须随机地加以平衡，从而防止吉尔生理机能的自然偏转恰好匹配了某个顺序；调查人员无需知道该顺序；必须检查声音、震动、电磁等信号，确保吉尔收不到任何常规的信息。

的东西。与有意识的"感觉被人盯着看"实验不同，吉尔不用报告她觉得发生了什么。相反，其皮肤电阻的无意识波动被用来判断她是否对杰克的远程注视有反应。[①]

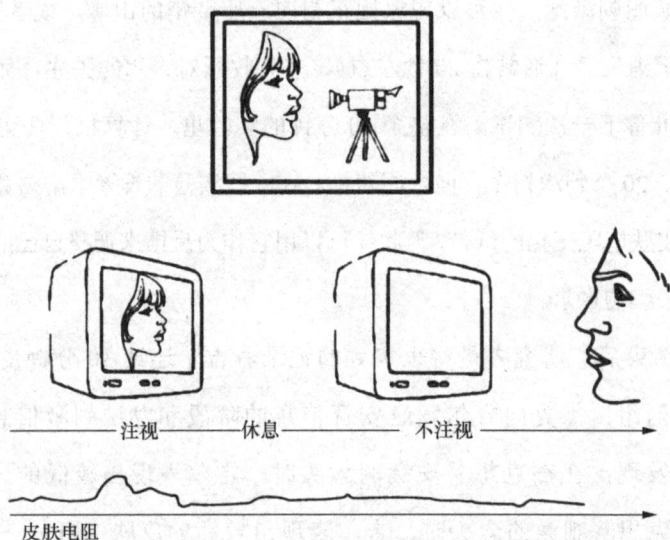

注视——休息——不注视

皮肤电阻

图 7-1 远程注视实验设计。吉尔放松地坐在一架摄像机前约 30 分钟。当她的影像随机出现在杰克面前的显示器时，杰克试图和她建立精神联系并刺激她的神经系统。吉尔被注视着和没被注视时皮肤电阻的变化，可以用来测试杰克的意念是否影响到了吉尔。

DMILS 元分析

2004 年，德国弗莱堡大学医院（University of Freiburg Hospital）的心理学家斯特凡·施密特（Stefan Schmidt）和他的同事在《英国心理学杂志》（*British Journal of Psychology*）发表了对这两类实验所做的元分析。他们找到了 40 个 DMILS 研究，其中报告了 1055 次独立进程，进行时间在 1977 到 2000 年之间。总体结果显著，

---

① 通常用自助统计（Bootstrap statistics）和其他非参数排列方法（nonparametric permutation methods）来评估这些差异的统计显著性。

出现几率是 1000∶1，所以巧合不是可信的解释。[①] 漏斗图也表明没有选择性报告的偏差（图 7-2）。实验质量和结果之间也没有显著相关性，所以结果也不是来自实验缺陷。

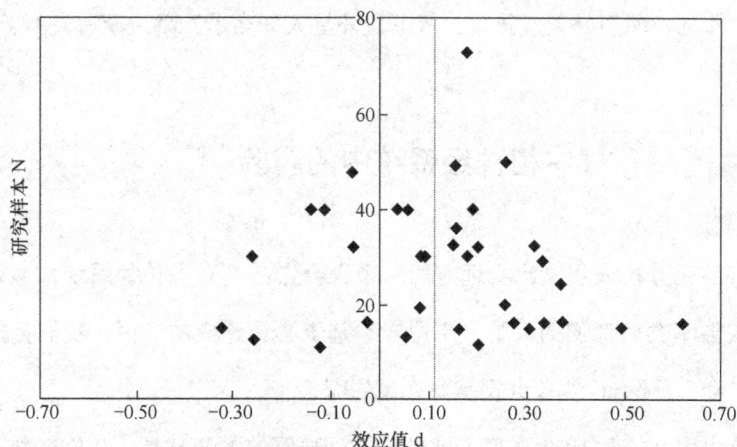

图 7-2　DMILS 研究的漏斗图（施密特，2004 年）。竖虚线表示平均效应，竖实线是概率期望值。没有证据表明存在选择性报告。

针对远程注视研究，施密特的团队找到了 15 次实验，总共包括 379 次进程，时间在 1989 年到 1998 年。与 DMILS 研究一样，元分析表明其效应显著，发生几率为 100∶1，[②] 不存在选择性报告，研究质量和结果之间没有相关性。在讨论其发现时，施密特小组解释说："基于我们要研究的实验的非常规性，在做出决定时，我们总是采取比较保守的策略。"对于这两类实验，他们总结说："有微弱但是显著的效应。该结果与近来对远程治愈和'感觉被人盯着看'的研究得出的结论一致。因此，不能排除某种与远程意念相关的超常的存在。"

这最后一句话写得非常冷静、非常科学。但出现在一本心理学学术杂志上，就是一个令人震惊的结论，特别是在几个世纪以来人们都认为这样的"超常"是不可能存在的情况下。有人可能认为，这一有趣的发现应该能上晚间新闻，

---

① Cohen 加权效应值 d＝0.11，p＝0.001。

② Cohen 加权效应值 d＝0.13，p＝0.01。

也许还会打上这样一个标题："科学家证明恶魔之眼存在！晚间 11 点报道！"
但是几乎没有任何报道。这真是有点像观看电视上的晚间新闻，主持人机械地
播报着，最近的一场战争中发生了什么，总统在干什么，棒球比分是多少，外
星人在白宫着陆，然后是天气预报。等下。外星人怎么了？哦，没啥大不了的。

▌中枢神经系统中的超验▐

施密特的元分析表明，想着远方的一个人会影响其自主神经系统。那么想
着远方的人会不会对他们的大脑产生影响？基于心灵感应的证据，我们会猜测
说答案是"会"。那么，实验证据是怎么说的呢？

这些脑电图（或称 EEG 关联）实验的设计要回答的问题是，我们轻戳一个
人的时候，会不会在效应上，在其远方的伙伴那里产生"哎呦"的反应。我们
当然不建议真的去戳一个人的脑袋，所以我们代之以类似闪光灯这样的刺激，
并引发其中一个人的大脑出现电流波动，而这一波动是可预测的。然后，我
们看看在远方另一个人的大脑中，是否同时有电流波动。稍后我会对其中的
一个实验进行详细讨论。但在这之前，我们先简要回顾一下与这些研究相关的
历史。

研究分开的两个人之间的 EEG 相关性的最初两个实验在 20 世纪 60 年代
被报道。第一个研究由加州大学戴维斯分校的心理学家、"意识的另一种形态"
（altered states of consciousness）的先驱查尔斯·塔特进行。第二个研究针对一
对同卵双胞胎，并发表在著名的科学杂志《科学》上。这两篇文章很快引发了
8 个独立小组进行了 10 次令人激动的概念性重复实验。在这 10 个研究中，其
中 8 个报告说得到了正面结果。其中有一篇发表在顶级科学杂志《自然》上，
另一篇出现在主流杂志《行为神经科学》（*Behavioral Neuroscience*）上。

10 年后，墨西哥国家自治大学（National Autonomous University of Mexico）

的心理生理学家哈科沃 • 齐布尔鲍姆（Jacobo Grinberg Zylberbaum）和他的同事发表了他们进行的一系列研究，并声称在分开的两个人身上检测到了同步的大脑响应。 他们的一个研究发表在《物理文献》（*Physics Essays*）杂志上，激发了又一轮的重现尝试。 2003 年，EEG 专家吉里 • 瓦克曼（Jiří Wackermann）和他的同事在《神经科学通信》（*Neuroscience Letters*）上发表了一个成功的重现。他们试图修补之前的研究中所有已知的缺陷，因此对得到的脑电波数据使用了一种非常复杂的分析手段。他的团队的结论是：

我们所面对的现象，既不能因为方法论的失败或者视其为技术作品而弃之不顾，更无法轻易理解其本质。在两个分开的主体身上观察到的 EEG 相关，目前还没有任何已知的生物物理学机制可以对之进行解释。

还有一次成功的重现由巴斯特大学的丽娜 • 斯坦迪士和她的团队报道，并发表于医学杂志《健康与医药中的替换疗法》（*Alternative Therapies in Health and Medicine*）中。在他们进行的 EEG 相关实验中，接收方处于一台功能性磁共振成像扫描仪中。他们预先扫描了 30 组人群，并找到了能可靠地产生关联的一对。然后，他们将其中一人置于功能性磁共振成像扫描仪之中作为接收方，另一人身处远方的一个房间中。他们发现，当远方的伙伴看到闪光时，在接收方的视觉皮质（在大脑后部）中，大脑活动显著增加，其出现几率高达 14000：1。这个团队后来又成功地重现了此发现（图 7-3）。[①]

这不仅表明观察到了两个大脑间有着显著的关联，而且还发现了与这一关联有关的大脑活动的精确位置。这一发现虽然令人震惊，但是几乎没有多少人知晓这个结果，即便它发表在一份医学杂志上。这比错过外星人降落在白宫草

[①] 此次重复由托德 • 理查兹（Todd Richards）领导，他是华盛顿大学的放射学教授。报告此次重复的文章在本书付印时正在由同行审阅并准备发表。

坪上的新闻还要糟。这就像在一家超市的冷冻区看到一个外星人在那里采购，而没有人对此表示关心一样。

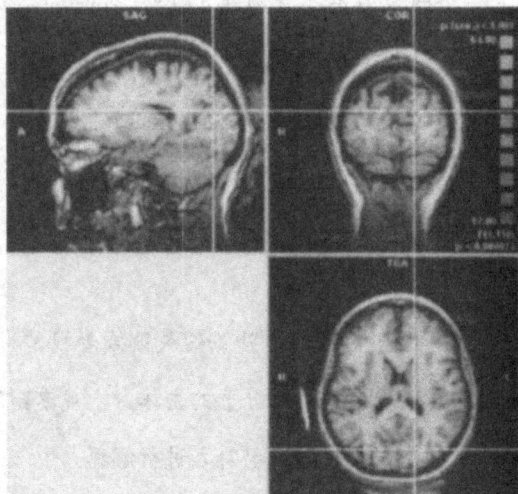

图 7-3 交叉线是"接收方"的大脑出现显著活动的部分，此时远方的"发送方"正注视着一个有闪烁的棋盘图的屏幕。这一活动出现在接收方的视觉皮质，表明接收方的大脑在模仿发送方的大脑。这也许是因为发送方的视觉皮质由于该闪烁的刺激而显得特别活跃。

还有更多类似案例。2004 年，又有三个新的独立重现被报道。这三个实验都非常成功。其中一个由斯坦迪士和她的同事发表在《备选及补充药物杂志》（*Journal of Alternative and Complementary Medicine*）上。她测试了 30 对人员，他们都接受过冥想训练，结论是证明了真实的 EEG 关联存在，几率是 2000∶1。[①]

爱丁堡大学的心理学家马里奥斯·基腾尼斯（Marios Kittenis）、彼得·卡莱尔（Peter Caryl）和保罗·斯蒂文斯（Paul Stevens）报告了第二个实验。他们测试了 41 个志愿者，其中 26 位是情感伴侣，10 个是随机配对的陌生人，还有 5 个人认为他们分别和某个其从未见过的人配对，但事实上他们都是单独进行

---

① 该研究实际上在斯坦迪士进行 fMRI 实验之前进行，但却是在其后才发表的。

实验。基腾尼斯团队发现，EEG 阿尔法波显著增加的情形，出现在有关系的配对中（几率为 50∶1），也出现在没有关系的配对中（几率为 143∶1），但是没有出现在那 5 个没有远方伙伴的被试身上。通过比较表现出电刺激的发送方和接收方的脑扫描图，他的团队还发现，接收方大脑显示的活动区域明显地模仿了发送方的大脑活动（图 7-4）。

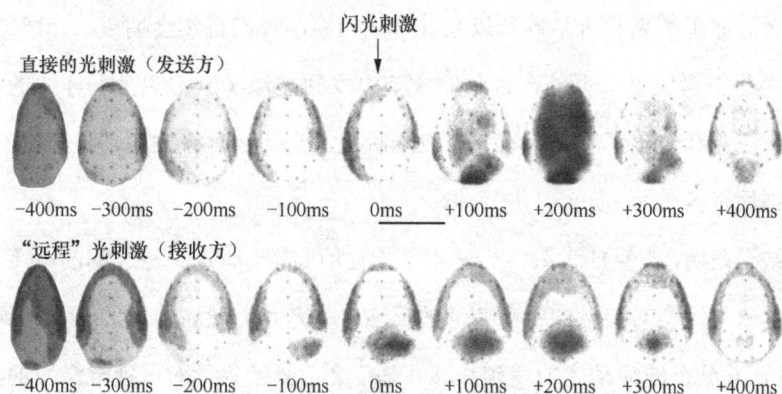

图 7-4 发送方（上）及接收方（下）大脑阿尔法波强度的平均值。闪光刺激发生在 0 毫秒（ms）。接收方大脑中的黑点是活跃区域，模拟了发送方大脑中较大区域的反应。这表明两个大脑间存在着无意识的超感联系。

第三个 EEG 相关研究是我和我的一位同事在 IONS 进行的。我们招募了 13 对人员进行该测试。我们不要求他们有任何特殊的关系，只要有兴趣参与这个实验即可。这些人来到实验室后，自行决定谁当发送方（杰克），谁当接收方（吉尔）。在为杰克和吉尔接好 EEG 电极后，我们要求吉尔坐在一张斜躺椅中，这张椅子被放在有电磁屏蔽和声音屏蔽的房间中。我们带着杰克来到一间隔着三道门且远在 9 米以外的另一个房间里，房间的灯光很昏暗。[①] 一架闭路电视摄像机正对着屏蔽房间中吉尔的脸。

当杰克和吉尔在他们各自的房间内安置好，他们的电极也连到独立的 EEG 放大器后，我启动了一个计算机程序自动进行下面的实验。在每个"发送"阶段

---

① 该屏蔽室是一个 Series 81 Solid Cell chamber，制造者是 Lindgren/ETS of Cedar Park, Texas。

的开始，计算机将拍摄吉尔脸部的视频信号并将信号切到杰克面前的监视器上。10秒后，计算机关闭该视频信号。计算机将同时记录该10秒片段开始和结束时杰克和吉尔的EEG。随机定时出现的吉尔的现场视频用来在杰克的大脑中激发一个突然反应。

我们感兴趣的是吉尔的脸部出现在杰克面前的显示器时，她的大脑中会发生什么。如果杰克和吉尔确实以某种方式相连，我们自然会期望，当波动在杰克的大脑中出现时，也能在吉尔的大脑中找到类似（但不完全一样）的反应。当然，杰克和吉尔都不知道有几个发送阶段，它什么时候发生，甚至也不知道实验进程有多久。

结果证明，杰克的大脑（当然不是指他的脑袋，而是说他大脑的电流活动）跳了起来。这是对突然的视频刺激的反应，也是我们意料之中的事。大约需要1/3秒，其脑电波活动才能达到高峰。基于之前神经科学对"视觉激发的潜力"的众多研究，这也是意料之中的结果。[①] 另外，正如超验关联所预测的，我们看到吉尔的EEG在杰克的EEG达到高峰之后的毫秒间隔内也达到了高峰。杰克和吉尔大脑反应的相关性是显著的，几率高达5000∶1（图7-5）。[②] 为了确保这个结果不是设备或者分析出现问题所致，我们进行了同样的实验，测试杰克房间中由于屏幕突然亮起而引起的电磁波动是不是被吉尔所在的屏蔽室中敏感的EEG放大器接收到了。结果没有出现该波动，所以最初显示的关联是真正的关联。[③]

---

① 我们看到的是视频开始和结束前后5秒内杰克和吉尔的EEG记录。因此，EEG记录中移动和眨眼的影响已经被消除。之后，我们根据所有参与者的反应来确定所有EEG记录的效应波动。

② 关联性为 $r = 0.20$，$p = 0.0002$。概率根据自举非参数分析确定。

③ 对照关联（单边）为 $r = -0.03$，$p = 0.61$。

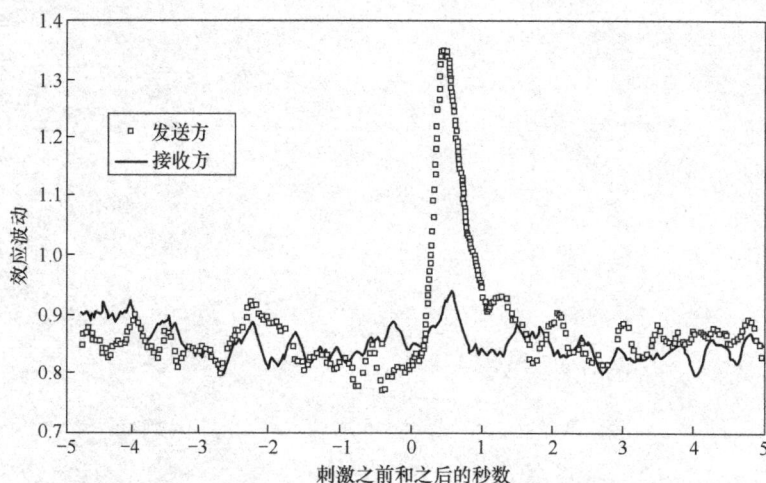

图 7-5 在 13 对人员中发送方和接收方 EEG 脑电波反应的平均值。发送方都接受了 25 次视觉刺激。平均而言，发送方的 EEG 在出现刺激后的 392 毫秒达到高峰，而接收方的 EEG 则在 64 毫秒后达到高峰。这一关系发生的几率是 5000∶1。[①]

　　因此，在自主神经系统和中枢神经系统中都检测到了无意识的超验。那么，控制肠道的神经系统又会如何呢？在所谓的直觉中，有没有超验的关联？

---

① 这些曲线代表了对 EEG 变动的测量，是根据所有参与者和其受到的所有刺激加以平均的结果。

第八章
直 觉

如果你的直觉告诉你要做什么，充满热情地去追求吧——不要退缩，不要放弃——这样做你将使很多人感到吃惊。

鲍勃·迪伦（Bob Dylan）

在 2003 年的 IONS 年会上，我们询问与会者是否有种种不寻常的经历。在 500 份回应中，89% 的女性和 72% 的男性表示，他们经常体验对人或事的直觉[①]。即便在 89 名自认极度怀疑超常规体验的人中，也有 78% 的人说他们经常有直觉的体验。有时直觉不过是一片难吃的墨西哥卷饼或者情绪上的波动。[②] 但是，会不会有些直觉——即使是怀疑论者也承认有过的感觉——也和超验信息相关呢？

预感和超验体验都涉及不知道如何知道而知道的行为，而所谓的直觉更意味着一种预感的形式——基于腹腔内器官的感觉。从常规的角度看，预感和直

[①] 这里描述"直觉"用的单词是 gut feeling。在英语中这是一个多义词，可以表示肠胃的感觉（字面意思）或者直觉（引申义）。从本章和全文结构来看，作者更多的是用引申义。但是在测试这一效应时，用到了与肠胃相关的指标（如下文提到的 EGG 等）。——译者注。
[②] 从我们进行的调查的上下文中可以清楚地看到，我们说的是直觉，而不是简单的、无意义的躯体感觉。

觉都源于被遗忘的知识、潜意识中的提示和不自觉的推断等。但是，如果预感和超验有关，那么某些直觉也极有可能携带着超验的信息。为了在实验室中测试这个想法，我们进行了一个与上一章类似的研究，但是没有使用 EEG，我们用的是 EGG，即胃动电流图（electrogastrogram）。EGG 测量的是肠胃的电生理学参数。这是一个缓慢的运动，每分钟大约有三个循环。

在神经系统研究中，消化系统是特别使人感兴趣的一个部分，因为它和情绪密切关联。诸如"忐忑不安"（butterflies in the stomach，直译为"胃里有只蝴蝶"）、"柔肠寸断"（a gut-wrenching experience，直译为"肠胃扭曲的体验"）以及"如坠深渊"（a sinking feeling in the stomach，直译为"胃部下沉的感觉"）这样的俗语，证明了我们熟悉这样的反应。对它们的研究已经有两个世纪。我们好奇的是，直觉是否在监测远方的情绪上特别敏感。

在本研究中，发送方杰克戴着耳机坐在两台监视器前。一台监视器随机显示接收方吉尔的实况视频，视频持续两分钟，而另一台显示一系列有情绪因素或者中性的图片，耳机中同时播放与情绪相匹配的音乐。在吉尔的影像消失后，两台监视器都回归黑屏，音乐停止。在每个情绪段落之间，都有 30 秒的休息时间。

用来激发杰克正面情绪的彩色图片包括微笑的婴儿、猫咪和美味的食物。在显示这些图片时，会配上激昂的歌曲，如披头士演唱的《扭曲与呐喊》（*Twist and Shout*）。有两种负面情绪会被激发：愤怒和悲伤。愤怒情形用的是原子弹爆炸的彩色图片，配乐是带有愤怒情绪的歌曲，如重金属摇滚乐队德国战车（Rammstein）的《自由之火》（*Feuer Frei*）；悲伤情形用的是墓地和哀恸的人们的彩色图片，配乐是萨缪尔·巴伯（Samuel Baber）的《弦乐柔板》（*Adagio for Strings*）；平和情形用的是黑白图片，如一只普通的汤碗，配乐是恩雅的《希望如此》（*May It Be*）；而在中性情绪环境中，用的是一系列色调略有差异的灰度矩形，配的是粉红噪声。

杰克收到的指令是，定期注视吉尔的影像，并努力通过意念将图片和音乐激起的情绪发送给她。在发送的过程中，杰克被要求不用再注意吉尔，只是放松即可。我们预计，如果直觉涉及某种程度的超验感知，那么与中性环境相比，在情绪环境下，我们应该能在吉尔的肠胃中找到更多活动（她的胃也许会"打成结"）。

在本次实验中，我们测试了 26 对成年人。他们都了解对方，有些是朋友，有些是多年的伙伴，所以由他们自己决定谁当杰克谁当吉尔。结果显示，与杰克体验中性情绪时相比，当他体验正面和悲伤的情绪时，吉尔的 EGG 反应显著加大，发生几率分别是 167：1 和 1100：1。 事实上，吉尔肠胃的大部分活动发生在情绪段开始的 20 秒内（图 8-1）。

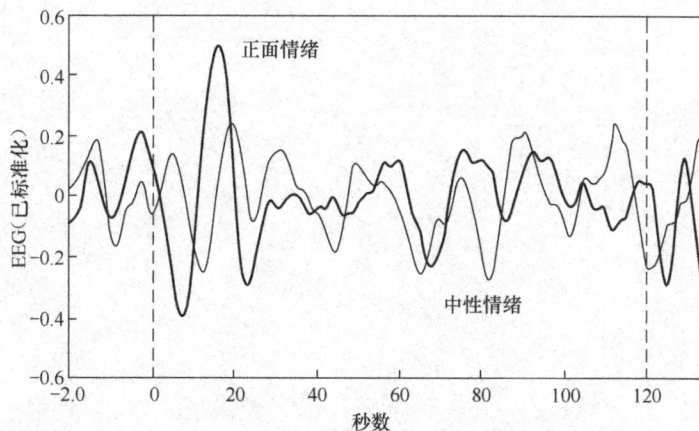

图 8-1 胃动电流图测量的肠胃反应的平均值曲线图。粗线代表正面情绪环境（20 秒时出现大的反应），细线代表中性情绪环境。此曲线图包含实验中所有 26 名接收方。它表明，与体验中性情绪时相比，身处远方的发送方在体验正面情绪时，接收方的肠胃收缩得更厉害。

对这一发现，我们考虑了很多别的常规解释。首先考虑的是是否存在偶然状况，是否违背了统计假定以及感官提示、期望偏差、生理漂移等是否恰好契合了情绪环境。我们对每个解释都进行了评估，最终都因为不够充分而被否定了。

这一事件表明，有时直觉会对远方人员的情绪状态做出反应。这进一步意味着，某些由内脏和其他肉体感觉影响的决定可能涉及超验体验。要假定所有的直觉都有预感信息注入可能还为时过早，因为很多事情都可以导致古怪的内脏抽动。但是这也可能意味着，肠道神经系统的直觉与世界其余部分以及其他人的联系，比我们之前猜想得更紧密。

到目前为止，我们讨论的研究表明，一旦杰克在远方与吉尔进行精神交互，吉尔可以在有意识和无意状态识下接收那个信息。但是，这些研究没有告诉我们的是，这个连接是如何工作的。吉尔是被动地感知杰克的意向并做出对应的反应吗？或者她真的被杰克以某种方式影响了？为了测试后者在原则上是否可能，我们要对意念和物体之间直接交互的证据进行一番调查。

第九章
意念—物质的交互

我们一直将超验看成一个关于感知能力的问题：信息从环境流入思想，而无需使用常规的感官。这就意味着此关系可以被描绘为"物质→意念"。那么，在另一个方向上流动的信息又是什么呢？这个关系可能对称吗？会不会有一种"意念→物质"的关联——一种超验影响力？

一眼看上去，信息和影响似乎风马牛不相及。前者是被动的，涉及诸如认知、理解这样的主观概念；后者是主动的，涉及类似力、能量这样的客观概念。但是，随着物理学的发展，信息和影响之间的显著差异正在消失。如今，一些物理学家开始认同这样的可能性，即现实极可能是由信息创造的。著名物理学家约翰·惠勒（John Archibald Wheeler）认为"它从比特而来"，说的就是从量子观点来看，宇宙更像是由信息字节，而不是由物质或者能量所创建。惠勒认为，我们生活在参与式宇宙之中，我们——我们询问关于自然的问题的举动——参与了我们所观察的宇宙的创建。他引用物理实验说道：

每个它——每个粒子、每个力场，哪怕是时空连续本身——其功能、意义、整个存在，都完完全全——即使在某些情形下是间接的——来自对是/否问题的回答，0/1选择——比特的选择。

色子中的超验

公元前49年，恺撒大帝和他的军队跨过卢比孔河（Rubicon）侵入意大利。据说，过河时，他对着军队大叫"色子已经掷出！"[①] 他的意思是说，其入侵意大利的决定是在赌运气，而历史将记下他们的命运。那天色子掷出的结果对恺撒有利，于是他的决定最终建立了罗马帝国，进而孕育了整个西方文明。

恺撒将命运放在他的军队和上帝手中。我们有没有可能进行意念操作，来控制色子，让它掷出我们想要的点数？有人会认为这是不可能的，因为不管赌徒心里如何想，赌场还是赚得盆满钵满。但是赌场不是一个寻找公正的地方。钞票不出意料地源源流入赌场的钱包，是因为几率的设置对庄家有利。要是恺撒大帝造访拉斯维加斯的恺撒宫（Caesar's Palace）赌场，而且他能用意念轻微地影响色子的点数，那结果也无非是，与他根本不能影响色子相比，他把整个罗马帝国的财富都输掉的速度只会略微慢一点。

不论如何，从很多人的行为表现来看，其思想似乎可以影响世界。调查显示，世界上大部分人口都进行祈祷，而

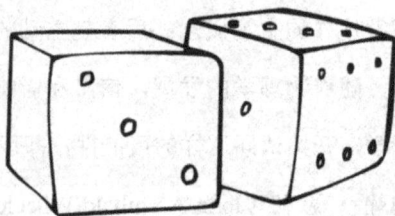

---

① 另一种说法是，恺撒当时是自言自语。其实，这句话并非恺撒原创，而是来自希腊剧作家米南德（Menander），原文是"Alea iacta est"。——译者注。

大多数祈祷者都会请求自然、上帝或者宇宙为自身或者其所爱之人掷出能产生好结果的色子。之前章节讨论的研究似乎支持这样的想法，即超验是一种远程影响，也就是说，从原则上看，祈祷者可以直接影响这个世界。不过换句话说，如果超验不是一种以愿望驱动的远程影响，而是因为接收方收到了远方之人的意愿或行为而做出了相应的反应，一样的结果也可能发生。

为了测试是不是有可能进行远程影响，我们要看看没有生命的物体，比如色子，是否对远程的意愿有反应。自 1935 年以来，研究人员开始探索这个想法。50 年间，有 52 个研究者在英语刊物上发表了 148 篇这样的掷色子实验。念力（psychokinesis），或者简称 PK，是描述假想中的意念对物体的作用而使用得最多的术语。

掷色子实验是简明性的代表。一个人事先选好色子的一面，并希望这一面朝上，然后掷出一个或多个色子。如果这个人的意愿和最终的色子点数吻合，那么就算"命中"。如果得到的命中次数比掷色子的概率期望值要高，那就是 PK 存在的证明。

尽管对 50 年来收集的在掷色子中存在 PK 的证据进行了研究和评论，但我们还是没有达成一个明确的共识。争论围绕着这一点：认为 PK 效应太难重现，所以任何关于 PK 的声明都应被视作可疑。另外，掷色子实验显然太简单了，也掩盖了可能存在的陷阱，而这种种陷阱很可能会质疑对实验结果做出的解释。

1989 年，当物理学家黛安·法拉利（Diane Ferrari）和我在普林斯顿大学的时候，决定使用元分析来评估掷色子实验中 PK 效应的综合证据。我们研究了从 20 世纪 30 年代起到 1989 年为止发表在所有相关的英语期刊上的关于掷色子实验的文章。对每个实验，我们都仔细记录参与测试的人数、其意想中的点数以及一次掷了多少色子等信息。我们还根据 13 个质量标准对每个研究进行编码，比如，研究其是否使用了自动记录、是否有目击者在场以及是否进行了对照等。

我们找到了 73 篇相关文章,代表了 1935—1987 年共 52 位调查者的工作。这 50 多年来,大约有 2500 人试图通过意念影响在 148 个不同的实验中进行的 260 万次投掷,其中在 31 个对照试验中进行的 15 万次投掷没有对色子施加意念影响。每次研究投掷的色子总次数在 60 到 24 万之间,一次投掷的色子数量从 1 个到 96 个不等。

虽然从绝对数量来说,其总体效应很小,但绝不是运气所致,因为得出该结果的几率是 $10^{96}:1$。[①] 相比之下,对照试验的结果非常符合概率期望值。所以很明显,肯定有一些别的因素在起作用。

也许出现这样的结果是因为只有几个调查者,却发表了大部分研究,因此引发了对调查者作假或者实验过于草率的怀疑。为了验证这个想法,我们注意到每个调查者大约进行了 1 ~ 21 次实验,而大部分调查者(64%)报告的研究不多于 3 个。于是我们计算了这一组调查者得到此结果的几率:超过 10 亿:1。所以,出现上述结果不是几个可疑的调查者作假所致。也许是因为其中几个实验的结果好到不太真实?为了验证这个可能性,我们忽略了给出最大效应的 35% 的实验,而剩下的 96 个实验给出的几率仍然为 300 万:1。

也许这样的结果是由于选择性报告问题所致?为了研究这个问题,我对漏斗图进行了"裁剪并填充"分析,估计出 21 个缺失的研究(图 9-1)。在漏斗图中加入这些研究后,总体效应向下调低了,但几率还是很高($10^{76}:1$)。[②]

---

① 加权平均效应值 $e = 0.0122 \pm 0.0006$。
② 调整后的加权平均效应值 $e = 0.0114 \pm 0.0006$(假定进行了 264 万次投掷)。

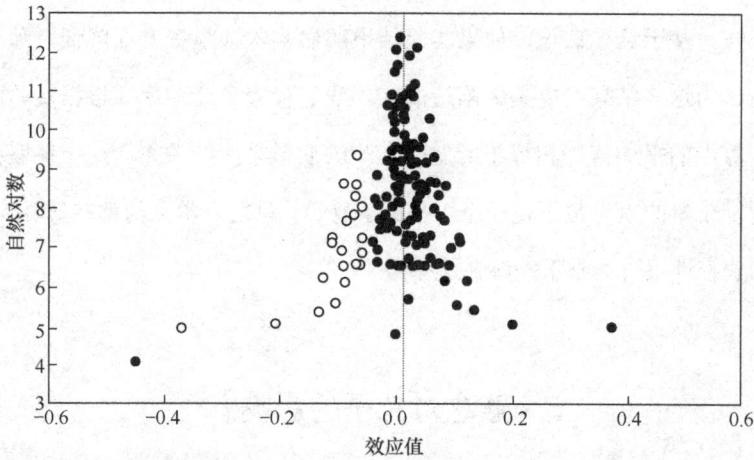

图 9-1　148 个已知掷色子实验（黑点）的漏斗图以及根据裁剪并填充分析估计出的 21 个缺失研究（白点）。虚线表示总体效应值。其与概率期望值的小小正偏移代表的几率是 $10^{76}:1$。

　　作为辅助检查，我们估计了需要多少个文件柜研究才能将观察到的结果降到概率期望值。这一数量是 3204 个，也就是说，文件柜与观察到的研究的比例是 22 : 1。换句话说，如果要用选择报告来解释这些结果，我们需要这 52 个调查者每人进行 62 个研究，而这 62 个研究都失败了，也都没有发表。这似乎不太可信。

　　也许出现这样的结果是糟糕的实验质量所致？事实上，人们对审查超验研究似乎怀有特别的热情，所以一般来说，对这些超验实验的设计以及执行应该比别的领域更严格。① 以本例而言，衡量质量影响的一种方法是看看随着时间推移，实验设计是否得以提升了。如果这些实验是由疯子实施的，我们不能指望其质量能有所提升，因为疯子不会介意他们的工作受到了什么批评。但是对质量分数的检查表明，随着时间推移，它出现了明显的正向趋势（这一几率是

---

① 生物学家谢尔德雷克进行的研究也支持这个结论。他在调查了物理、生物、医药、心理科学发表的大量实验后发现，预防实验偏差的标准措施（如双盲设计）在主流科目中很少被采用，但在超心理学研究中经常被采用。

100万∶1）。因此我们知道，研究者确实注意到了批评意见，并据此不断改进他们的工作。基于这一认识，如果实验结果随着实验质量提升而降低，那么我们有理由认为这些结果可能是缺陷造成的。我们检查了命中率（根据实验的发表年份计算出的平均值）和每年所做的实验的质量之间的关系。这个关联并不显著，所以质量的差异也不是一个可信的解释。[1] 总之，常见的那些解释（概率、质量和选择性报告）都不能解释这些结果。

┃意念对色子的影响┃

证据表明，意念影响了色子掷出后的结果。但是我们这里讲的影响是什么意思呢？色子跳动得很快，没有人能在它跳动时跟踪每个色子，因此也就不能在思想上控制它的行为。无论我们如何想象在意念中"推动"一个色子的降落，我们要处理的影响形式，都不可能是一种简单的、意念导向的力。电影里的魔法师能通过紧盯一个物体来释放 PK，经常还带着从眼睛里冒出的闪闪发光的"力束"，就像被人操控着的闪电球一样。但是不论在实验室内还是实验室外，都不能观察到诸如此类的影响。所以需要用另一种形式的影响来解释意念—物质交互。一种解释是，观察行为可能影响了发生在亚原子量级的物理事件的概率。这个解释来自量子力学，我们稍后会详细讨论。现在，想象我们要处理的影响类型不是常规的物理力——比如，操纵一个色子，使我们想要的那面朝上——而更像是轻微地改变了色子的形状，因此我们想要的那面朝上的可能性比其他五面朝上的可能性要高一些。[2]

---

[1] 多重 R = 0.25，F(10,137) = 0.95，p = 0.49。

[2] 当然，我不是说改变了色子的物理形状，而是说改变了与色子每个面关联的先验概率（a priori probabilities）。

我们可以检验这个想法。如果我们掷 1 个、2 个、然后是 20 个色子……以此类推，会得到怎样的效应呢？如果意念影响每个色子的方式基本相同，那么我们一次投掷更多的色子，就能提高每次投掷的统计结果。[1] 换句话说，如果我们的思想真的可以影响一个色子的下落，那么我们检测该 PK 效应的能力应该随着投掷更多的色子而提高。

事实上，如果根据一次投掷色子的数量对这些研究进行分析（图 9-2），我们会发现，观察到的效应确实提高了，而观察到的提高与预测的提高之间的关系是显著正相关的，几率是 110：1。[2] 如果不考虑一次投掷 30 个和 48 个色子的那些实验（总共只有 3 个），几率会显著提高到 5300：1。[3] 这支持了 PK 可能是一种影响类型的想法。

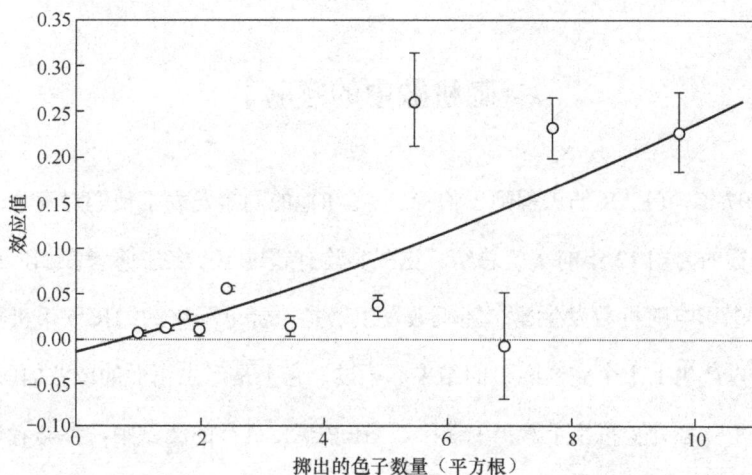

图 9-2　随着一次投掷的色子数量的提高，色子实验的效应值也相应提高了。曲线是观察到的效应的最佳拟合。[4] 这意味着意念直接影响了物体。

---

[1] 这是因为根据公式 $z = e\sqrt{N}$，z 告诉我们偏离概率期望值有多远，e 是每个色子的 PK 效应，N 是一次掷出的色子数量。

[2] $r = 0.69, p = 0.009$，单边，期望曲线和观察到的曲线的拟合。

[3] $r = 0.92, p = 0.0002$。

[4] 该拟合采用二次多项式，$y = 0.0007x2 + 0.0172x - 0.0132$。

这对热衷于色子游戏的赌徒来说真是个令人鼓舞的消息，因为这意味着我们的所思所想确实能在物理对象的实际表现中反映出来。这也确认了那些相信祈祷的力量的人的信念。但是稍等一下。如果这些都是真的，那赌场为什么没有关门大吉？祈祷为什么不能更可靠地起作用？真相是还没有人知道为什么。这些实验表明，意念和物质确实相关，但相关程度很小，只有在对照条件下才能在统计上进行重复。我们只是刚刚接触到某种仍然极度神秘的现象的表面。因此，要为所有因这些数据而引起的"可是为什么"的问题提供答案，以我们目前的知识来看，实在还为时过早。我认为，更合理的问题应该是这个：如果掷色子实验的结果表明存在真正的意念—物质交互，那么应该有使用别的物理目标的类似实验作为佐证。事实上确实有这类实验。

随机数中的超验

1997 年，PEAR 的工程师罗伯特·杨和他的同事发表了他们对意念—物质交互进行的为期 12 年的实验总结。这些实验有超过 100 名志愿者参加，都尝试了用意念影响随机数发生器。随机数发生器是一台电子化的抛掷硬币机器，一秒钟可以产生上千个完全随机的结果。不过，它不是产生正面的或背面的数据，而是产生一系列随机字节流：0 或者 1。在 PEAR 进行的测试中，参与者试图刻意影响其输出，使其高于基于概率的期望（他们称之为"高标条件"，比如，想要正面的随机数而不要反面的随机数），然后再使其低于概率的期望（低标条件，比如，只想要反面的随机数），在此之后，便不再关注它，只是让它作为对照条件中的基线正常运作。

根据他们的实验，杨的团队得到了若干结论。他们发现，在所有使用真正随机的资源（如基于量子事件）的实验中，输出的随机数倾向于和参与者的意念意指的方向一致。他们希望在高标条件下，随机数的输出向上漂移；希望在低标条件下，随机数的输出向下漂移。作为对比，如果使用的是伪随机数（比如，由软件算法产生的随机数），将不能观察到正面的结果。他们估计，PK 效应的量级差不多是每 10000 个字节中有 1 个字节偏离了概率期望。虽然这看起来是很微弱的效应，但是从整个数据库来看，这一现象发生的几率只有 350000 亿∶1（图 9-3）。[①]

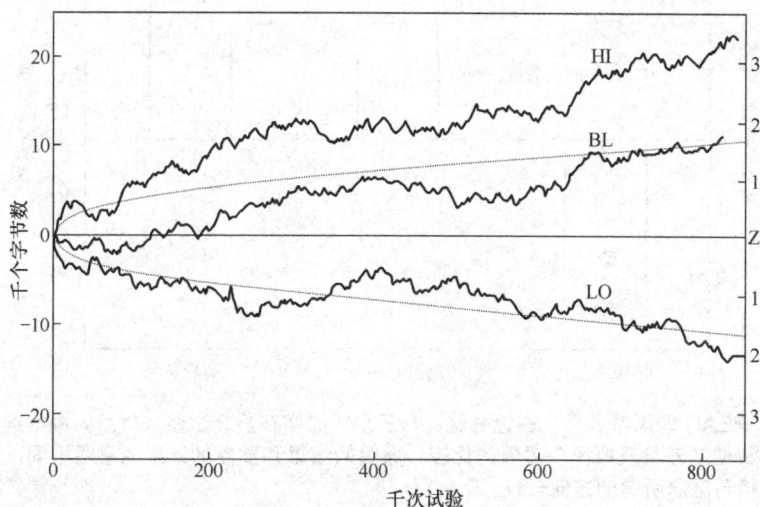

图 9-3　PEAR 总结的 12 年来进行的实验的结果曲线图。HI/LO/BL 三条曲线分别对应了意念中的高标条件（HI）、低标条件（LO）和基准对照（BL）。抛物线显示的是一个阈值，表明效应超出阈值的几率大于 20∶1。这些实验曲线的形状不重要，因为这三条曲线和预期一样会根据参与者不同的意念倾向而分离。

　　在 PEAR 总结其研究成果的 3 年后，由 PEAR、德国弗莱堡的心理学与精神健康边缘领域学院以及德国的吉森大学（Justus Liebig-Universität Giessen）联合进行了一次大规模的实验（或者说"巨型实验"）。这个三方联合体试图使用类似的设计和设备，实施一系列事先规划好的实验去重复 PEAR 得到的结果。虽然这次重复没能得到显著的结果，但是却与 PEAR 得到的原始结果

----

① 实际数字 $p = 3.5 \times 10^{-13}$，偏离概率期望 7 个标准差。

显著类似（图 9-4），这么类似的几率是 20∶1。[①] 因此，尽管巨型实验的结果没能完全独立且成功地证明 PK 效应，但还是有证据表明相同的基本趋势得到了重现。

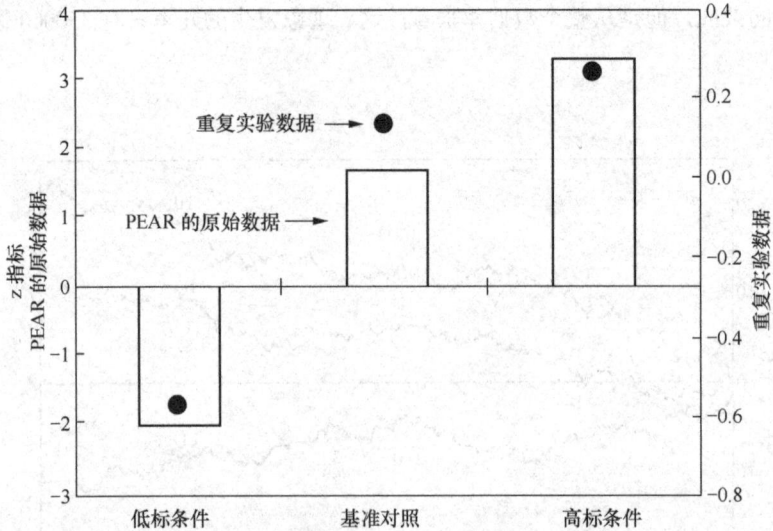

图 9-4 PEAR 的原始数据（白色柱状）与三个实验室在重复试验（黑圈）中得到的随机数输出数据的差异及概率期望值的比较。原始的结果和重复的结果的量级不同，但是两者的趋势与意念所指的方向一致。

　　基于最初的 PEAR 研究给出的强有力结果，以及巨型实验得到的相似结果，我们自然会问，这一效应是否能由其他的独立研究员加以重复。1989 年，普林斯顿大学的心理学家罗杰·尼尔森（Roger Nelson）和我对所有截止到当时为止发表的已知随机数研究进行了一次元分析。本书写作时对该分析进行了更新，我找到了 490 个实验，总共有 11 亿个随机字节受到了 PK 的影响。[②]

---

① PEAR 的原始结果和 portREG 的关联为 r = 0.988，p =0.048。当然，只有三个点进行关联的时候，我们必须很小心地对之加以解释。但是不管怎样，这个关系还是令人着迷的。

② PEAR 的原始结果塌缩为两个点，分别代表高标条件和低标条件，而巨型实验的结果塌缩为 6 个点，分别对应三个重复实验点的高标条件和低标条件。

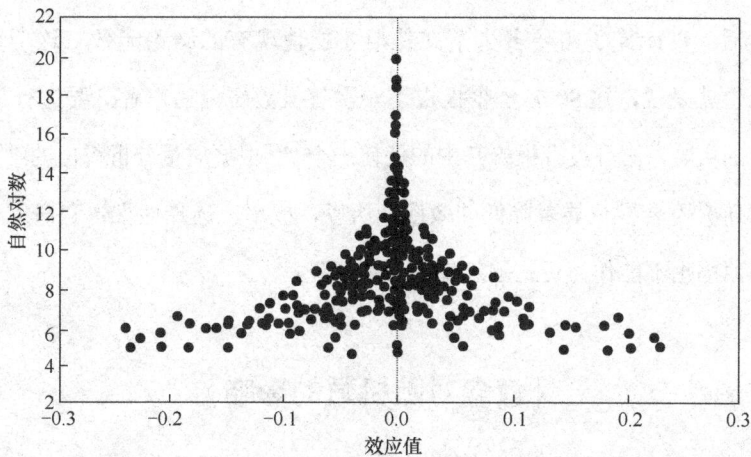

图9-5 490个已发表的随机数研究的漏斗图。在这些研究中用到的随机字节数量从几百到数千万不等，所以为了对范围加以压缩，Y轴使用的是对数比例。图形左下方有缺失的点，意味着这些文献存在选择报告的问题。

　　虽然其总体效应量级不高，但是与其相关的几率还是高达 50000∶1。[①] 选择性报告是个问题，因为漏斗图的左下方缺了一块（图9-5），所以我使用了裁剪并填充技术，估计出可能缺失的研究数量约为 105 个（图9-6）。在因选择性报告问题而不得不做出最差调整的情形下，总体显著水平还是很高，几率高达 3050∶1。[②]

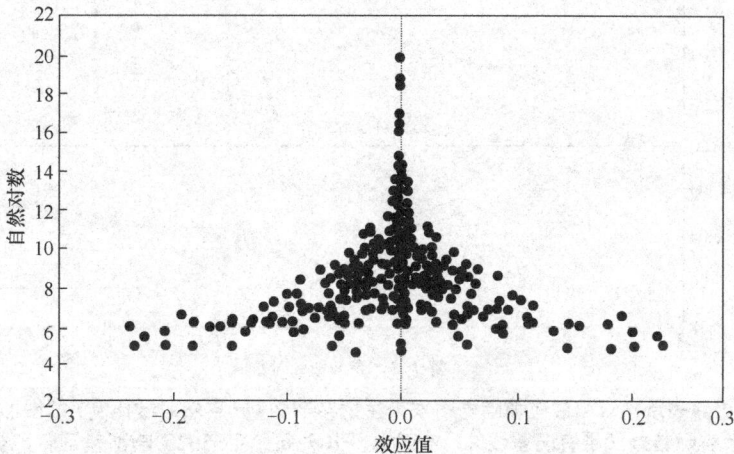

图9-6 加入由裁剪并填充技术提供的 105 个实验后修正的漏斗图。总体显著水平还是很高，几率高达 3050∶1。

---

①总体加权效应值为 e = 0.000122 ± 0.000028。
② 在调整过的漏斗图中，加权效应值为 e = 0.000101 ± 0.000030。

然后，我计算了需要多少个文件柜才能使现有的结论无效。这个数字是2610。也就是说，这90名至少报告了一次随机数研究的作者，要进行另外29次无效的实验，而且没有报告其中的任何一个。[①] 根据质量分析得出的结论，高质量的研究不会导致显著降低的效应。所以，概率、选择性报告和研究质量的不同等原因也不能作为对这些结果的合理解释。

意念对随机数的影响

如果意念真的可以影响随机数的输出，那我们检测该 PK 效应的能力应该随着越来越多的字节的产生而得到提高。为了验证这个想法，我把之前用在色子研究上的分析用在了 PEAR 实验室的随机数数据上。得到的曲线显然与在色子研究中看到的类似（图 9-7）。这意味 PK 真的以某种形式影响着随机数。[②]

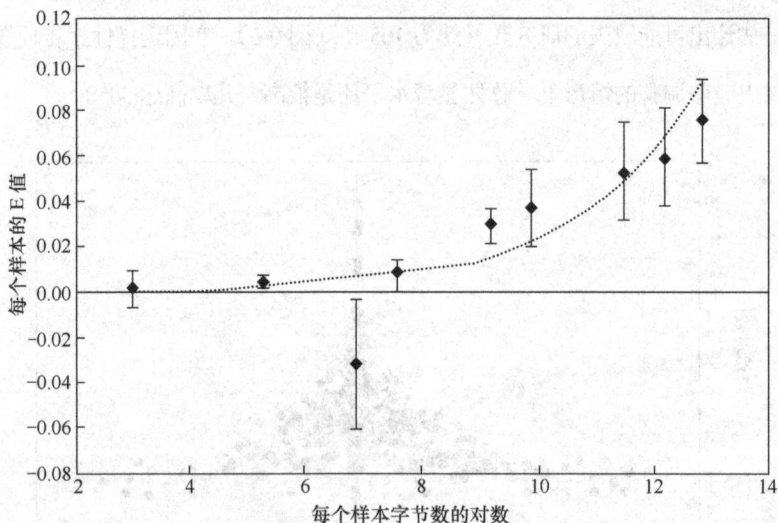

图 9-7 虚线表示预计中效应值随着每次产生的字节数量（自然对数比例）的增加而增加。黑点表示实际结果（带有误差线）。这表明，PK 对每个字节的影响都差不多，类似于某种"精神力量"。

---

① 根据 Hsu 的方法，我们发现这个答案的取值范围在 2507 到 4396 之间，或者说比例为 5:1 到 9:1 之间。我们还发现，研究质量和效应值之间没有显著关系：$r = -0.06$，$t = -1.23$，$N = 490$，$p = 0.11$（单边）。
② 感谢普林斯顿大学的物理学家约克·多宾斯（York Dobyns）帮忙收集了这些数据。

说到这里，人们通常开始幻想各种心理科技在未来应用的美妙场景。风投资本家拍着手，欢欣鼓舞。他们想象着，只要你想要飞机往哪里飞，它就往哪里飞；心念一动就能发动汽车；还有由思想控制的义肢……可能性似乎是无穷无尽的。

要是这么简单就好了。不幸的是，"PK 是影响力"这一结论还没有被最终确认。有些实验产生字节的速度非常快，也获得了非常显著的结果，但是与预测的方向相反。这意味着也许存在某种障碍，限制了意念影响随机字节的速度，或者说并行产生的随机事件（色子）和串行产生的随机事件（随机数）之间有很重要的差别，或者说 PK 在比较大的物理对象（如色子）和微观的虚拟对象（如随机字节）上起作用的方式也许不同。还需要更多基本的研究，才能将这些脆弱的现象转化成有用的科技。

这些研究似乎表明，意念确实影响了物质。但是也有别的解释。也许，意念和物质是一个硬币的两面。为了研究这一效应，你可以拿一根绸带绕成环，内侧写上"意念"，外侧写上"物质"。随意抖动绸带，你就会发现意念和物质有很强的关联，但是在最基本的意义上，这两者永远不会碰面。[①] 有一天，你走神了一会儿，一位爱开玩笑的朋友剪开绸带，将一端扭了半圈，再小心地重新缝回一个环。你拾起这个被改造过的绸带，一边思考着思想和物质之间存在的不可见的深渊，一边心不在焉地用一根手指顺着"物质"那面滑动。奇怪的是，你发现自己的手指最后竟会跑到"意念"那一面！这是因为你的朋友将绸带的一头转了半圈后，这根绸带已经变成了一个莫比乌斯环（Möbius strip）。这一拓扑学的奇迹只有一面。这个故事告诉我们，稍稍"扭转"一下常规概念，就可以将看上去完全不同的存在联结在一起，比如意念和物质。有人认为，意识可能是将意念和物质结合在一起的那种"材料"。但是，用一个神秘的东西来定义

---

① 我的猜想是，我们观察到的大脑活动与意识之间的关系正是由此驱动的。

另一个神秘的东西不是特别具有启发性。到目前为止，我们可以相信的是，一旦我们开始撬开意念—物质这个界面，就会从其罅隙中释放出耀眼而又极度神秘的光。而如果我们再撬开一点来增加亮度，我们遇到的可能是更加不可思议的东西——一种超越了时间的效应。

第十章
预 知

预感就是夕阳西下，在草地上拉出长长阴影。

那是告诉受惊吓的草儿，沉沉黑夜即将过去。

艾米莉·狄金森（Emily Dickinson）

"预感"这个词意味着一种先兆、对危险的模糊感觉以及对某些不对劲的事即将发生的直觉。这样的体验是不是涉及对将来的感知？1989年，查尔斯·奥纳顿和黛安·法拉利对1935—1987年进行的所有"强迫选择"（forced-choice）预知实验做了一次元分析，得出了重要结论——"是"。在一次强迫选择测试中，一个人先要在一系列数量固定的可能目标中做出猜测，猜测哪个目标会在稍后进行的随机选择中被选中。目标可能是彩色灯具、画有符号的 ESP 卡片或者色子的一面。如果此人的猜测与后来随机选出的目标一致，我们就称为一次命中。

与所有结果依赖于一个定义明确的基于概率期望值的超验实验一样，随机选择将来要出现的符号的方法是这些实验的重要特性。在最早的实验中，是用手工或者机器将一叠卡片打乱；后来，开始用电子 RNG 来产生真正的随机数。基本实验很简单，而结果也很容易解读。

奥纳顿和法拉利从 1935—1987 年发表的 113 篇文章中找到了 309 个实验，这些实验来自 62 个不同的研究人员。数据库中包含对超过 5 万个实验对象进行的差不多 200 万次独立测试。实验的设计既使用 ESP 卡片，也使用计算机产生的随机符号。从做出猜测到最终产生未来的目标的时间间隔为从几毫秒到 1 年。基于这 309 个研究的综合结果得到的发生几率是 $10^{25}:1$，也就是 10 后面跟 25 个 0，这就不能再用概率来解释了。存在文件柜问题的可能性也被排除了，因为要使观察到的结论不成立，需要多达 14268 个未发表的、不成功的研究。[1]进一步的研究表明，在 62 名调查人员中，有 23 人（37%）报告了成功的结果，所以这个总体结果不是源于一两个特别成功的实验。换句话说，预知效应已经在各个不同的实验中得以成功地重现。

10 年之后，爱丁堡大学的哲学家菲奥娜·斯坦坎普、心理学家朱莉·米尔顿和罗伯特·莫里斯，发表了一份强迫选择实验的元分析，对比了千里眼（对当前存在的隐藏目标的感知）和预知（对将来存在的目标的感知）。在 1935—1997 年发表的 22 个研究中，他们发现，无论是千里眼（发生几率是 4001:1）还是预知（发生几率是 110 万:1），都能从中找到显著的证据。这两种感知的效应在量级上没有差异，[2] 也没有任何证据表明这些效应可以通过方法论问题或者过程错误来解释。他们的结论是，超验对实时事件和将来事件一样起作用。

---

[1] 基于罗森塔尔的方法，而不是本书其他地方采用的更保守的 Scargle 或 Hsu 方法。
[2] 这些几率基于按质量给予权重的 Stouffer Z 指标。几率差异这么大，很大程度上是因为预知研究的统计效应更大。

无意识预知实验

强迫选择测试不断产生有趣的结果。与大部分猜测实验一样，其本就微弱的效应也随着时间推移而降低。这可能是因为强迫选择本身就特别让人感到沉闷。为了克服这些限制，调查人员开始探索预知的无意识形式。最早（1946 年）提出这个想法的是 A. J. 古德（A. J. Good），他是英国著名统计学家欧文·约翰·古德（Irvin John Good）的兄弟。1961 年，他在《超心理学杂志》上写道：

一个人在一间黑屋子里，在随机时刻有一盏灯会闪烁……此人的 EEG 被记录在磁带的一条轨迹上，灯光闪烁被记录在另一条轨迹上。然后用统计方法分析该磁带，以确定 EEG 是否显示出任何趋势预见了这盏灯的闪烁。

尽管古德的特定实验还没有进行，但却有了几个与此类似的研究。1975 年，杰瑞·莱文（Jerry Levin）和詹姆斯·肯尼迪（James Kennedy）采用反应时间测试（reaction time task）来确定一种表示期望的慢速脑电波指标（也被称为 contigent negative variation，CNV，即关联性负变），是不是能在无意识中检测到未来某个随机时刻发生的刺激。参与者被告知会有绿光出现，并且被要求在绿光出现（而不是红光出现）时按下一个按钮。出现什么颜色的光由电子 RNG 来确定。和预计一样，就在 RNG 选中了绿光而不是红光之前，观察到了预期的脑电波。几年后，约翰·哈特维尔（John Hartwell）报告了一个类似的研究，用的是相同的期望指标。他发现，19 次计划测试中的 13 次与预计方向一致，但是总体而言，却没有找到显著的结果。

次年，哈特维尔又报告了他进行的重复测试，也没有成功。

差不多与此同时，匈牙利物理学家佐尔坦·瓦希（Zoltan Vassy）报告了一个实验，此实验建立在某种特殊类型的心灵感应实验中的皮肤电阻反应的基础上。在瓦希的研究中，两个人分别待在不同的房间里。在随机时刻，发送方接收到一个电刺激。3.5 秒后，接收方也收到了一个电刺激。在接收方收到刺激前的整个 3.5 秒内，实验人员测量了其皮肤电阻，以确定它是否会通过心灵感应对即将到来的刺激产生期待并可能上升。有 5 对人员参与了 10 次实验，有 6 次得到了显著的结果，几率大于 100∶1。这是一个令人惊讶的正面结果。

这些观察如此令人惊讶，以致很快就被人遗忘。1993 年冬，我在爱丁堡大学工作期间，开始思考如何改进超验实验，使其变得更加可靠。最终，我设想了一种测试无意识预知是否存在的简单方法。我将监测一个人在浏览情绪化和平静的图片之前、其时和之后的皮肤电阻，然后看看自主神经系统在图片显示之前有没有出现相应的反应。几年后，我基于这个设计进行了一系列实验。

预知实验

在本实验中，一位参与者（杰克）被要求坐在一台空白的计算机屏幕前。我在杰克的手掌中贴上电极，测量其皮肤电阻的微弱变化，然后让他用另一只手握住一个鼠标。在他准备就绪可以开始实验后，就按下鼠标按钮，等待计算机屏幕上出现一张图片（图 10-1）。鼠标按下后，计算机会等待 5 秒，接着从一个海量的图片库中随机选择一张图片并在屏幕上显示 3 秒。然后，图片消失，屏幕再次空白 10 秒。在此之后，屏幕会显示一条消息，通知杰克只要他准备就绪，就可以按下鼠标开始下一次测试。在此实验中，这样的一个序列构成一次测试。在一个包含 30 ～ 40 次测试的进程中，会不间断地记录杰克的皮肤电阻。他看到的图片要么是平静的（比如，风景、自然景观或者安详的人们），要么是情绪化的（比如，色情、暴力或者事故现场的图片）。

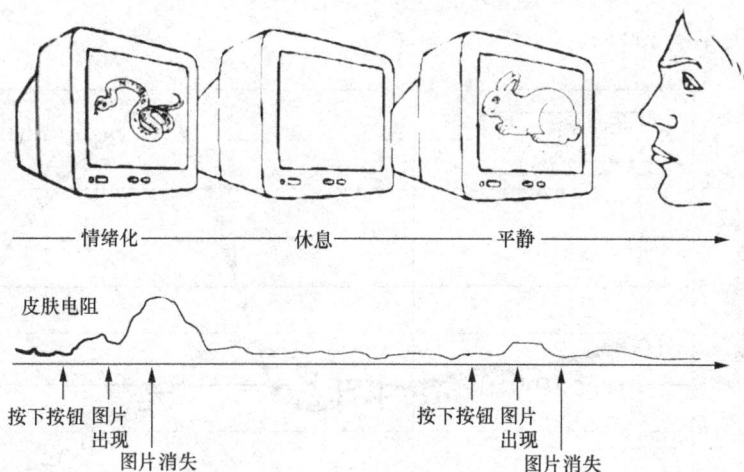

图 10-1 参与者按下鼠标按钮后，其皮肤电阻就开始被记录。5 秒后，计算机会随机决定是显示情绪化图片还是平静的图片。如果在情绪化图片而不是平静图片出现前，参与者的皮肤电阻升高，则证明预知存在。

关于预知的想法假定，我们一直在无意识地对未来进行扫描，并准备对其做出反应。如果这是真的，那么，只要我们的未来涉及情绪化的反应，可以预计，我们的神经系统就会在情绪化图片显示之前被唤醒。如果我们的未来是平静的，那么，在图片显示之前，我们的期望也会保持平静。当然，在一张情绪化或者平静的图片显示之后，我们的反应已经很明确了，这被称为"定向反射"（orienting reflex）。这是身体对新鲜刺激做出的可预测反应——在判定是趋利还是避害的时候，身体会瞬间紧张起来。

另一个更一般的关于预知的猜测是，根据未来出现的情绪强度，我们的身体会按比例地事先对未来事件做出反应。与一般情绪化的未来事件相比，特别情绪化的未来事件（在图片显示之前）将引起更大的反应。与此类似，特别平静的事件也会比一般平静的事件产生更小的反应。

　　有 24 人参加了我在内华达大学进行的第一批预知实验（图 10-2）。和预期一样，在进行情绪化刺激后，参与者的皮肤电阻在 2 ～ 3 秒后做出了反应；平静和情绪化反应的差异也很明显；预知效应在刺激之前发生也被观察到了——其发生几率是 500∶1。

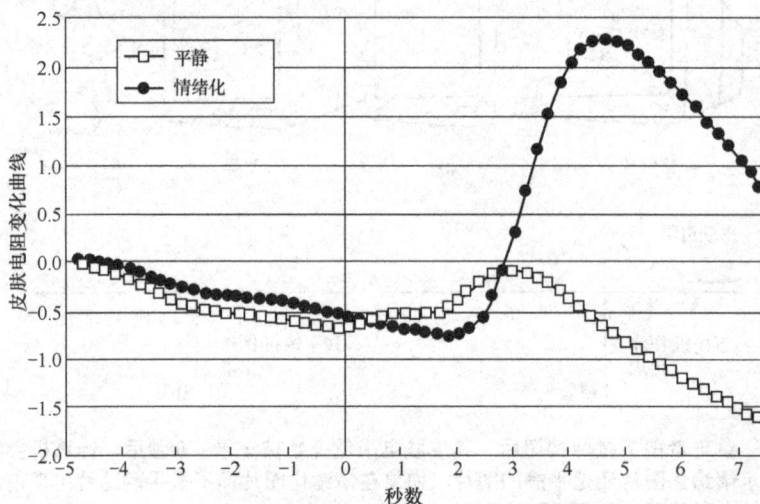

图 10-2　我所做的第一次预知实验的结果的曲线图。从此图可以看出随机显示平静和情绪化图片之前和之后皮肤电阻的变化。图中的竖线是随机选择的图片显示的时刻。预知效应表现为时间 0 之前曲线的差异。在本次实验中，该差异的发生几率是 500∶1。

　　在第二次实验中，我从内华达大学挑选了 50 名志愿者，又从加州帕洛阿尔托（Palo Alto）的间歇研究公司找了 6 名。实验结果与预期一致，但不如在第一次实验中观察到的那么强。第三次实验使用了新的硬件和软件、新的图片库以及新的一组参与者（共 47 名）。在本次实验中，按下开始实验的按钮后 6 秒才有刺激（图 10-3），而不是之前的 5 秒。按钮按下之前的皮肤电阻几乎完全相同，但是只要按下了按钮，它们就开始基于未来刺激类型的不同而变得不同。这一研究的结论是有很强的预知效应，其发生几率高达 2500∶1。

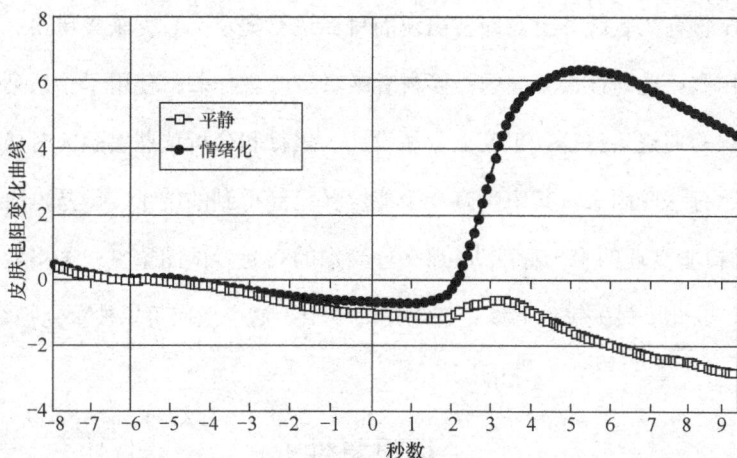

图 10-3 我所做的第三次预知实验的结果的曲线图。按钮在 –6 秒的时候按下，图片随机选择并于 0 时显示。在该研究中，预知效应的发生几率是 2500∶1。

在第四次实验中，对招募的参与者使用了一种新型的皮肤电阻监测仪。结果和预期一致，但在统计上不显著。但是总体而言，把这四次实验的结果综合起来后，其发生几率为 125000∶1，证明了真正的预知效应是存在的。 这些研究表明，一个普通人在马上要看到一张情绪化的图片时，其会在图片显示之前做出反应（在双盲条件下）。

我们说过，关于预知的一个预测是，先于刺激的反应的强度会随着未来显示的图片的情绪化强度的增加而增加。这意味着，有关未来图片情绪化内容的特定信息在当下已经被感知。在这些实验中观察到的这种关联和预期一样，是显著且正面的，其发生几率为 125∶1。[①]

一些科学家认为预知是疯狂的想法，因为它挑战了常规的因果论和时间信念。很多哲学家也认为预知不过是一种不合逻辑的概念，应该被付之一炬，因为它会引出一个逻辑悖论的怪兽。所以我知道，为了给这一证据提供一个可信的案例，必须对所有想得到的漏洞进行仔细检查和认真修订。另外的解释可能

---

① 明确一下，这不是刺激前和刺激后皮肤电阻的相关性。因为这两者之间的自动关联会确保一个巨大的正相关性。相反，这是刺激前皮肤电阻和事先评定的每张图片的情绪化指数之间的关联性。$r = 0.04, t = 2.42, N = 4,569, p = 0.008$。

包括：在感官或者统计上对即将出现的目标进行提示；数据采集错误；测量或者分析作假；选择性报告问题；参与者或者实验者作假；使用了一系列有意识或无意识的期望策略等。事实上，在设计、执行和分析这些实验的时候，我们考虑了所有这些因素，其中没有一个能解释已经得到的结果。但是，科学相信"实践是检验真理的唯一标准"，那么，当别的实验者试图重复一个实验时会发生什么？因此，最关键的问题也许总是同一个：这个效应可以被重复吗？

▎可重复性▎

1998—2000 年，我主导了一次在硅谷间歇研究公司进行的超验研究计划。间歇研究公司是保罗 • 艾伦（Paul Allen，微软联合创始人之一）创立的消费电子研究实验室，运行时间是 1992—2000 年。大卫 • 里德尔（David Liddle）是开发计算机图形用户界面的一位先驱，他是公司大部分时间内的主管。公司有将近 200 名科学家和技术人员，它吸引了大批技术界的传奇人物，比如，混沌理论的联合创造人罗伯 • 肖（Rob Shaw）；使得计算机发出音调的第一人马克思 • 马修斯（Max Mathews）；苹果公司用户界面组的主管乔伊 • 蒙特福特（Joy Mountford）；喷墨打印机的发明人吉姆 • 博伊登（Jim Boyden）；因联合开发如今用在电影特技中的计算机图形技术而获得奥斯卡奖的理查德 • 肖普；此外，还有很多来自施乐帕克研究中心（Xerox PARC）、苹果、斯坦福、贝尔实验室、IBM 以及麻省理工学院媒体实验室（MIT Media Lab）的发明家。

我在间歇研究公司主导的研究项目中，有一个是关于预知的。有一次，我逮住机会向诺贝尔化学奖得主凯利 • 穆利斯（Kary Mullis）——他正造访间歇研究公司——展示了这个实验。几周后，他作为嘉宾出席了国家公共电台（National Public Radio，NPR）的《科学星期五》（Science Friday）节目（1999 年 5 月）。作为此次采访的一部分，穆利斯描述了他作为参与者参与此次实验的体会。他在广播中说，我们向他证明了预知效应："我可以看到 3 秒后的未来"。他还补充道：

这是很诡异的。你坐在那里，看着小屏幕，平均来说大概过了三秒后，计算机会随机显示一张图片。而在计算机显示图片之前，你的皮肤电阻会产生些微反应，而反应的方向恰好和你看到计算机显示的图片之后产生的较大反应的方向一致。有些图片让你的电阻升高，有些则让你的电阻下降。他在不少人身上一再重复这些测试。对我来说，这可是物理学本身的边缘——处理时间。关于时间的一些有趣的东西我们目前还不明白，因为我们本来就搞不明白……

▌人类之外的预知▌

在 NPR 播出该节目后，切斯特·怀德里（Chester Wildey）联系了我。他当时是位于阿灵顿的德州大学电子工程专业的在读硕士。他在收音机中听到了对穆利斯博士的采访，深感好奇，并说服了他的论文评审会——尽管预知假设是非正统的，但还是引起了一位诺贝尔奖得主的兴趣——得到了他们的许可去设计、建造一台皮肤电阻监视仪并在预知实验中对其加以测试。

怀德里对 15 名参与者进行了总共 314 次测试。他在论文中写道，他认为预知现象是可能的——如果亚利桑那大学的麻醉学家斯图亚特·汉默洛夫（Stuart Hameroff）和剑桥大学的数学家罗杰·彭罗斯爵士（Sir Roger Penrose）提出的"量子意念"（quantum mind）有价值的话。他写道：

汉默洛夫博士和彭罗斯的意念理论预示，意识存在于脑中，即使人类大脑的尺寸和蠕虫的一样小。既然我们认为皮肤电阻的变化和内在精神状态关联，一个有趣的问题是，人类在这些实验中出现的反应是不是也能在较低等级的物种身上观察到。有了这个想法后，我们在蚯蚓身上进行了一系列实验。

怀德里用蚯蚓进行了 231 次测试。在其中 114 次测试中,他使用了一种机械震动,对蚯蚓来说这相当于一次情绪刺激;与此作为对照,在剩下的 117 次测试中,他没有使用机械震动。怀德里发现,这两组测试的结果和我报告的实验结果一致。总之,在人和蚯蚓上进行实验得出的综合结果接近统计显著(发生几率为 17:1)。[①]

怀德里同时发现,随着他进行的试验越来越多,得到的数据也越来越接近预知假设——如果这些实验传达的"信号"是真实的,那么,这也就是我们想要的结果。为了确定他的设备没有意外引入什么错误而使结果看上去像是预知效应,他设计了一个电路来模拟人类皮肤电阻的变化。在整个实验中,该"假人"(sham human)电路一直运行着,而得到的结果和概率一致。怀德里总结道:

该实验的结果支持这一假设,即,皮肤电阻的变化预示了人们对随机未来的情绪反应……对人进行实验,是在 3 秒后随机显示刺激图片,而对蚯蚓进行实验则延长了 1 秒,但却得到了类似的结果。

▍心脏的预知▍

在 2004 年的《备选及补充药物杂志》上,心理生理学家洛林·麦克雷迪(Rollin McCraty)和他的同事报告了一个使用皮肤电阻、心率和 EEG 作为指标的预知实验。该研究设置了两种实验环境:冥想前以及冥想 15 分钟后。冥想状态基于一种被称为"冰冻一刻"(Freeze Frame)的自我调整训练课程而达成,其中包括呼吸和视觉方面的练习,据说可以引发体内意念 / 身体的共鸣状态。

麦克雷迪的实验严格遵循基本的预知设计。他对 26 名成年人进行了实验,在皮肤电阻方面得到了预知的正面(但不显著)证据。他关于心脏和大脑信号得出的结

①对人类试验的结果 p = 0.13,对蚯蚓的实验结果 p = 0.15。我把这些 p 值转化为单边 z 值,并将其综合为 Stouffer z = 1.53,p = 0.06。

果更能引发人的兴趣。他发现，与未来平静的图片显示之前相比，在情绪化的图片显示之前，人的心率显著降低，其发生几率为1000∶1（图10-4）；女性的表现好于男性；人的大脑在遭受情绪化和平静刺激之前的反应也不同。他将其发现总结如下：

我们的首要发现具有非同一般的重要性。证据表明，在身体实际体验到刺激之前的几秒钟，心脏直接涉及对未来情绪化刺激的信息处理……该结论真正令人称奇的地方是这一事实，即，心脏在感知未来事件时扮演了一个直接的角色，这至少暗示着，在此事件中，大脑不是唯一的参与者。

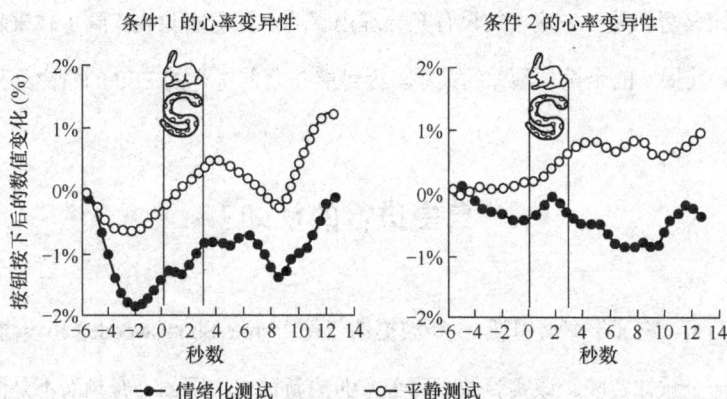

图10-4　由洛林·麦克雷迪和他的团队报告的预知效应与心率变异的关系图。平静条件（兔子图片）用靠上的曲线表示，情绪化条件（蛇）用靠下的曲线表示。条件1代表冥想前，条件2代表冥想15分钟后。在这两种条件下，心率都表现出了高度显著的差异，和预知假设预测的一样。

‖预知和个性‖

2004年，英格兰北安普敦大学的心理学家理查德·布劳顿（Richard Broughton）又进行了一次预知研究。他为参与预知实验的人分发了两张问卷，想看看参与者的个性可能在实验结果中扮演什么角色。每个参与者都被测试了两次，以观察他们两次的表现是否有类似之处。

其中一张问卷是著名的迈尔斯—布里格斯性格分类指标（Myers-Briggs Type

Indicator，MBTI）。用这个问卷是因为，它的直观性、外向性指标已经被证明与之前实验室测试中的超验表现相关。第二张问卷是大五人格量表（NEO-Five Factor Inventory，NEO-FFI）。它虽然可能不如 MBTI 出名，但却是个性研究中经常被采用的标准调查，其"开放性"（openness）因素被证明与较好的超验表现相关。布劳顿预测，这些个性因素也许会与预知呈现正相关。

他测试了 128 个人，结论和预计的方向一致，但是统计上不显著。然后，他研究了个人成绩和个性测试之间的关系。其结论是，预计应该有更好表现的三个个性分数都和预计的方向相关，而其中的两个——MBTI 直觉性和 NEO-FFI 开放性——都与预知显著相关……这一结果有充分理由表明，随着实验收集到了越来越强有力的证据，其揭示的个性与预知的关系，极可能与之前进行的 ESP 的研究结果一致。

▌自由进行的预知▐

2003 年，物理学家詹姆斯·斯波提斯伍德（James Spottiswoode）和埃德温·梅报告了一个预知实验。该实验做了两个方面的新调整：用的是音频而不是图片，并采用了一种"自由进行"（free-running）的设计，即不要求参与者根据自己的想法开始每次测试。在某人参加实验时，他们只是被要求自由放松大约 30 分钟，期间，他们会随机地（大概 1 分钟 1 次）在耳机中听到一种持续大约 1 秒的很吵的声音，或者"听到"一秒钟的无声作为对照。这个设计与实际生活中的直觉更接近，因为参与者不需要触发什么——每次测试都是自动地在随机时刻发生。

斯波提斯伍德和梅预测，与作为对照的无声之前相比，这些参与者的皮肤电阻在受到音频刺激之前会有更大的波动。[1] 在对 125 名志愿者进行了实验后，

---

[1] 他们用两种方法分析数据。一种是用皮肤电阻平均法技术，这也是之前大部分研究采用的；第二种方法比较了发生在音频刺激之前和无声刺激之前皮肤电阻反应的次数。这种反应作为记录下来的皮肤电阻的微弱波动而被观察到（技术上称之为"非特异性皮肤电反应"，即 non-specific skin conductance response，NS-SCR）。

他们的预测被证实了，而该事件的发生几率是 1250∶1（图 10-5）。

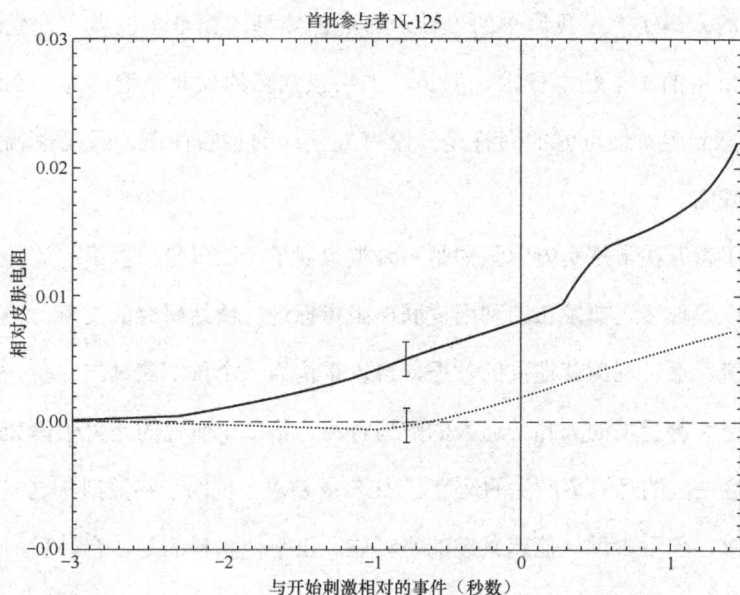

图 10-5　斯波提斯伍德和梅的音频预知实验。共 125 人参加。上面的线代表音频刺激条件，表示在随机时刻播放 1 秒刺激音频之前的皮肤电阻（和一个标准方差线）；下面的线代表无声条件，表示在随机时刻播放 1 秒无声音频之前的皮肤电阻，以与刺激音频对照。两条曲线之间的差异表明，其发生几率为 1250∶1，和预知假设一致。

　　与所有其他预知研究一样，他们检查了预期策略是否能解释这个结果，但是发现不能。因为这个方法的成功，梅请求一位同事——远在匈牙利布达佩斯的物理学家瓦希试着重复这一"自由进行"的设计。瓦希用了 50 名新的参与者，再次获得了显著的结果，几率为 20∶1。

▎比尔曼的大脑▎

　　1996 年，我发表了第一个预知实验的结果。之后不久，阿姆斯特丹大学的心理学家迪克·比尔曼尝试重现该实验。他成功了，而且自此之后，他又多次重现了该预知效应。比尔曼很快意识到，如果该效应是真实的，肯定也会出现在主流的心理生理研究中，因为这一用来研究预知的实验方法不是独一无二的。事实上，我原来的设计所参照的模型，就是全世界心理生理学术界经常采用的一个基本技术。但是，如果预知真的如此普遍，为什么之前没有人注意到呢？最可能的回答是，没有人预计到它的存在，因此也就没有理由去寻找它。

为了查看在常规实验中预知是不是被忽视了，比尔曼检查了主流的心理生理文献，发现了之前发布的利用皮肤电阻指标进行情绪研究的文章。他找到了两个研究，通过利用其提供的数据，可以重构为一个预知测试的实验。第一个研究的是大脑受损的人和普通人的赌博行为。第二个研究的是害怕诸如蜘蛛和蛇等动物的人的恐惧感产生的速度。比尔曼要求一位助手将数据从这些文献中提取出来，但不告诉她他感兴趣的是哪些。出乎他意料的是，合并后的数据产生了显著的预知效应，其几率超过了 100∶1。

这一结果，可能意味着预知效应比我们之前想象的还要普遍。这促使比尔曼进行了一次特别有趣的预知实验。他用功能性磁共振成像系统监测血液含氧量，以了解预知效应会在大脑的哪一部分出现。一个常规的 fMRI 系统指标的缩写是 BOLD，意思是血氧水平依赖（Blood Oxygenation Level Dependent）。fMRI 是非侵入性的，也就是说被试不需要接受什么注射，而发生在大脑中的相对快速变动的事件也能被观察到。

使用 BOLD 指标的想法是，与大脑中不怎么活跃的区域相比，大脑中特别活跃的区域的血液含氧量更高。尽管 fMRI 可以在 0.1 秒的间隔内测量 BOLD 值，但是血液在大脑中的流动速度却没有那么快。一般需要几秒钟，fMRI 才能测出明显的差异。因此在 fMRI 实验中，一个被试会被要求进行几秒钟的脑部任务，然后切换到另一个任务，并重复这一循环。实验的目的是找到大脑的某个区域，这个区域在执行第一个任务时的耗氧量比执行第二个任务时更多。

比尔曼和同事设计了一个实验。将一位参与者置入 fMRI 仪器中，并观看计算机投射的影像。每看过一张图片，他们应该尽可能保持平静，不要再去想刚刚看过的图片，也不要预测马上要投射的图片。在实验中使用了 18 张色情图片、18 张暴力图片和 48 张中性的平静图片。每次实验的图片都是随机选择的。在每次实验中，一开始的时候，参与者被要求盯着黑屏幕上某个固定点看 4.2 秒，接着图片会显示 4.2 秒，之后图片会消失，屏幕保持黑屏 8.4 秒。

为了测试这一过程，比尔曼首先将自己作为被试进行了第一次实验（图 10-6）。BOLD 指标显示，比尔曼在色情图片出现前产生了预知效应，几率为 320∶1。[①]但是在暴力和中性图片出现前，他没有产生任何预知效应。

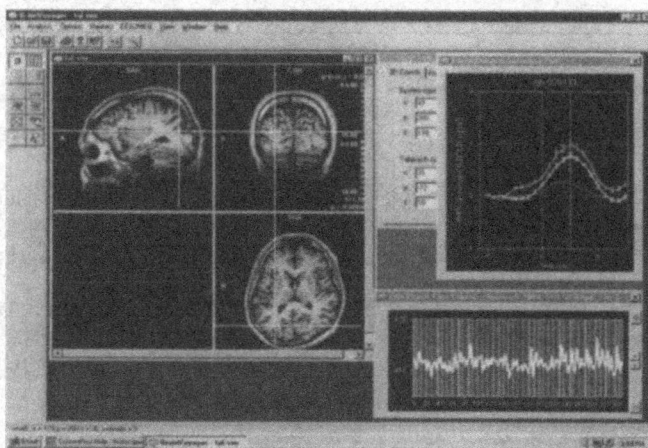

图 10-6　左上：十字线表明显示色情图片时，比尔曼大脑中哪部分产生了预知效应。右上：–8 到 +12 秒间 BOLD 的平均值。图片刺激出现在 t=0 位置。右下：左上图十字线代表的区域在整个实验期间的 BOLD 水平。BOLD 在色情图片出现前得以提升的几率是 320∶1。

比尔曼受到这一结果的鼓舞，写道："必须强调的是，这个结果很典型。而且，出现这个结果不是因为对应该出现这个结果的区域进行了长期搜索。" 基

———————

① 刺激发生前 3 秒钟，对色情图片和中性的平静图片间差异进行的 T 测试 = 2.89，df = 39，p<0.01。

于这一正面结果，他决定再对 10 个成年志愿者进行更正规的测试。所有的数据收集完毕后，他分别对男性和女性的数据进行了研究，因为他预计人们对情绪化图片的反应与性别有关。然后，他用分析自己大脑数据的方法分析了这些数据。

结果表明，预知效应存在于大部分人的大脑中，并广泛分布于大脑的各个区域。将所有被试的结果加以平均后，在一个共同的大脑区域发现了显著的差异。对女性而言，其会对色情和暴力图片产生显著的预知效应（几率分别为 25∶1 和 50∶1）；对男性而言，其在面对暴力图片时所产生的预知效应没有差异，但是在面对色情图片时，其产生的预知效应会差异较大（几率为50∶1）。

为了防止我们忘记这个实验是干什么的，有必要提醒大家这些结果意味着什么：男性和女性大脑的某个特定区域会在色情图片出现前被激活，即使没有人事先知道被选中的是这些图片。换句话说，大脑对未来事件做出了响应。

这个结论本质上还是有争议的。比尔曼详细讨论了对该结果的不同解释，包括下面几种解释：得出此结果是因为对数据进行了"筛选"，并且只保留了有利于实验结果的数据；此结果是概率所致；还有很多其他可能的解释。他的结论是，fMRI 的结果是有效的，与其他基于皮肤电阻、心率和大脑指标的研究的结果一致。

▎关于预知的展望▎

预知实验提供了一种新形式的证据，证明我们能在无意识中预见我们的未来。我们能感知到多远的未来还不确定——"未来"本身的意义也很不确定。与大部分超验效应一样，这些研究结果的量级虽然相对较小，但是却在被试中广泛存在，而且在不同类型的任务、测量和个性中保持一致。这些效应甚至出现在出于其他目的而进行的实验中。

从这些研究的细节中后退一步，我们会发现汇聚起来的证据构成了一个惊人的整体，表明我们对时间的理解还非常不完整。这些研究表明，我们意念的某些方面可以感知未来：不是推演未来，也不是期待未来，更不是描绘未来，而是真正地感知未来。

你大可对这一想法进行沉思。但是不要着急，我们还没有讲完。

到目前为止，可重复的实验室证据表明，我们有能力跨越时空去感知远方的信息并影响远方的事件。这些数据对这样的假设——我们是独立的个体，在时空中互相分离——提出了挑战。而且它还意味着，我们的意愿可能不仅只影响我们自己的意念和身体。如果这些都是真的，如果意愿和注意力可以在时空中"蔓延"，那就存在这样一个问题：个体的意愿有时会不会合并为集体的意愿？如果会，这样的"集体意念"会产生怎样的效应呢？

第十一章
盖亚之梦

人类和文明已经到了这种程度：无论是对前沿的拓展、经济的互相依赖或者心神合一，都不能独自得以发展，除非依靠彼此之间的渗透……在机械和过热的思潮的共同影响下，我们正目睹着未曾使用的力量的爆发。这很可怕。

德日进（法文名皮埃尔·泰亚尔·德·夏尔丹，Pierre Teilhard de Chardin）

耶稣会牧师、古生物学家、生物学家、哲学家德日进在 1955 年写下这些句子的时候，诸如全球变暖、多国合作、世界范围内的数字网络还只是幻想。但是德日进对未来看得更远。他预见了"人类思想圈"（noosphere）——覆盖我们这个行星的意识。盖亚（Gaia）——这是大地女神的希腊名字——的这个远景，是

预知呢，还是一种一厢情愿的想法？[①]

要回答这个问题，我们必须重新考虑超验的限制。我们现在讨论的是一种可以为我们带来各种益处的个人认知能力吗——比如，提升视觉敏锐度和听觉灵敏度？我们的意念是不是偶尔会蜻蜓点水般地从整体现实中带回一些有用信息的花絮？或者说，超越了所有个体的更重大的事正在发生？一个人只需将他的想象力跨出一小步就可以想象超验的真实性——基于实验结果，相信超验会是一个越来越保险的赌注。同样，神经元网络联合起来构成了我们的大脑，那么超验也许构成了一个大脑／意念互联的网络，形成了一个集体意念。如果这是真的，我们如何来检验这个想法呢？

一种方法是使用真正的 RNG。我们用这个方法是因为由之前的实验知道，意念—物质交互可以在 RNG 的表现中检测到。这些设备也很易用，因为可以对它们编程，让它们安静地在后台自动运行，作为一个被动的"观察者"观察想象中存在的集体意念—物质交互。普林斯顿大学的心理学家罗杰·尼尔森在 20 世纪 90 年代中期启动了这样的研究，他称之为"场意识"（field consciousness）实验。

这些研究的依据是 RNG 的设计可以用来产生真正的随机，在技术上这被称为"熵"（entropy）。熵的变动可以用简单的统计过程加以检测。如果我们发现，一个 RNG 放置在一组进行着高度专注行为——比如集体冥想或者极度沉醉于某种宗教仪式的活动——的人附近后，记录下来的熵降低，那我们可以推测，相干意念的存在可能对环境施加了一个有序的"场"，从而降低了熵。换句话说，只要我们假定意念和物质是互相关联的，那么在意念↔物质这一双向关系中的一方变得高度有序后，那么关系的另一边也应该显示出不寻常的有序形式。

---

① 盖亚是阿西莫夫（Isaac Asimov）10 卷本科幻小说《基地》（*Foundation series*）系列中一个假想的星球。阿西莫夫的盖亚星球具有全球意识，所有的生物乃至非生命物体都可以通过心灵感应而互联。盖亚有一个愿望是进化成银河范围的意识。

场意识实验

到了 2005 年，有超过 100 个场意识实验被报道，进行实验的小组分布在美国、欧洲和日本。进行实验的场合包括印第安人的仪式、日本的流行音乐节、剧场内的表演、科学会议、心理治疗过程、体育竞赛以及电视实况转播等。总之，这些研究强烈表明，相干的集体活动和 RNG 输出中不寻常的有序片刻是相关的。

工程师威廉·罗（William Rowe）对这些研究着了迷。因为在他参加的一些创意头脑风暴会议中，他有时感到明显有一个时刻，自己会沉浸在"集体的专注能量"中。他这样说道：

我们经常会听到，一组人聚集在一起，为了达成几乎是奇迹般的结果而共同面对巨大的压力。在这种时候，人们可以超越个体的极限，在群体性上达成一致，而得到的结果也远远超过了基于过往表现的期望。在听美妙的交响乐或者爵士乐时，任何人都希望，在这些"特别"的音乐会中，能有一场会对听众和演员有所提升。也许不那么常见但却更惊人的例子是在体育场。比如，由一群天才业余选手组成的美国冰球队参加了 1980 年的冬奥会，其表现震惊了世界：他们赢得了金牌，而对手是更天才、更老练且几乎全由职业选手组成的俄罗斯队和芬兰队。这些事件虽然不寻常，但是在美国商界出现的频率却比人们通常想象的要高。

罗很好奇，经历这样的协同时刻的小组能不能影响一台放在附近的 RNG。于是他设计了一个实验来验证这种想法。在意念—物质等式的意念端，一个正面的主观结果（positive subjective result）是指在一次头脑风暴过程中，一位观察者感到有那么一个时刻，发生了群组能量集中的现象。一个正面的客观结果

（positive objective result）是指 RNG 的输出在会议过程中显著偏离概率至少 1 分钟。如果这两个事件在某个会议中的同一个时刻发生，就被记为一次"真正的正面"（true positive）。与此类似，一次"真正的负面"（true negative）是指观察者没有报告群组的一致性，且 RNG 的结果与概率一致。一次"虚假的正面"（false positive）是指观察者报告了群组的一致性，但是 RNG 没有偏离概率。"虚假的负面"（false negative）则是指观察者没有报告群组的一致性，而 RNG 也偏离了概率。

罗进行了 11 次正式的测试，研究群组一致性的主观和客观端。每次进程都事先计划好，在每个进程之前、之中和之后，RNG 数据都会被详加记录。一位观察者记下其对每个进程的印象，然后再研究 RNG 的输出。这 11 次实验的具体结果如下：

	观察都报告的正面	观察者报告的负面
RNG 正面	8	0
RNG 负面	0	3

换句话说，在所有 11 次测试中，观察者的印象都正确地和 RNG 的输出匹配。罗的结论是，场意识实验"似乎是一个可靠的指标，可以检验一组人是否有一致的意念而不是各自为政……单盲实验（single blind experimenta）准则下得到的经验证据提供了直接的佐证，足以证明群组能量集中的场景确实发生了，而且同时被观察者感知到了，在物理上也是可测量的。"

当然，并不是每个场意识研究都得到了成功的结果。在审视大量实验——有些是成功的，有些是失败的——的结果后，罗杰·尼尔森成功地找到了各环境要素的组合，这个组合看上去能提供最正面的结果。这些要素包括：能使人感到热情或亲密的时间和地点；试图将人群拉到一起的情绪化内容——就此内容而论，个人的投入很重要，但是，达成一个非常引人入胜的群组目标更重要，因此，要选择那些令人振奋的地方（比如海洋、高山）以及处于创造性或者开心的时刻；因新鲜感或者新奇感而让人感到生机勃勃的场景。相反，那些对立的因素则包括：

一个人独自工作，主要进行客观和分析的工作；任务单调乏味，个人无法投入，也无法从中找到意义——在这些情况下，就不大可能产生场意识效应。

▎治疗环境▎

有一种环境很符合尼尔森的"组合"，那就是实施"意愿治疗"(intentional healing) 的时候。也就是说，持有一个专注的想法，以使另一个人达到或者保持身体的健康。这些另类的治疗方法包括气功、灵气（Reiki）和治疗性触摸（Therapeutic Touch）。对这些环境进行的场意识研究表明，RNG 输出发生了显著的改变。但是，这是不是说，意念的一致状态改变了环境呢（按字面意义理解）？

不一定。这些研究实际揭示的是，意念和 RNG 输出是相关的[①]，但是相关性不一定就意味着因果性。在一天中，向日葵花盘的移动与太阳明显的移动紧密关联，但是向日葵移动不是太阳移动（或者地球转动）的原因。在这个案例中，错在因果方向搞反了（向日葵→太阳）。在这样一个简单的例子中，我们当然知道因果的方向，但是在更复杂的环境下，比如意念—物质交互的环境下，什么是因什么是果就不那么明显了。

在进行了多次这样的场意识实验，观察到这些关联经常出现后，我开始对这些相干效应是不是真的由意念引起更感兴趣了。要研究这个问题，有一种方法是看看与非生命系统（比如 RNG）改变相关联的意念—物质交互，是否同时对应着生命体的改变。如果这两种不同的物理系统同时做出了"反应"，那就可能存在着因果关联。[②] 为了开发这个实验，我和加州太平洋医学中心（Califonia

---

① 大部分行为学、社会学和医学科学中进行的实验只证明了相关性而不是因果性。
② 事实并不一定如此。这是因为一个生命体和一个非生命体可以被认为是两个独立的 RNG，而两个 RNG 同时响应远方的意愿并不能决定性地证明存在因果关系。但是，随着响应意愿的独立物理系统数量的增加，存在因果影响的证据也随之增加。

Pacific Medical Center，CPMC）研究所的分子生物学家莱恩·塔夫特（Ryan Taft）、加勒特·杨特（Garret Yount）一起工作。

我们采用的生命体系统是培养出的星形胶质细胞（astrocyte），这也是人类大脑中最多的细胞类型。我们要检验的是，这些大脑细胞培养基，在施加治疗意念之时，相比未施加之时，是不是生长得更快。用这些生态细胞作为治疗意念的目标的原因是，我们假定个体细胞不会"关心"是不是有人试图治愈它们，从而提供了一种严格的方法测试治疗意念的效果，避免了安慰剂作用（因为这是一个病人的愿望所在，这使得这一复杂的研究涉及了人类行为）。我们用的无生命系统是 3 个真正随机的 RNG，每个都基于一个不同类型的随机源。

我们的实验还研究这样一个想法，即，在同一个地方重复施加治疗意念后，可能会改变这个物理位置并将这个位置变成一个"治疗地点"（healing location）。只要施加足够的意念，这样的地点就会被某些人认为可以产生治疗效果，就像治疗者能够产生的效果一样。这个想法在诸如访问一些宗教圣地——如卢尔德（Lourdes）和其他圣地——后病情自然痊愈的故事中得到了些许证实。所谓"位置记忆"（place memories）的概念也支持这个想法。它指的是在某些特定的地点（如流传已久的闹鬼场所）一再有物理或者心理感应的报道。当然，故事里所说的在神圣之地或者闹鬼之地发生的种种古怪肯定是带有偏颇的，因为我们对在这些地方可能发生一些诡异的事件抱有期望，所以这就是为什么我们要将这一现象搬入实验室加以研究对照。

四位经验丰富的"净灵"（Johrei）实践者参与了一次为期三天的实验。净灵是一种精神治疗实践，由冈田茂吉（Mokichi Okada）在日本开创。与众多精神治疗传统一样，净灵认为有一种宇宙力量或者说精神力，可以被意念获取并引导。如果净灵关注人类身体，据说能提高身体的"精神波动"，达到

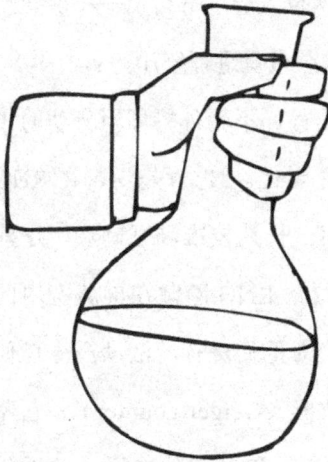

精神的净化，从而增进健康，使得人类的神性自然得以展现。净灵实践认为，要获得最佳的康复效果，需要进行重复治疗来克服身体的惰性。净灵还认为，治疗意念不仅仅影响身体，还影响施加康复治疗时所在的周遭物理环境。

为了准备这三天的实验，塔夫特每天将培养的人脑细胞放进 16 个密封的长颈瓶中。每个瓶子里都装有营养液，以使细胞保持活性。他随机选择 2 个瓶子作为一组对照，再选择 2 个瓶子放在细胞培养孵化器中作为第二组对照。而另外 12 个瓶子会放入一个隔热的盒子中，并开车送到 64 公里之外的 IONS 实验室。到了实验室后，他将瓶子放在一个房间中，定期拿三个瓶子到一个有电子屏蔽和声音屏蔽的房间中，在那个房间中将进行治疗测试（作为治疗条件）或者不进行治疗测试（作为对照条件）。塔夫特也不知道在某个特定的进程中进行了治疗还是只作为对照。这是为了保证他不会因此无意或故意地用不同的方法处理这些瓶子。

在治疗进程中，一位净灵实践者将他的治疗意念导向离他大约 60 厘米远的盒子。他坚持这样做 25 分钟，但不接触盒子。然后，他离开房间，等候被召唤进行下一个进程。三天中，这样的过程每天重复 4 次。实施治疗进程还是对照进程的选择是随机的。在两次治疗进程之间，这四位净灵实践者在屏蔽室内会面，一同进行一次祷颂冥想，并互相给予对方康复治疗。这个进程持续 1 小时 15 分钟，是由治疗者设计的，目的是"调整（屏蔽室）这个空间"，更好地提升康复治疗的效果。

每天实验后，塔夫特会将所有的瓶子带回位于旧金山的细胞孵化器实验室中。10 天后，所有瓶子中的细胞都将被"固定"，以使其停止进一步的生长，然后对其染色以便更容易地确定细胞培养结果。两位实验室分析员——除此之外他们与实验无关——独立地对每个瓶子中的细胞簇数量进行统计。

使用的三个 RNG 被设计得很好，能可靠地运行，不受外界环境变动的影响，不论是温度、电磁场，还是震动、电子部件老化。也就是说，在 RNG 输出中观察到的变化不会是来自任何一般的原因。长期校准测试确认，这些特定的 RNG 生成的数据符合概率期望值。[1] 有两台 RNG 隐藏在屏蔽室内的帷幕后。净灵实践者知道有 RNG，但是它们不会对他们进行的活动产生任何反馈。[2] 第三台 RNG 是由计算机监控的盖革计数器（Geiger counter）。它监视的是背景电离辐射，其中包括周围的 α、β、γ 和 X 射线粒子，并采集 10 秒钟的样本。盖革计数器放在屏蔽室之外大约 2 米左右的一个隐蔽地点。所有这三台 RNG 在净灵治疗进程之前、之中以及之后都保持运行。前两台电子 RNG 总共得到了 100 万个持续 1 秒的样本，而基于辐射的 RNG 得到了 10 万个样本。

正如"调整的空间"假设所预计的，经过治疗的细胞随着实验进展而生长得更多（图 11-1）。这一经治疗的细胞出现加速增长的趋势的发生几率为 1100：1。[3] 相反，对照组细胞没有出现显著的趋势。[4] 这意味着重复施加净灵可以增加脑细胞生长的速度。

---

[1] 为此，我们还特地检查了真正随机二项分布样本的期望平均值、方差、偏移和峰态。

[2] 设计好的程序让 RNG 持续生成样本，每个都包含 200 个随机字节。我们特意用汇总的样本而不是个别的随机字节。因为这样可以消除字节序列间可能出现的短期自相关效应的偏差。另外，原始的字节序列会通过一个异或门（XOR logic gate）与一个序列——该序列模式包含相同数量的 0 和 1 字节——加以运算，从而保证输出没有偏差。这些样本收集和保存的频率约为 1 秒钟一个。每个样本也自动记录时间戳。

[3] Spearman R = 0.75，p = 0.0009，不包括四个簇的计数，因为两个分析员得到的结果不一致。

[4] Spearman R = 0.47，p = 0.07。不包括四个簇的计数，原因同上。

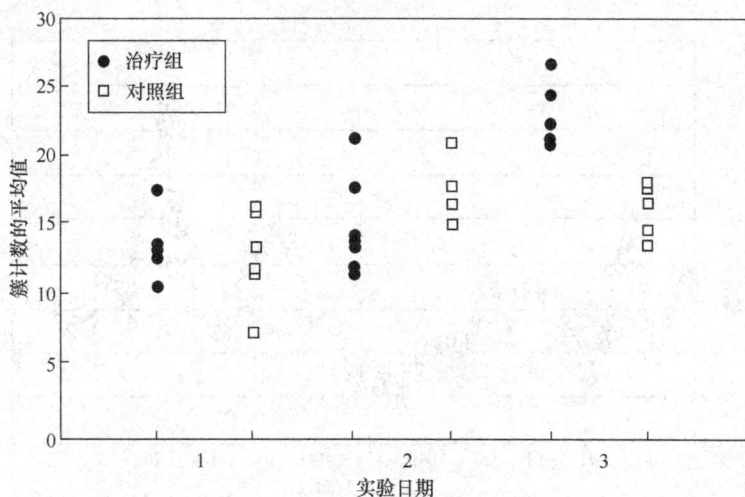

图 11-1 治疗组和对照组瓶子中细胞簇的平均计数按实验时间排序，不计入被认为不可靠的两个治疗组和两个对照组中的细胞克隆数据。每天有 6 个治疗和对照的瓶子，但是某些细胞群体计数太接近所以在图中显示的点上重叠了。这个结果表明，净灵治疗使得治疗组的细胞比未经治疗的对照组的细胞生长得更多。

这很有趣，但是真正的意外来自我们检查三台 RNG 结果的时候。我们发现，这三台设备联合起来在第三天早晨产生了峰值，几率是 130 万：1（图 11-2）。[①]这三台 RNG 中的每一台都在同一时间独立地达到了峰值。

这意味着，在第三天差不多同一时刻，治疗组的细胞簇和三台 RNG 都显著地偏离了概率期望值。按照常规，我们考虑了这些结果的一般解释，比如，概率、RNG 硬件和软件设计中的缺陷、自然环境变化、处理治疗组和对照组细胞簇瓶子的方式不同、使用了不太恰当的统计以及存在选择性报告等。经过详细的调查，我们发现，基于初始的实验设计，这些解释中的大部分都不足以令人信服，而剩下的那一部分解释则由观察到的结果排除了。简而言之，这一实验意味着，某些特定形式的注意力似乎在因果上影响了生命体和无生命系统。

---

① 观察到的 z_H 值的顺序是随机打乱的。根据打乱的顺序，生成一个新的 12 小时滑动窗口曲线，然后在实验过程的 51 个小时中确定峰值。这个过程将重复 10 万次，以建立可能峰值的分布曲线。这个分析表明，在所有打乱序列的 z_H 最大值中，只有 9 个超过了观察到的 z= 4.8。因此，观察到该峰值偏差的概率是 9/100,000 或者说 p =0.00009。

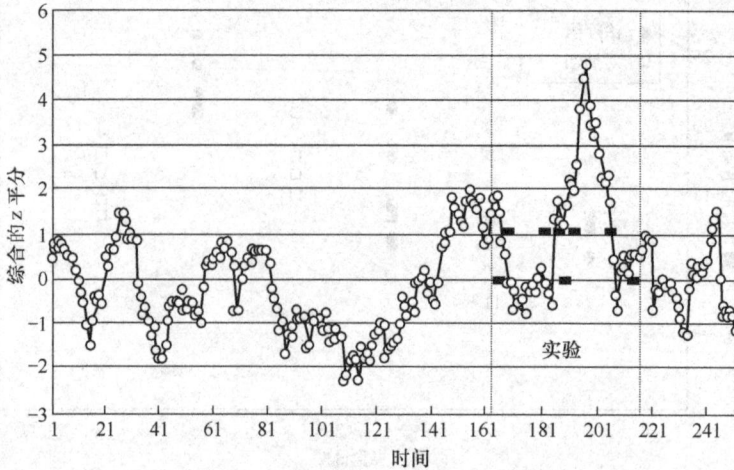

图 11-2 三台 RNG 的综合结果。z=0 处的黑块表示在对细胞群施加治疗意念，z=1 处的黑块表明正在进行"空间调整"。导致综合结果偏离峰值的几率是 130 万：1。这为实验中施加的治疗意念影响了局部环境提供了辅助证据。

在我们从实验中观察到令人震惊的 RNG 结果后，立刻想到："第三天这三台 RNG '飙升'的时候，地球上发生了什么？在别处的其他 RNG 是不是也同时发生了跳跃？"这个问题的答案可以让我们了解一些关于在场意识效应中距离扮演何种角色的有趣事实。有那么一两天，我们为错失机会而闷闷不乐。然后我突然意识到，其实还是可以获得别的随机数据，而且来自同类型的 RNG。它们属于被称为"全球意识项目"（Global Consciousness Project，GCP）的全球 RNG 网络。关于这个网络，本章稍后还要讲述。

我获准得到了 36 台 RNG 产生的数据，它们离我们实验室的距离从 39 公里到 16898 公里不等。这些数据允许我们测试三个假定。第一个假定是，场意识效应是局部的，即靠近治疗意念源的 RNG 会偏离概率，而远处的 RNG 不会。第二个假定是，这些效应是非局部的，即意念不受常规的空间限制，所以我们应该能在所有的 RNG 中同时看到大幅度的偏离，而不管它们在什么地方。第三个假定是，这些效应应该有类似与距离相关的属性，即随着离开实验室的距离增加，RNG 的偏离应该减弱。

为了测试这些假定，我们比对了实验室中三台 RNG 的偏离程度和在远处的 36 台 RNG 的偏离程度。结果表明，有强有力的证据证明第三个假定——距离相关——成立（图 11-3），而出现这一结果的几率为 37000∶1。[①]

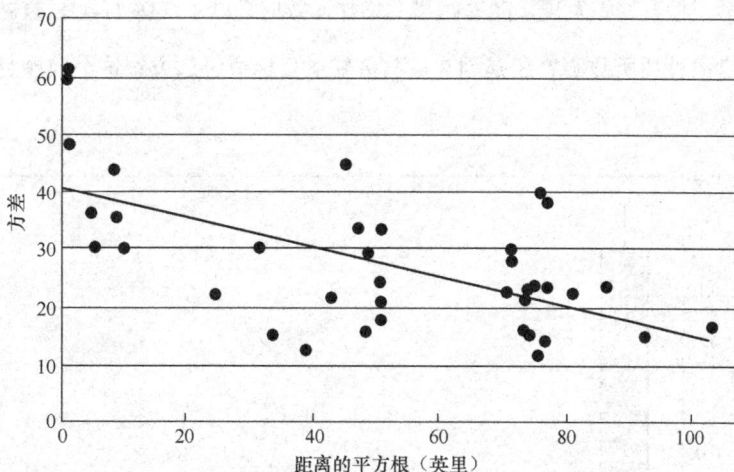

图 11-3　随着距离 IONS 实验室的距离增加，每台 RNG 都开始出现概率偏离。治疗意念的效应似乎随着距离增加而衰减，有点像辐射效应。

为了得到关于距离相关的更多细节，我们决定检查 5 台位于旧金山湾区的 RNG 所出现的综合概率偏离，这 5 台 RNG 都距离 IONS 实验室 160 公里以内；然后，我们对远在 9656 公里之外或更远距离的 6 台 RNG 做了同样的检查。我们惊奇地发现，这 5 台北加州地区的 RNG 和 3 台实验室里的 RNG 同时出现了显著偏离概率的峰值。而作为对比，那六台位于更远处的 RNG 则在概率水平附近浮动。这 5 台近处的 RNG 和实验室里的 RNG 的综合效应出现的几率为 500 万∶1。这意味着治疗意念（至少在本次实验的观察结果中是如此）可以在远方起作用，但也许不能在任意远的距离起作用。

根据自发报告和实验室实验，超验的一个特性是，在时间和空间两方面，超

[①] $r = -0.60$，$N = 39$，$p = 2.7 \times 10^{-5}$。如果排除实验室里的三台 RNG，结果还将显著降低：$r = -0.41$，$N = 36$，$p = 0.005$。

验并不紧密地与"现在"绑定在一起。但也有证据——比如这个实验的结果——表明超验也许并不是完全独立于距离之外。例如，在哲学家斯坦坎普对莱茵和其同事所做的 ESP 纸牌测试进行的分析中，她根据猜纸牌的人和卡片所在位置的距离，对其进行了检查。她发现，随着距离的增加，效应衰减了（图 11-4）。衰减是由于超验本身的性质所致呢？还是因为参与者知道目标位于远方？这个问题目前还没有答案。

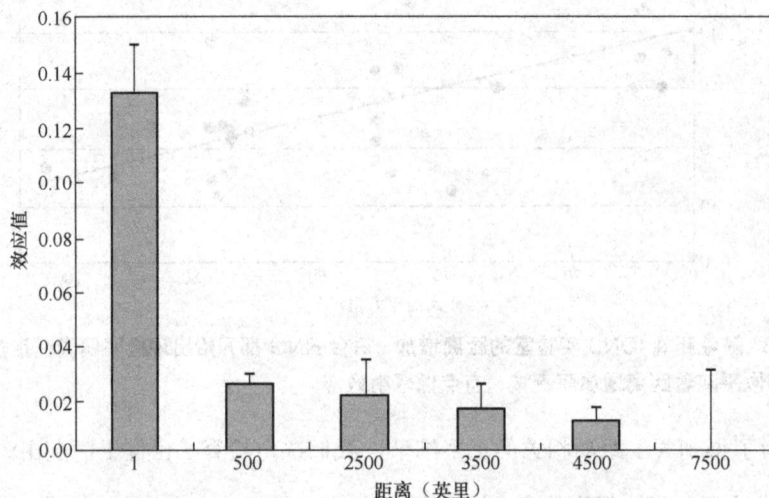

图 11- 4 不同的平均距离下 ESP 纸牌的实验结果以及其显示的标准方差范围。在本图中，效应值 0 表示概率期望值。随着距离增加出现的效应衰减意味着，超验效应也许不是完全独立于距离之外。

戴安娜王妃

1997 年 8 月 31 日，发生了一件吸引全球注意力的事情。戴安娜王妃和她的伙伴多迪·法耶兹（Dodi al-Fayed）在巴黎的一次车祸中丧生。随后几天，全世界的新闻都在报道这一悲剧事件。我们很快得知，王妃的葬礼将在一周后进行全球实况转播。对场意识概念感兴趣的我们意识到，王妃的葬礼将提供一个有趣的关于全球意念相干的实验案例，因为全世界亿万观众都期待着观看葬礼的现场转播。

我们中一些人有 RNG，分布在美国和欧洲。在葬礼之前、之中和之后，我们运行了 RNG。在葬礼之后，我们将这些独立的 RNG 的输出加以综合。我们对 12 台独立的设备加以整合，发现有显著的偏离，几率为 100∶1，这与我们对全球相干效应的预测一致。很不幸的是，特蕾莎嬷嬷（Mother Teresa）在戴安娜王妃去世后几天也与世长辞。由于我们刚刚针对王妃的葬礼进行了实验，我们中的大多数人还拥有 RNG，于是我们也针对特蕾莎嬷嬷的葬礼进行了一次类似的实验。结果并不显著。在考量这两次实验的结果时，我们意识到它们的背景差异很大。特蕾莎嬷嬷去世时已经 87 岁了，大家都知道她健康状况很不好；而且葬礼转播是以好几种语言进行的，没有翻译；电视画面也不稳定，有时甚至没有画面。

这些技术问题，加上特蕾莎嬷嬷去世时的不同背景，也许降低了人们高度关注的程度，使其不如戴安娜王妃的葬礼吸引人。无论如何，针对戴安娜王妃的葬礼进行的实验的成功和针对特蕾莎嬷嬷的葬礼进行的实验的失败让我们相信，"全球意念"实验是值得尝试的。出于实际原因，RNG 需要持续地自动运行，而且要分布在世界各个地方。我们的想法是，用这个系统进行场意识实验，换句话说，看看在有计划的事件——比如新年前夜的庆祝活动——发生过程中是否有大规模的相干性。当然，它也可以用在意外事件中，比如，名人不幸去世、自然灾害以及恐怖主义袭击等。

1997 年末，罗杰·尼尔森接受了这一挑战，在 AutoDesk 创始人约翰·沃克（John Walker）和计算机科学家格雷格·尼尔森（Greg Nelson）的帮助下，设计了一个精妙的结构来进行基于互联网的、持续运行的全球性场意识实验。

全球意识项目

　　全球意识项目由罗杰·尼尔森命名，并从创立伊始加以主导。它大大扩展了早年的一次性场意识实验。GCP不用在一小群经历相同事件的人中触发相干性，而是可以让我们在吸引广泛注意力的重大新闻事件发生后，推断出全球意念相干性的时间段。随着全球媒体即刻报道以及数量剧增的基于互联网的新闻提醒服务的出现，GCP假定在这些重大事件发生后的几分钟，全世界人口中有一个可观的百分比数量会得知这些事件。而随着全球注意力和与之关联的意念相干，全世界的RNG将开始偏离概率期望值。

　　怎么会呢？你可能很好奇。

　　让我们设想一片辽阔的海洋，海面上有阵阵风儿吹过。海上有许多浮标随浪起伏，每个浮标都绑着一个铃铛，可以发出声音提醒过往船只有暗礁和浅水区。每个铃铛的声音通过无线电广播到一个岸基中央接收站。接收站接收后将其汇总，从而形成一个单一的集成音调，反映了海洋的伟大舞蹈。在大部分时间里，这些声音是没有模式的，和我们听到一串风铃在微风中晃动发出的叮当声差不多。但时不时，这些相隔数千公里的浮标会神奇地进行同步，奏出和谐的曲调。要是出现这种情况，我们就会知道海洋中发生了大事。

　　浮标只能反映波浪的表面，而海洋深邃神秘，大部分时候我们只能猜测是什么引起了这么大的事件。一种可能是深海地震，比如，发生在2004年12月26日的亚洲海啸事件，就是深海地震引发的。另一种可能是一颗流星坠入了海洋。第三种解释更接近我们讨论的主题，就是某些微妙的东西在海洋深处扰动，也许在发源处很微弱，但随着其渐渐从深处浮起，最终强有力地涵盖了整个海洋。

不管终极原因是什么，一旦随机铃声自发汇成美妙的旋律，我们就会对两种类型的分析感兴趣。第一种，研究它有多响亮（声调的幅度）；第二种，研究它有多相干（声调的和谐程度）。因此，GCP 就类似通过监视海洋的表面来判断海啸的存在。当然，我们不是研究海水的巨大移动，然后推测在大海深处发生了什么。我们监视的是 RNG 网络产生的熵的大幅变动，并推测在"意念海洋"深处发生了什么。

GCP 网络中的每台 RNG 都和一台计算机相连，后者每秒钟收集一个样本（200 个字节）。RNG 使用的随机性来源包括电阻中的电子噪声和二极管中的量子隧道效应。每台计算机将记录存入以时间戳为标记的文件中，所有计算机的时钟都和标准互联网时间同步。每过 5 分钟，所有数据会自动汇总并通过互联网发送到位于新泽西普林斯顿的一台中央 WEB 服务器上。

1998 年，在 GCP 网络刚开始筹建的时候，只有三个 RNG 站点。随着时间的推移，站点数量也增加了，因为找到了很多志愿者，他们愿意在自己的个人电脑中运行 RNG 主机。到 2005 年 4 月，GCP 网络已经有了 65 个活动的 RNG，大部分位于欧洲和南北美，但也包括印度、斐济、新西兰、日本、中国、俄罗斯、泰国、澳大利亚、爱沙尼亚、马来西亚以及非洲。

我们通过这些数据来检验全球意念—物质交互假设。检验方法是，看看 RNG 网络产生的随机字节流是否以预先定义的方式与概率期望值产生了偏差。对大多数事件而言，我们的分析研究了其发生之前几分钟到发生后几个小时内的 RNG 数据。截至 2005 年 4 月，总共有 185 个引发全球兴趣的事件得到了测试，并由独立的分析师加以复查。这些事件包括新年庆祝、自然灾害、恐怖活动、群体冥想、体育事件、战争爆发、和平突然降临以及名人不幸去世等。选择这些事件是因为根据推测，它们应该会吸引一个很大比例的世界人口的关注。

举一个例子，2005 年 4 月 8 日，教皇保罗二世（Pope John Paul II）葬礼的现场电视直播就吸引了全世界数亿虔诚信徒的注意力。葬礼前，罗杰·尼尔森预测说，在葬礼开始到结束的时间里，RNG 网络将会出现显著的偏移。GCP 数据如预测一样偏移了，几率为 42∶1，而在葬礼结束后几小时内又回到了概率水平（图 11-5）。

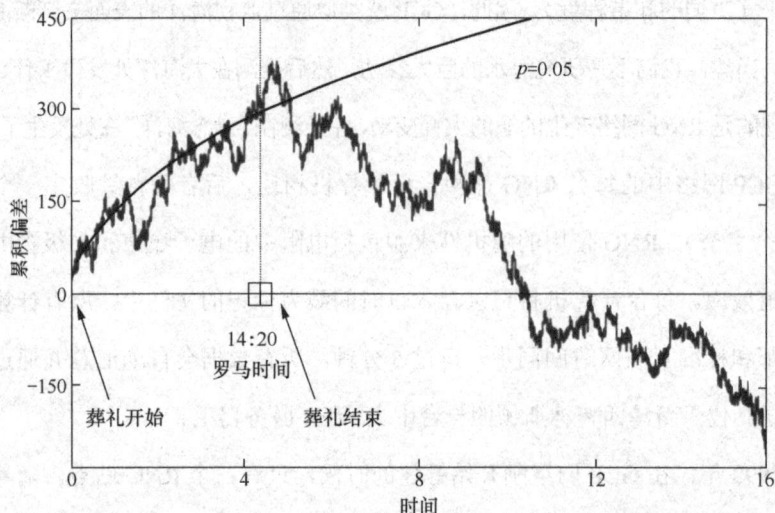

图 11-5 教皇保罗二世的葬礼从开始（2005 年 4 月 8 日）到结束后的 16 小时内 GCP 网络中 RNG 偏离概率期望值的曲线。抛物线代表阈值为 20∶1 的几率曲线。场意识假设预言了在葬礼期间这一曲线会显著上升，基于的假定是上百万人一致的精神注意力会反应在环境中，从而使其物理秩序得以提升。

从 1998 年 8 月到 2005 年 4 月，我们评估了 185 个此类事件。[1]总体结果表明，它们都明显偏离了概率，几率高达 36400∶1（图 11-6）。这表明，数百万乃至数亿人一致的注意力造成了这个世界的物理一致或者说秩序提升。这些不寻常的一致时刻不仅限于 RNG，而是会影响每样东西。也就是说，动物、植物甚至每块石头，在全球高度一致的时刻，其表现也与平时略有不同。我们之所以在 RNG 中注意到了该效应，是因为我们对其进行了持续监测，并且知道如何从这些设备中发现不寻常形式的秩序。因此，本实验中的假设（至少）可以扩展到整个星球。

―――――――――――――
① 在检查数据之前，已经严格定义了分析的方法。

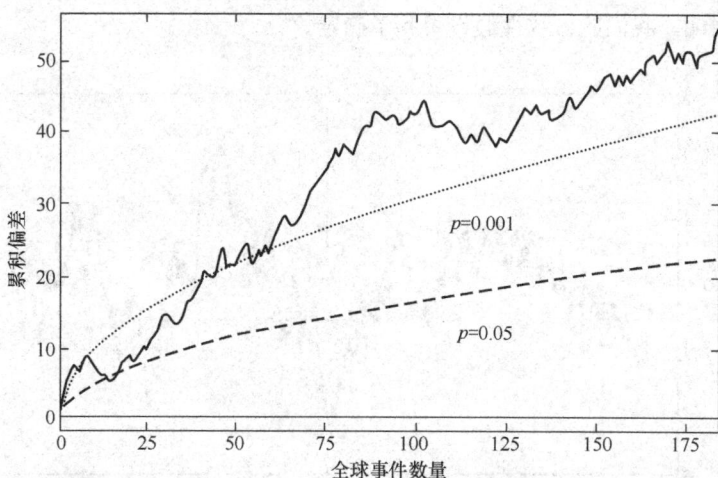

图 11-6 全球意识项目针对 185 个事件的分析结果。在检查数据前先定义了分析方法。两条抛物线分别代表 20∶1 和 1000∶1 的几率。总体累计几率高达 36400∶1，这意味着，吸引了全球注意力的事件似乎创造了物理上有序的片刻。这一片刻在分布于全球的 RNG 输出中可以发现。

我们研究了一个独一无二的事件，那就是 1999—2000 年新旧交替的子夜时分，也就是所谓的"Y2K"（Year 2 Kilo 的缩写，即 2000 年）。世界上很多人都带着特别的恐惧或者激动期待着这一刻。世界末日的预言，还有全世界的电脑都会瘫痪的预测，使之成为一个令人难忘的新年前夜，也成为本实验的一个绝佳的测试案例。在 Y2K 之前，我预测，随着各个时区子夜的来临，成百万人不断增加的一致注意力会提升 RNG 检测到的秩序。

Y2K 时刻来了又去了，我很高兴地发现，世界依然存在，于是我开始分析这些数据。结果表明，在午夜来临时刻，RNG 中显示的波动（或者说"噪声"）陡降（图 11-7）。这条曲线中的最低值出现在子夜前后 3 秒内。[1] 与平时产生的随机数据相比，在接近子夜时分观察到的这一幅度降低的几率高达 1300∶1。[2]

---

[1] 这张图上的纵坐标是变动经过标准化后的绝对平均方差，其基于对 GCP 中所有的 RNG 进行的每秒的计算。获取的 GCP 数据对应着 Y2K 子夜来临时 27 个根据世界标准时间（UTC）时间运行的时区和 2 个与 UTC 有 30 分钟差异的时区（印度和伊朗）。这 29 个时区差不多包含了全球 98% 的人口。为了更好地显示这个结果，这些数据用 5 分钟的滑动窗口加以缓和。

[2] 使用了随机排列分析加以评估。

这似乎表明，我们的一致性假设得到了确定。

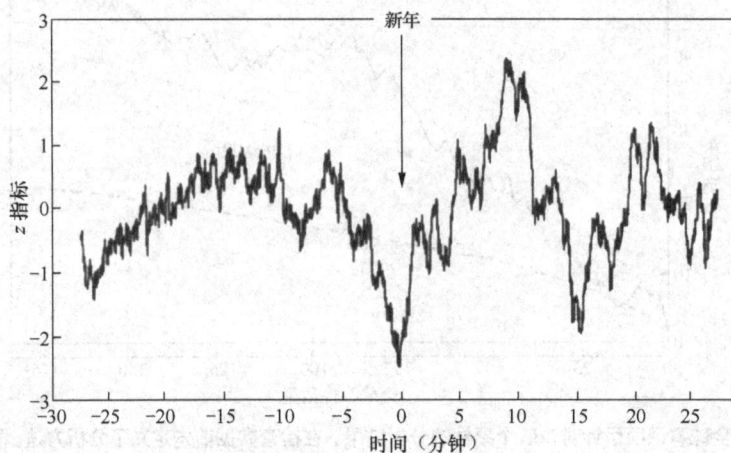

图 11-7　1999—2000 年（Y2K）时刻前后 30 分钟内的 GCP 随机数据，时间基于全球不同时区的新年庆典时刻。[①] 子夜前后几秒内曲线陡降表明，当各个时区的人期待着子夜来临的时候，在 RNG 输出中测量到的变动（或者说"噪声"）显著降低。

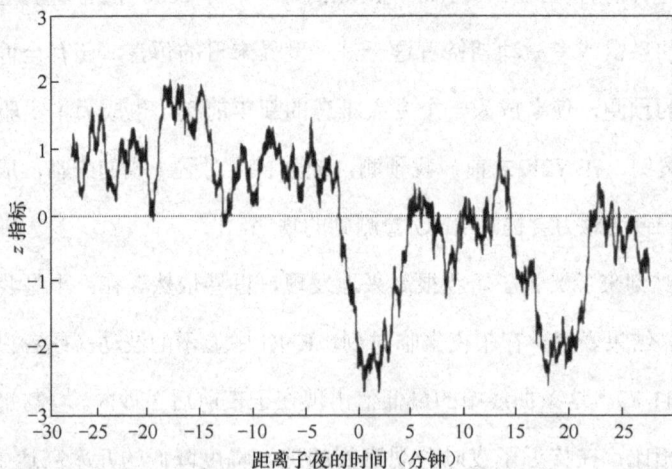

图 11-8　GCP 数据中高人口和低人口密度时区间随机性的差异曲线。子夜来临前后数秒内观察到的随机性降低的程度的几率为 80∶1。这表明，高人口密度时区内数十亿人口意念的一致行为导致了图 10-7 中所出现的差异性降低的现象。

---

① 该分析基于来自 29 个时区的经验均值的 5 分钟滑动绝对平均方差。世界上大部分人口都居住在这些地区。实际上，我们一共有 38 个时区。

在研究 Y2K 效应时伴随着一个问题，即这样的变动在高人口密度和低人口密度的时区都能观察到。世界主要大陆上的 19 个时区中生活着大约 60 亿人口，而大西洋、太平洋海岛的 10 个时区中只有大约 900 万人口。如果随机性降低的"原因"是各个时区的人们在庆祝午夜时的注意力保持了高度一致，那我们应该相信，随着子夜临近，高人口时区和低人口时区之间的随机性差异也会降低。结果确实如此，1999—2005 年间新年前夜的数据测量结果恰好证明了这一点（图 11-8）。观察到这一降低现象的几率是 80∶1。所以，这些数据似乎再次证实了我们关于集体意识"移动"了物体的猜想。

讲到这里，经常有人问我，说说鲸鱼、海豚，还有那么多的鱼、那么多的昆虫，它们的表现如何？这个实验是不是太关注人类兴趣的重要性了？回答是"没错，GCP 是以人类为中心的"，但这不是因为我们对其他生物不感兴趣。问题在于，我们不知道鲸鱼的新年何时来临，昆虫们是不是也有举办庆典的特殊日子。如果我们知道这个日子，自然有兴趣去检查随机性的波动是不是和这些事件对应。当然，我们也不知道，要产生这样的结果，自觉意识的"数量"有多重要。我们也许会发现，5 个人的一致关注程度等同于 5 万亿只蚂蚁的注意力。但这个问题目前还没有答案。

丧钟为谁而鸣

迄今为止，在该项目研究过的事件中，最轰动的一件也许当属"9·11"恐怖袭击。在这一天，恐怖分子犯下了令人发指的罪行。我们在随机网络中发现了不少令人震惊的变化。为了解释这些异常的本质，并且更好地理解为什么说我们得出的这些结论不是任何常规的缺陷或者错误所致，将 GCP 网络产生的这些数据想象成一种钟鸣是有帮助的。也就是说，网络中的每台 RNG 会持续不断地产生随机字节序列，对其进行周期性采样，将得到一个钟形的曲线。

与理论上完美的钟形曲线相比，该曲线有四种单纯的偏移方式。与概率期望值对照，它可以向其左或者其右偏移，被压扁（曲线顶端向下移动，从而使得曲线变得更扁平）或者压得更尖锐（曲线两侧向中心移动，从而使得曲线变得更尖细）。前两种偏移对我们的研究不合适，因为我们无法明确知道曲线会偏移到哪个方向（或者用我们的比喻来说，钟会摆向何处）。所以我们更注重后两种偏移方式。它研究的是钟形曲线每天宽度的变化——或者说"钟鸣"的变化（图11-9）。

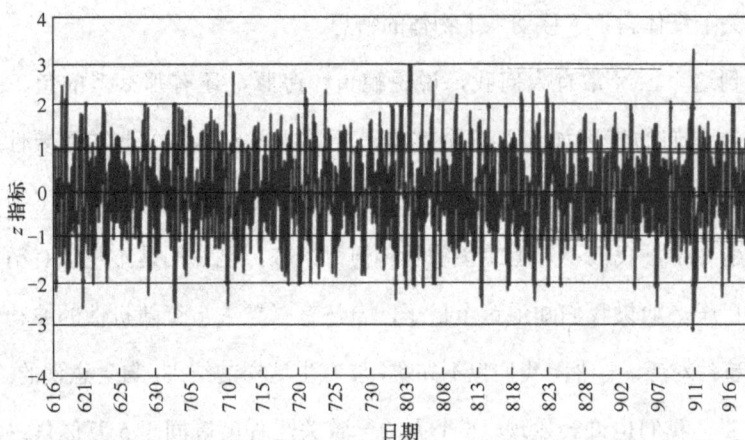

图 11-9　与 RNG 搜集的数据相关的"钟鸣"。采集时间为 2001 年 6 月 16 日（X 轴上标为"616"）到 2001 年 9 月 20 日。在本图中，Y 轴上超出正负 2 区间的值基本上是随机噪声。超出这个区间的值不常见，因此也更令人感兴趣。注意，在这些数值中，超出正负 3 区间的值只有一天，而那天就是 2001 年 9 月 11 日。

通过对该分析结果的研究，我们注意到某一天发生了不寻常的事件。与我们检查的其他日期相比，2001 年 9 月 11 日这天曲线的偏移非常大（图 11-10）。一架被劫持的客机于美国东部夏令时上午 8 点 46 分撞向了纽约世贸大厦北塔。之前大约两小时，曲线出现高峰，而在下午 2 点左右跌至谷底（也就是峰值之后的 8 小时左右）。虽说这让我们想到第十章中的预知实验收集的数据，但要以此来解释为什么曲线峰值出现在恐怖袭击发生之前也不是一件简单的事。[1] 这一

_____

① 与其他全球关注的突发事件（比如大地震）相关联的证据表明，类似的"前导"波大概提前了 2～3 个小时出现在全球随机网络中。

8 个小时区段内曲线的大幅回落，是整个 2001 年间的单日最高落差。打个比方来说，就是在那天，GCP 的所有钟都鸣得最响。

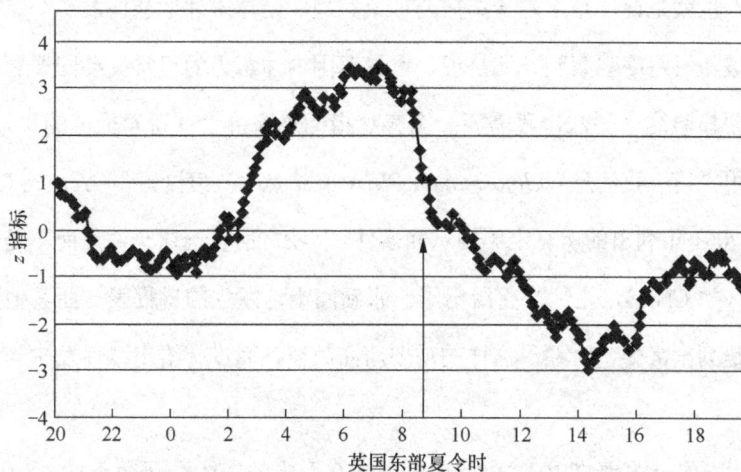

图 11-10　2001 年 9 月 10 日下午 8 点到 2001 年 9 月 11 日下午 8 点，36 台 RNG 构成的 GCP 之钟的放大图。这是 2001 年中观察到的最大变化。X 轴是小时，为美国东部夏令时。箭头所指为第一架被劫持的飞机撞向纽约世贸大楼的时间。注意，该曲线在恐怖事件发生前几个小时达到峰值，这也许暗示了预见效应的存在。

　　这一巨大改变的原因是什么？那一天意识的大规模一致，是不是引发了以 RNG 形式表达出来的大规模一致？看来似乎如此。为了进一步检验这个想法，我建立了一个每日指标来衡量不同 RNG 之间相似行为的程度。我把这个指标称为"交互相关"（intercorrelation）指数。我对 2001 年每一天的该指数进行了检查，发现"9·11"那天有着最大的交互相关。这就意味着，即便这些 RNG 分布在全球，相隔数百甚至上千公里，而由于所有的 RNG 在那天以相同的方式运作，所以 GCP 的钟鸣在那天自然也就最响。

　　对于这个效应，是不是有什么常规的解释呢？是不是存在一些不寻常的环境因素——比如，那一天手机的使用量突然大幅增加——会引起这么大的交互关联效应？如果是这样，我们应该会在位于北美或者欧洲城市里的 RNG 中看到为数不多的几个高度关联——因为在这些地方手机使用比较多——而其他大部分地方的关联应该在概率水平。但事实并非如此。交互关联在全球的分布大体一致，这意味着所有的 RNG 之钟都比平时更一致地鸣响。

我们感兴趣的下一个问题是，这样的全球场意识效应对其他日子来说是不是很一般？也就是说，是不是一定需要一个大型的全球事件才能促发一个足够大的效应而被随机网络观察到？还是说，世界范围内注意力的日常变动同样影响了随机性？要检验这个想法，我需要一个客观指标来评价"有新闻价值的事件"。我决定使用"请给我信息"（*Information Please*）站点"年度回顾"（Year in Review）专栏在 2001 年列出的所有当年的新闻事件。[①] 我之所以选这个站点而不是其他新闻来源（如 CNN），是因为它给出了一张新闻事件发生的日程表，而其他大部分站点只是列出诸如"财经"这样的重要新闻故事，而没有给出事件发生当日的历史细节。

在这一年的检验期中，站点列出了 250 天内的 394 个新闻事件。如果 GCP 网络响应了对全球事件的世界性关注，我的预测是，在这具有新闻价值的 250 天里，交互相关的平均值应该高于剩下的没有新闻价值的 115 天。这个预测得到了证实，出现几率为 100∶1。我进一步做了一个一般测试，看看每日新闻的"数量"是不是和每日的 RNG 交互关联值相关。为了得到"数量"这个值，我统计了新闻事件的每日描述中用了多少字母。用这个方法统计每日新闻的数量当然很原始，但也完全客观。这是因为同一天的大量新闻事件将用更多的字母来描述。意念—物质交互假设预言，在新闻数量和 RNG 交互关联值之间存在正相关。结果再次显示为显著正向，几率为 1000∶1。[②]

---

① www.infoplease.com，访问时间为 2004 年 12 月。Information Please 属于 Pearson Education。而 Pearson Education 拥有如下出版社：Prentice Hall、Scott Foresman、Addison Wesley Longman、the Financial Times 以及 Penguin Putnam。

② $r=0.16$，$t(363\ df)=3.08$，$p=0.001$（单边）。排除"9·11"事件的影响后，关联还是显著正面的：$r=0.15$，$t(362\ df)=2.88$，$p=0.002$（单边）。如果排除所有没有新闻的日期，关联还是很显著：$r=0.11$，$t(248\ df)=1.76$，$p=0.040$（单边）。然后，我将该研究扩展到 1998–2002 年间的所有事件中，关联仍然显著：$p=0.002$。

我的三位同事——心理学家罗杰·尼尔森、计算机科学家理查德·肖普和物理学家彼得·班塞尔（Peter Bancel）——各自独立地分析了这些数据，发现了类似的异常。在和他们讨论后，我们一致决定，在更广泛的科学圈子内公布这些效应，希望引起科学界的注意。于是，我们在《基础物理快报》（*Foundation of Physics Letters*）上发表了一篇文章，专门讲述与"9·11"事件关联的统计异常。其中之一是，GCP随机数据显示出虽然不可能但却具有持续性的临时结构——自相关（autocorrelation），出现这一现象的几率是100万∶1。这一自相关意味着，某些东西——也许是公众注意力的改变——导致了随机数据在"9·11"当天以极为不随机的方式表现出来，而在其他日子里，它的表现是正常的（图11-11）。

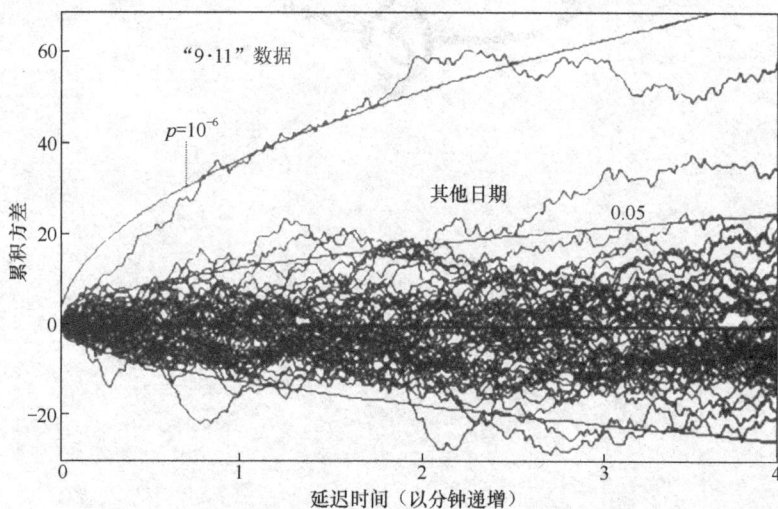

图 11-11　2001 年 9 月 11 日当天 RNG 数据的自相关性（随着时间推移的数据相似性指数），与之对比的是前后共 60 天内经相同分析得到的数据。最上面的抛物线表示的阈值是 100 万∶1 的几率。这表明，在悲剧性的那一天，强烈的意念相关以我们还不知道的方式改变了世界。

总之，场意识实验表明，之前只能在实验室中观察到的小规模意念—物质交互效应也出现在了现实生活中不受控制的环境下，甚至可以覆盖全球。这些研究不仅为集体超验提供了一种新证据，也为这个困扰我们已久的谜题——"丧钟为谁而鸣"——探索了新的思路。也许约翰·多恩（John Donne）早在 16 世纪就给出了正确答案："没有人是一个孤岛……因此，别问丧钟为谁而鸣，它正为你而鸣。"

第十二章
新现实

所有的物理，要么是不可能的，要么是不重要的。如果你不理解，那就是不可能的；一旦理解了，那就是不重要的。

欧内斯特·卢瑟福（Ernest Rutherford）

在检视了实验证据之后，该探索理解超验的方法了。我们对此已经做好了准备。在我们做出改变的时候，有必要回顾一下到目前为止我们得出的基础结论：若干基本的超验效应的存在，已足以说服大多数科学家以批评的眼光不带偏见地研究这些证据，并使他们相信确实发生了一些有趣的事情。这里说的"有趣的事情"以科学的眼光来看极为重要，需要严肃对待。

虽说如此，我们也要澄清一点：与超验相关的很多其他声明依然缺乏令人信服的科学证据，或者无法通过严格的检查而确证，或者对实验结果的解释还很模棱两可。这点很重要。其包括大规模的物理现象，如漂浮升空、心灵传送；小规模的物理效应，如弯曲金属、移动小型物体；"灵媒手术"；幽灵的真正本质；离窍体验等。①

　　我们还要记住的是，不能只因为有理由相信个别超验效应是真实的，就认为所有"超常"的东西都自动变得真实了。声称猫王还在世或者在百慕大三角有大脚野人拖着 UFO 飞奔……不能把这些与在对照实验中得到的结果混淆起来。② 在探索未知时，保持思想开放很关键，但是，在这个过程中抛弃自己的思想并不可取。

　　于是问题就变成：在保持大脑清醒的情况下面对真实的超验证据的挑战，并且不求助于神秘主义或者神学，还有其他方法理解这些体验吗？要回答这个问题，有必要审视在过去一个世纪的科学假定中，所谓现实发生了怎样的变化。事实上，到 20 世纪，物理学家们已经修正了三个世纪之前现代科学开创时用到的所有假设，这对 17 世纪时的常识而言是颠覆性的。到了 21 世纪，我认为会不断发现越来越强有力的理由，说服我们相信在微观世界观察到的一些古怪效应，不仅存在于异域，也同样存在于与人类体验更密切的领域。我还相信，我们无法借助那种根深蒂固的思考方式理解超验——第一反应是自信满满地认为它是错的，然后害怕它可能是正确的，最后因为其证据如此明显而干脆指责它是无聊的。我们来看看人们为什么会出现这样的反应。

---

① 对弯曲金属的意念—物质交互的证据的详细讨论见 Hasted, J. (1981). The Metal-benders. London: Routledge & Kegan Paul. 我对这样的声明表示怀疑，除非某天我亲自通过轻柔一触就将一个重重的大汤勺弯了过来，而且还有不少目击者在场。后来，我做了测试，看看我是不是可以只借助常规力量就能在类似的汤勺上做到这点。除非用两对老虎钳和设计好的杠杆帮忙，我没法做到这一点。所以我有理由基于常规怀疑论的判断，怀疑所有弯曲金属的案例要么是魔术，要么是无意识地使用了某种力。

② 我知道，UFO、大脚野人和其他某些非正统的声明有一些很严肃的证据。关键是，这些证据类型和我们讨论过的对照实验中的证据显然不同。

经典世界

经典物理学起源于 17 世纪。物理学先驱，如意大利数学家伽利略、法国哲学家笛卡尔、德国天文学家开普勒以及英国数学家（也是炼金师）牛顿等开创了新的理念——通过实验，我们可以了解自然，然后通过数学对其加以描述和预测。由此诞生了理性经验主义。在 19 世纪和 20 世纪，经典物理学由众多杰出人物，如麦克斯韦（James Clerk Maxwell）、爱因斯坦以及成百位其他科学家加以拓展并大幅提升。现在，我们依然经常使用这样一些术语，如"牛顿物理"（Newtonian physics）、"牛顿－笛卡尔世界观"（Newtonian-Cartesian worldview），它们用来指代这一非常成功、历史悠久的探索过程。

经典物理学的基础在于对现实这块织物所作的五个基本假设：真实性（reality）、定域性（locality）、因果性（causality）、连续性（continuity）和决定性（determinism）。这些假设在绝对固定的时空参照系中作为公设出现。而对物理进程进行的数学描述，也理所当然地被认为是与客观事件的实际行为对应的。

"真实性"的假设参照了物理世界是客观真实的想法。也就是说，物理世界的存在与是不是有人在观察它无关。就算你不去看月亮，月亮还是存在。"定域性"说的是，物体被影响的唯一方式是通过直接的接触。[①] 远距、不经媒介的作用是不允许的，因为这太接近于说看不见的精灵可以促使一件事情发生。这种神秘主义想法令人很不舒服，而且神秘主义概念对科学来说是一种诅咒。

"因果性"假定，时间箭头只能指向一个方向，因此因→果序列是绝对固定的。"连续性"假定，自然中没有不连续的跳跃，时空这块织物是"平整"的。至于"决定性"，如爱因斯坦曾经说过的，"上帝不掷色子"，也就是说，事物遵

---

① 这个不是定域性的精确技术定义，但用在这里也足以说明我们的目的了。

循着有序、可预测的方式发展。我们也许不够聪明或者知道得不够多，没法预测每件事，但"决定性"认为，原则上，只要我们知道所有的初始条件和因果关系，我们就可以预测未来。

物理学上的小乌云

基于这些常识性的假设，科学得到了长足的发展。对世界如何运作的经典解释依然继续用来解释可观察到的世界的大部分：粒子物理、神经科学、宇宙学等。从人的角度看，它适用于大部分物体。

事实上，这一切都太明显了，因此，19 世纪末和 20 世纪初的科学巨擘们的主流意见是，物理学已经到了该进行总结的时候。物理学家阿尔伯特·迈克尔逊（Albert Michelson）——第一位获得诺贝尔奖的美国人，1894 年在芝加哥大学瑞尔森物理实验室（Ryerson Physics Laboratory）——第二次世界大战期间，这个实验室在美国政府建造原子弹的秘密项目中扮演了关键角色——做的主题演讲中得出了悲观到令人惊讶的结论。他说：

物理学那些重要的基本法则和事实都已经发现了，如今也已牢固地建立起来，它们会被日后新的发现替代的可能性微乎其微……我们将来的发现只能出现在小数点后的第 6 位了。

6 年后，苏格兰物理学家威廉·汤姆逊（William Thomson）——1890 年到 1895 年间英国皇家学会的主席，后来因创建了跨大西洋电报电缆而受封开尔文勋爵（Lord Kelvin）——在 1900 年的一次演讲中也呼应了迈克尔逊的观点："物理学中不会再有什么新东西需要发现了。剩下的只是越来越精确的测量。"在这次演讲中，开尔文爵士提到了"物理学大地上的一些小乌云"。它们都和光的性质有关。

一个问题是，很多物理学家——包括牛顿——都认为光是由粒子组成的，而其他人则认为光是一种波。确实，看上去，光似乎具备这两种性质。到了1801 年，英国医生、物理学家托马斯·杨（Thomas Young）用一个双缝装置对光进行了实验，清楚明白地证明了光的波动性。于是，大多数物理学家转而接受光必定是一种波这一观点。既然光是波，它应该展示如水波一样的属性，如干涉、衍射（绕开物体的能力）。因此，也就有理由假定，和水波一样，光是一种能量，可以在某种媒介中"传播"。这种不可见的媒介被称为"以太"（luminiferous ether），并被假设充满整个空间。不幸的是，1887 年迈克尔逊和化学家爱德华·莫雷（Edward Morley）进行的实验没能检测到以太。[①]

另一个问题是，当一个物体被加热时（比如火炉里的一块金属），随着温度升高，按照预测物体发出的光的强度应该与光的频率（颜色）成正比。基于经典理论得到的曲线在低频段与之吻合，但在高频段却失效了。由于在光的高频段，即紫外段或更高段，据预测能量会变得灾难性地巨大，因此这一问题被称为"紫外灾变"（ultraviolet catastrophe）。但实际上并非如此。1900 年，德国物理学家普朗克（Max Planck）找到了解决问题的方法。他假定光只以离散的能量包的形式存在，并发展出一种用来描述观察到的光的强度的数学公式。他把这种能量包称为"量子"（quanta），量子时代由此来临了。普朗克因此获得了1918 年的诺贝尔物理学奖。

与光关联的第三个问题是"光电效应"（photoelectric effect）。这一现象是说，如果用光照射一块金属，金属内的电子会被打松，而电子的流动可以作为电流被检测到。但并不是所有颜色的光（或者说光波的频率）都能做到这一点。事

---

① 如今有人认为，以太存在的正面证据由物理学家戴顿·米勒（Dayton Miller）在 20 世纪初期获得，并于 1933 年发表在《现代物理评论》（*Reviews of Modern Physics*）中。为了正确认识这一说法，请同时参见 2005 年 2 月 11 日发表在《科学》杂志上的关于爱因斯坦狭义相对论试验的评论。

实上，存在一个波长的阈值，在此波长之下，不会有电子被释放。一束红光不能产生电流，而蓝光却可以。将光视作连续能量波的经典观点无法解释这种现象，因为一束很亮的红光应该带有很多能量，而一束微弱的蓝光只能带有很少能量。

1905 年，当时还默默无闻的瑞士专利员爱因斯坦利用普朗克的量子理论——那时很多科学家只不过将其视作一种数学技巧——成功地解决了这个问题。他发现，将光视作带有离散能量的粒子，就可以解释光电效应。现在，光被认为同时具有粒子性和波动性。爱因斯坦因此获得了 1921 年的诺贝尔物理学奖。

人们开始关注量子理论。1913 年，丹麦物理学家尼尔斯·玻尔展示了如何用量子概念来解释原子的结构，获得了 1922 年的诺贝尔物理学奖。1924 年，德布罗意（Louis de Broglie）提出，物质也有类似波的特性，获得了 1929 年的诺贝尔物理学奖。1926 年，薛定谔（Erwin Schrödinger）提出了量子力学的波动方程，获得了 1933 年的诺贝尔物理学奖。

▌波粒二象性▐

这些令人振奋的发现都带来了新问题。光具有波粒二象性已经越来越明确了。粒子就像桌球：分离的物体在空间中有明确的位置，给人的感觉是"硬硬的"，用足够的力将它们互相碰撞，会产生类似焰火那样的能量。反之，波像是水中的涟漪，它们在空间中不是定域性的，而是扩散开来，给人的感觉是"软软的"，因为它们能互相渗透、干扰而没有什么损失。

光特性的这一矛盾，是一个严肃的问题，多年来科学家们一直在讨论（现在还在讨论）。1927 年，海森堡（Werner Heisenberg）在他的不确定性原理（uncertainty principle）中对诡异的波粒关系做出了描述："越是精确地确定粒子的位置，就越是不能精确地确定它的动量，反之亦然。"这个不确定性不是因为我们不知道光子或者粒子的位置或动量，而是因为我们受限于一个包含互补属性（比如波和粒子、位置和动量）的系统的可知性。这一不确定性根植于对自然进行量子力学描述的波动特性中。

量子物理中之所以产生互补性在于其用到的数学是不具交换性的。这意味着相乘的顺序很重要。与日常生活中用到的数学 A×B=B×A 不同，在不具交换性的系统中，A×B≠B×A。也就是说，一个物理系统（比如一个光子），同时具备 A 属性和 B 属性（粒子性和波动性），不能简单地分解为两个独立的子系统。因此，不能认为光子就是一个粒子或者一种波。它是两者的混合。

从量子理论中数学不具交换性这一现象出发能得到奇怪的结果，这点最早由爱因斯坦联合鲍里斯·波多尔斯基（Boris Podolsky）、内森·罗森（Nathan Rosen）在一篇被称为"EPR paper"的论文中提出。[①] 这篇文章是用来挑战量子理论的。文章认为量子理论不可能是真的，因为大自然不允许这样古怪的"混合"属性存在。海森堡的不确定性原理还挑战了自然具有因果性这一基本假定。根据对因果性的经典解释，如果我们精确地知道某个粒子的当前状态，我们就能精确地计算出它的未来状态。但不确定性原理说，我们无法知道一个粒子所

---

① 玻尔认为互补状态太基本了，于是将这个概念应用到哲学和心理学概念中，包括动力因（efficient cause）和终极因（final cause）、有意识和无意识状态、思考和感觉、善意和正义、确证和新奇、意识和物体。心理学家荣格、物理学家泡利认为，这些互补状态中固有的非定域性缠绕产生了有意义的同步性。

有的当前属性，因此也无法——即便是在理论上——确定其未来。这个想法太激进了，虽然在几十年间物理学家都拒绝接受这个概念，但是它却符合量子理论的框架。

▎唯一的神迹▎

1990年，理查德·费曼（Richard Feynman）——20世纪诺贝尔奖得主中最爱闹的一位——说道：

> 我要跟你说的是，我们在研究生院教给三年级或者四年级物理系的学生什么东西……我有责任说服你，不要因为不懂就放弃。你看，我的物理系学生就不懂……那是因为我也不懂。没人懂。

费曼说的是演示原子世界互补性的一个关键实验：杨于1801年进行的双缝实验。两个世纪后，《物理世界》（*Physics World*）杂志的读者投票评选该实验为"物理学中最美丽的实验"。费曼这样描述这个实验："我们选择它来描述一种不可能——根本不可能——用任何经典方法进行解释的现象，而这种现象却是量子力学的核心。在现实中，它就是唯一的神迹。"

在经典双缝实验中，一串光子（或者是电子、任意原子大小的物体）射向一个屏幕，屏幕上有两道狭小的细缝。在屏幕另一侧，有一块照相底板或者一台极为灵敏的录像机记录下每个光子的落点（图12-1）。如果关闭一道缝，在摄像机中会看到光子的均匀分布，且最亮的点正对那条打开的缝。如果光子是粒子，这就是常识所预测的。但如果我们打开两条缝，就会在摄像机中看到一个不同的图案：一个由高亮度和低亮度条纹交错形成的干涉图案。这和光子是波的描述吻合。

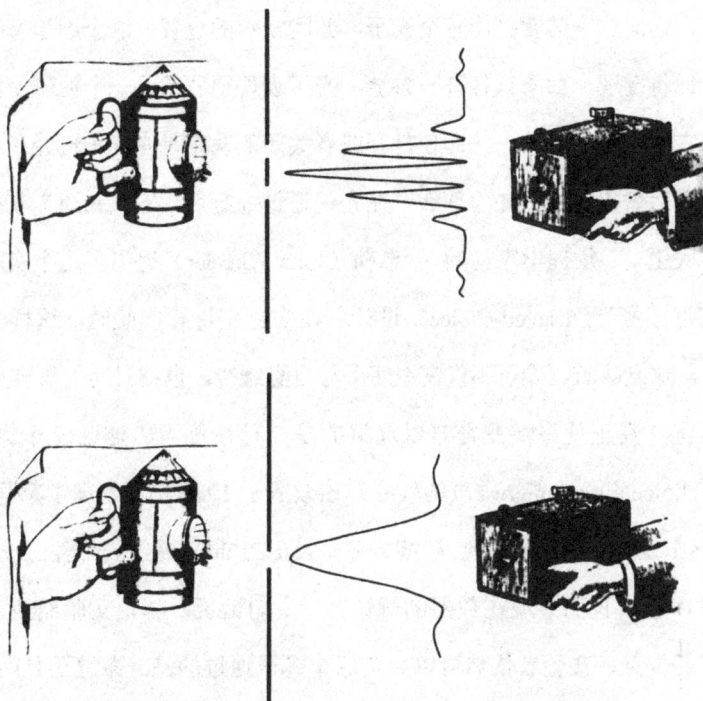

图 12-1 分别有两道缝和一道缝打开的双缝实验。

假定我们降低光的强度，降到一次只有一个光子通过该装置时，又会发生什么呢？你的预测是，在单缝的时候，和之前一样会看到一个亮度平均分布的光团，事实确实如此。你还可能预测，如果打开双缝，那么在每个细缝后面都会有一个均匀分布的光团。毕竟，每个光子都打向屏幕，它应该会通过其中的一个细缝。但实际情况并非如此。如果一次只向装置打出一个光子，那么在打出足够多的光子后，我们最终得到的图案和一下子打出很多光子时得到的干涉图案是一样的。

这意味着，每个光子都同时经过了这两个细缝，其表现都像是波。在这种状态下，光子与自己发生干涉了（或者说自我缠绕了）。有一点很重要，需要在这里澄清：我们从未真正地观察到光子（或者是电子、其他原子级别的物体）作为一种波存在。只有在我们不观察的时候，它才是如此表现的！

事情远比我们想象的要复杂。假设在其中一个细缝前面装了一个超级快速的快门，你可以在光子穿过细缝之后却还未被照相机捕捉之前打开或者关闭这个快门。然后，你向这个装置打出一个光子，并测量它的位置。这个细缝有时打开有时关闭。你将发现，如果只打开一条缝，光子表现得就像是一个粒子；如果打开两条缝，它则像是一种波——即使打开或者关闭的决定是在光子已经通过一个或两个细缝之后做出的。不知为什么，在光子通过细缝后，它"知道"其中一条缝稍后会被关上。[1] 物理学家约翰·惠勒（John Wheeler）提出了这个实验，并称其为"延迟选择"（delayed-choice）设计。在实验室进行实验时，这样的情形确实发生了。这意味着，光子不仅在空间上与自身缠绕，也在时间上与自身缠绕。

事实上，真正使事情变得难以理解的是一种被称为"延迟选择量子擦除"（delayed-choice quantum eraser）的效应。该效应于 1982 年由物理学家马兰·斯卡利（Marlan O. Scully）和凯·德鲁尔（Kai Drühl）提出："消除过去产生的信息，可以影响我们对现在数据的解读。" 换句话说，哪怕实验结束，已经记录下光子的位置，实验者依然可以决定这个光子通过的是一条缝还是两条缝！[2]要理解这个奇怪的结果，有必要听取费曼的建议：

> 如果有可能的话，要避免老是问自己："怎么会是这样？"因为这样你会陷在死胡同里"一无所获"——没有人能从这个死胡同里逃出来。没有人知道怎么会这样。

不只是没有人知道怎么会这样，此外，这个异常简单的实验还提出了一个核心问题：在量子现实中，观察者的地位如何？它被称为"量子测量问题"（quantum measurement problem）：我们假定，在未被观察时该光子表现得如同一种波，但我们从未真正看到过这种波。那么，在我们决定观察它时，又是什么使得它"塌缩"为一个粒子呢？

在经典物理学中，物体被认为是客观实在，不依赖观察者；而在量子世界

---

[1]之所以造成这个困惑，部分是因为我们认为光子类似日常物体。事实上，光子要神秘得多。
[2]通过消除"which-path"信息可以做到这一点。

中则不再如此。正如加州大学圣克鲁兹分校的物理学家布鲁斯·罗森布鲁姆（Burce Rosenblum）和弗雷德·库特纳（Fred Kuttner）所说："如果我们假定，除了被当今量子理论指出的现象之外，不再有能被观察到的物理现象存在，要否定实验中观察者的地位，代价就是挑战观察者可以自由选择的信念。"

换句话说，实验者选择打开或者关上一条缝的决定，改变了光子的表现。[①]我们的选择所造成的影响与用什么物体无关。任何量子级别的物体都会显示同样的结果。而既然所有的物理对象都已经是量子对象，这个一般性问题就不再局限于微观世界。如何成功地检测我们的观察会对较大的物体带来什么改变，只受我们能将技术做到多精密所限制，而没有其他本质上的限制。换句话说，按照罗森布鲁姆和库特纳的说法，一位实验者必然会总结道：

在某种意义上，现实是由观察本身创造的，观察到的现实完全由观察者掌握的知识创建。如果是这样，观察者和被观察的系统将是不可分割的。这将挑战观察者对真实的物理世界——即不依赖他的感觉而存在的物理世界——的看法。实验者似乎只能这样看待这个观察者被纳入其中的世界：对自己是否有能力自由选择进行什么实验表示怀疑。

很少有人相信，我们所做的每件事情都是预先安排好的，或者我们根本没有自由意志。当然，我们必须表现得像是有自由意志，事实上，法律系统也要求我们这样做。否则你就要承受被社会认为心理有问题的风险，甚至被流放到精神病院安度余生。

但是即便做出让步，就像某些神经科学家坚持的那样，所谓自由意志也不过是一种幻觉，而我们还是没有搞清楚，在个人决定做什么和光子最后的表现之间存在的这种无法否认的关系到底是什么。又是什么引起了这种关系？这个

---

① 并不是所有的物理学家都对此表示赞同。

问题还没有解决。在研究这个问题后，哥伦比亚大学的物理学家布莱恩·格林（Brian Greene）总结说：“差不多70年了，还是没有人知道一个概率波（probability wave）是如何塌缩的，甚至也不知道这种塌缩是不是真的发生了。”很多物理学家，包括罗森布鲁姆和库特纳，都对按照字面理解的“意志”在影响物理世界时扮演的角色提出了质疑：

量子实验中的测量问题不一定意味着有什么东西“从观察者的意念处”发出而影响了外部物理世界。但是，测量问题确实在提醒我们，关于物理世界，比起量子理论告诉我们的，还有很多需要弄明白的东西。

但是其他人，如帕斯卡尔·约尔丹——量子理论主要的数学架构师之一——不那么确定。他的观点是：

观察不仅影响了要测量的东西，还制造了它……我们强迫（电子）承担一个确定的位置……我们自己制造了测量的结果。

我们已经看到，来自超验实验的证据表明，以注意力、意志力形式出现的观察，似乎真的影响了这个世界。因此约尔丹说不定是对的。

▌被改变的假设▌

量子理论的神秘性被叠加（superposition）、互补（complementarity）、不确定、测量问题、缠绕等概念所围绕。[①] 所有这些概念实际上是指向同一个谜团的不同方式：在未被观察状态，量子物体在时空中没有确定的位置，也没有确

---

① 量子叠加概念指的是量子物体的波动方面。它基于对未被观察的量子物体所做的数学描述，其存在于一个各个可能状态互相叠加的概率波中，而不是单一的实际状态中。

定的属性——至少不是我们在经典术语中视为"确定"的那种含义。一样东西如果没有属性、位置，也不在时间中存在，怎么能说它是存在的呢？我们不知道，但这意味着，我们的常规假设——一个不依赖我们而"存在"的客观的经典现实——有什么地方不对。①

这一"新现实"所带来的最令人吃惊的后果是，经典物理学的假设以及常识所具有的绝对地位开始变得松动了。一个不依赖我们自身的绝对现实逐渐消散，就像那只柴郡猫一样。这是因为我们知道，世界的本质特性在被观察之前还不具有确定性。这不是说现实不存在，而是说，一种未被观察的现实与我们熟悉的那种现实大不相同。在"EPR 论文"中，爱因斯坦质疑量子理论是否有可能是正确的，因为别的不说，它意味着只要你不去看月亮，月亮就不存在。康奈尔大学的物理学家大卫 · 默明（David Mermin）用实验数据检验了爱因斯坦的质疑，他的结论是："爱因斯坦认为量子力学的诠释会引起超距幽灵作用。实验证明，困扰爱因斯坦的问题，不是一个需要加以讨论的问题，而是我们观察到的真实世界的行为。"

新现实取消了"定域性"假设，代之以"非定域性"。量子物体可以缠绕的事实意味着，我们关于一般物体是完全且绝对分离的常识假设是错误的。在未被观察的时候，量子物体能在整个时空进行瞬时连接。没有媒介的"超距作用"不会因为太幽灵化而被禁止。实际上，没有媒介的超距作用正是量子现实所需要的。

这一新的现实不再具有因果性，这是因为相对论表明，不变的时间箭头不过是假象，是绝对时空这一经典假设造成的误解。现在我们已经知道，事件看上去在什么时候发生，取决于观察者的感知（说得技术一点，取决于观察者的参照系）。

新现实也剔除了连续性假定，这是因为量子现实这块织物是不连续的；在小量级上，时空既不平整也不连续。最后一点，绝对的决定论也受到了致命的

---

① 这里的关键词是"常规假设"。在日常生活中，我们从未观察到什么东西具有"不确定的属性"，所以很难想象不确定会是什么情形。

挑战，因为它依赖于因果性、真实性和确定性，而这些都不再是绝对的术语了。

经典假设的消亡，对科学如何理解这个世界的基本方法——即所谓的还原论（reductionism）提出了挑战。长久以来，科学家都认为，理解某件事的最好方法——实际是唯一的方法——就是看看它的组成部分是如何组合在一起的。如果我们看到一只精巧的钟，想知道它是怎么走时的，就会将其分解。在医学研究中，所有的重点都放在理解某个疗程的"作用机制"（mechanism of action）上。所有这些做法都假定，"事物如何运作"涉及机械进程，就像互相啮合的齿轮一样。

虽然可以用近似的力学和还原论术语解释物理世界的很多进程，但是，随着物理学对现实本质的钻研越来越深入，我们发现，再也无法用力学术语解释一切。它们假定有独立存在的物体，以确定性、因果性的方式交互着。但是，我们生活于其中的现实并非如此。量子现实是一体的，因此，类似研究其个体部分的尝试，只能得到一个不完整的图像。这就像试图通过研究一颗橡实中的原子，去理解一棵橡树的叶子如何生长一样——完全是无用功。

量子理论对可观察的世界做出了精确的描述，对于这一点，几乎没有物理学家会持怀疑态度了。例如，它对发生在电子和磁场间的相互作用的力的预测已经被实验证明精确到了万亿分之一级别。一个理论能精确到如此不合理的地步，却还没有对它到底意味着什么达成广泛一致的意见，这同样不合理。

▍哥本哈根解释▕

量子理论的一个主流解释主要由玻尔推进。玻尔来自哥本哈根大学的理论物理所（如今改名为尼尔斯·玻尔研究所）。哥本哈根解释是正统解释——它是第一个被广泛接受的解释，也是大部分物理学家如今仍然赞同的解释。它认为，量子理论最终告诉我们的是对于现实我们能知道什么，而不是现实本身。这也许可以被认为是一种"不要问，也不会说"的解释。它让我们可以应用该理论，而无需担心它意味着什么。玻尔使用这个策略来避免纠缠于可能由之引起却无法加以回答的问题。

玻尔的方法改变了经典物理学的解释：再也不可能认为作为物理实验的实验者和观察者，我们与实验本身是分离的。如他所说："在存在这部伟大的戏剧中，我们自己既是演员又是观众。"

多世界解释

多世界解释（Many Worlds Interpretation，MWI）由物理学家休·埃弗莱特（Hugh Everett）提出。他认为每进行一次量子测量，所有可能的结果实际上都发生了。这避免了与观察者角色相关的问题，因为在这里我们假定，观察者根本无关紧要。相反，在量子可能性变为现实的过程中，宇宙一分为二，或者分成更多的部分以满足所有可能的测量结果。《平行世界》（Sliders）、《量子跃迁》（Quantum Leap）、《星际迷航》（Star Trek）等热门电视剧都将这一多重平行宇宙的想法加以剧情化，并发展出了极为有趣的故事主线：每时每刻都会产生数万亿个新宇宙，每一个都和其他的宇宙类似，不过在分裂之后，它们却有着属于自己的独立演化进程。这个想法让很多物理学家感到不舒服，因为它完全违背了简约性的原则，而科学界更喜欢采纳最简单的解释。

量子逻辑

另一种解释认为，我们之所以被量子理论的种种现象迷惑，是因为在处理互补系统时，常识中的逻辑假设不再成立。量子逻辑要求，一个光子要么是波，要么是粒子，但不能既是波又是粒子。一个数字要么是 0，要么是 1，但不能既是 0 又是 1。但由于实验显示光子确实如此，因此，看起来"非此即彼"的逻辑常识在量子世界中不再成立。除非语言和逻辑发展到能让我们更容易地把握互补概念，不然我们还会继续体验这种迷惑和悖论。

意识创造现实

还有一种解释认为，观察行为创造了物理现实。该解释断言，意识是最基本的基态，比物质或能量还要基本。这一立场给予观察一个特殊的角色，使得观察成为将量子可能性塌缩到现实的主动方。不少物理学家对这一解释表示怀疑，因为它与源自东方哲学和神秘主义教条的想法极其类似。但也有一部分卓越的物理学家，比如诺贝尔奖得主尤金·维格纳（Eugene Wigner）和布莱恩·约瑟夫森、约翰·惠勒、冯·诺依曼（John von Neumann）等都接受这种解释，至少对其表示温和的赞同。俄勒冈大学的物理学家阿密特·格斯瓦米（Amit Goswami）积极地推广该观点。

退相干

还有一种理论试图解释存在于未被观察的量子态中的非定域性的"虚拟"现实与我们在实际观察到的世界中一致体验的定域性实在性之间的差异。退相干解释虽然基于哥本哈根解释，但却对观察和未观察的边界上发生了什么问题进行了更深入的研究。它假设，一个量子物体只要和环境发生交互，这些交互就会成为"观察"，然后快速地平整（退相干）量子离散性，并进而"塌缩"成经典观察中呈现的行为。但是，正如物理学家布莱恩·格林所说：

即使退相干压制了量子干涉，从而将诡异的量子可能性改造成更为人熟悉的经典对应物，但波函数中蕴含的每个潜在结果还是会争着变成现实。

由于没能明确地解决测量问题，退相干理论被马里兰大学的哲学家杰弗里·巴布（Jeffrey Bub）称为"无知解释"（ignorance interpretation）。英国南安普敦大学的数学家克里斯·克拉克（Chris Clarke）进一步指出：

退相干说的是相对环境而言量子信息的丢失。但是，作为一个整体的宇宙却没有环境。从宇宙的视角来看，信息永远不会丢失……这意味着……宇宙仍然保持相干。它曾经是，现在是，将来还是一个纯粹的量子系统。中等尺度的物理不相干——也就是约翰·贝尔常说的"出于所有实际目的"的不相干——不过是我们基于最下层的看法（worm's-eye view）所得到的近似结果。

新现实主义

爱因斯坦无法接受量子理论带来的种种奇怪的后果，他偏向于采用新现实主义解释。这一解释被大量对量子理论思考不太多的科学家所采用。新现实主义认为，现实由类似经典物理学的物体构成，而量子理论之所以显得诡异，是因为我们对隐变量（hidden variables）一无所知。一旦发现了这些额外的因素，所谓诡异的量子势必能完全被理解，而定域性实在和常识将再次统治一切。爱因斯坦与鲍里斯·波多尔斯基、内森·罗森联合发表的被称为"EPR paper"的论文——其标题为《量子力学对物理现实的描述能被认为是完备的吗》（*Can Quantum Mechanical Description of Physical Reality be Considered Complete*）——就针对量子理论所提出的非定域性、非真实性观点提出了一个论点。爱因斯坦抗议道："我无法严肃地相信量子理论。因为它无法和这样的观点——物理学应该代表时空中的现实，而不是所谓超距幽灵作用——相协调。"正是在对该论文的讨论中，薛定谔创造了"缠绕"这个术语。他写道：

如果两个独立的个体对彼此的了解都达到了极致，在进入互相影响的状态后再分开，就会经常发生我之前称之为"缠绕"的情形……我不会将其称为量子力学的"一个"（one）特性，而是量子力学的"那个"（the）特性。

几十年来，对隐变量是否可能存在以及基于此重新建立常规现实的讨论一直围绕着个人的哲学观点展开。但是到了1964年，爱尔兰物理学家约翰·贝尔在数学上证明了没有哪个隐变量可以和量子理论兼容。如前所述，这一发现被称为"贝尔不等式"，并被认为是20世纪最深刻的科学发现。在此之前，所有实验都证实了量子理论的预言，所以大部分物理学家都认为爱因斯坦的抱怨不大可能是对的。但同时，也有很多人和爱因斯坦一样，相信在世界的最核心处，定域性实在性是存在的——即使我们不去看月亮，它还是在那里。不幸的是，除非现实本身是互补的，而且它同时既是定域性的又不是定域性的，否则，在这两个观念中，必定有一个是错误的。

1964年，随着贝尔不等式的出现，争论开始大大有利于量子理论，并从1972年起引发了一系列越来越具有说服力的实验。[①] 最出名的实验包括位于法国奥尔塞的光学研究所的物理学家阿兰·亚斯佩和其同事在1982年进行的实验，以及日内瓦大学的尼古拉·吉辛（Nicolas Gisin）在1998年所做的一系列更具结论性的实验。在后一个实验中，光子的非定域性缠绕在超过11公里长的光纤中被证明。2004年，吉辛的团队在超过50公里长的光纤中成功地重现了该实验。

量子理论以及缠绕的概念被一再确认，这肯定会让爱因斯坦大为震惊。正如物理学家丹尼尔·格林伯格（Daniel Greenberger）所说："爱因斯坦曾经说过，如果量子力学是真的，这个世界将会变得疯狂。爱因斯坦说得没错——这

---

① 1969年，物理学家约翰·克劳泽在哥伦比亚大学的时候，设想了一种利用偏光器测试贝尔不等式的方法。1972年，加州大学伯克利分校的斯图亚特·弗里德曼和克劳泽发布了他们的实验结果，与量子理论吻合。1973年，霍尔特（Holt）和皮普京（Pipkin）用汞原子重现了该效应。此后，众多物理学家均成功地重现了该效应。

个世界确实疯了。"如今，其他物理学家也同意该观点。阿伯纳·施蒙尼（Abner Shimony）和约翰·克劳泽写道："贝尔不等式得出的结论在哲学上令人吃惊。有鉴于此，我们要么选择完全抛弃大部分科学家所坚持的现实主义哲学，要么彻底修正我们的时空观念。"

贝尔不等式

那究竟什么是贝尔不等式？物理学家大卫·默明（N. David Mermin）提供了理解这一理论的一个非技术方式。从概念上说，我们要用到一个有三个盒子的实验装置（图 12-2）。中间这个盒子用来发出缠绕粒子对。粒子可以是光子、电子、台球甚至是人类。在实践中，通常使用原子大小的物体，这是因为在非常小的领域比较容易产生和检测到缠绕，但是原则上可以使用任何物体。边上的两个盒子，一个放在中间盒子左边，另一个放在其右边。它们是探测器，监视并记录物体的属性。两个探测器完全互相分离。它们可以相隔 50 公里（如吉辛的团队在 2004 年做的实验），也可以相隔 31 光年。

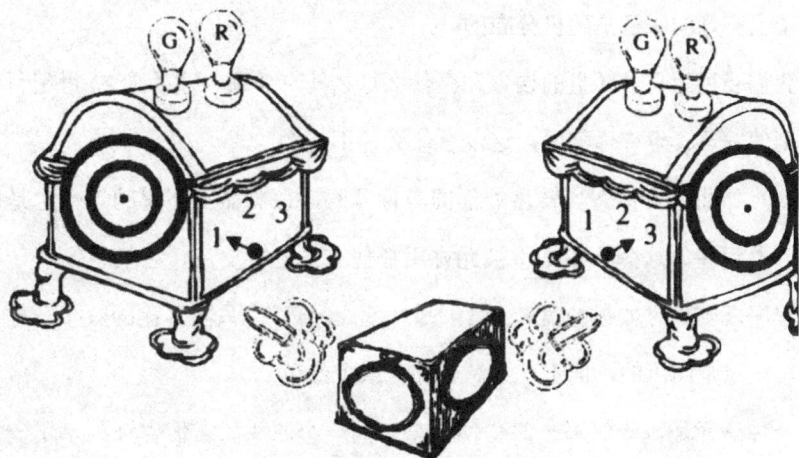

图 12-2 理解贝尔不等式用到的概念设计。

每个探测器上都有一个转盘，可以定位三个选项中的一个（我们称之为1、2、3），还有两盏灯——红灯 R 和绿灯 G。在探测器探测到一个物体后，其中一盏灯会亮起。这个实验是这样进行的：首先，在每个探测器盒子上选定三个选项中的一个，然后按下中间盒子的按钮，让它向探测器发出缠绕的物体，最后记下每个盒子亮起的是哪盏灯。连续进行 10 次这样的测试，我们就能得到如下的序列：

31 RG … 12 GR … 22 RR … 11 GG … 12 RG …

12 GR … 23 GG … 23 GG … 33 RR … 23 GR

这些数字代表两个探测器上转盘的设定位置，而字母则表示亮起的是哪盏灯。所以，在第一次测试中，我们将左边的探测器转盘定位在 1，右边的定位在 3。在发射缠绕物体后，我们记下：左边亮起了红灯，右边亮起了绿灯。在我们进行的讨论中，探测器到底是如何确定会亮起哪盏灯的并不重要。重要的是，在进行了多次这样的测试后，我们发现，只要探测器转盘定位的是相同的数字（11、22 或 33），那么一定是同色的灯亮起（RR 或 GG）。如果定位的是不同的数字，灯就会随机亮起（RR、RG、GR 或 GG）。总体来说，我们发现，每个独立探测器盒子上亮灯的序列是随机分布的。

我们要说的是：转盘的设定和亮什么灯之间有关联。这就是 20 世纪科学中最深刻的发现。也许你会说，这没有什么了不起？

既然如此，为什么当转盘处于同一位置时，探测器上亮起的灯一定是同色的呢？要记住，这些探测器不被允许用任何方式进行交流，它们也没有一个简单的程序规则说"如果转盘转到 1，那么就亮绿灯"。只要转盘的数字一样，亮起的灯一定是同色的，但不一定总是绿色或者红色。

一种解释是，既然每一对物体都来自同一个源头，它们也许共享了一个类似的代码，就像用某种文身来表明物体属于哪个帮派一样。对于每个可能的转盘设置，这些代码定义了应该亮起哪种颜色的灯。例如，在每对物体共享的代码中会指定，如果某个盒子定位在 1，那么就亮红灯，定位在 2 则亮绿灯，定位在 3 还亮红灯。我们把这个代码标记为"红 1 绿 2 红 3"，或者简写为 RGR。既然每一对物体都共享相同的代码，这样就能保证只要转盘定位的数字一样，亮起的灯的颜色也一定一样，而不用事先规定是哪种颜色。在我们的装置中，有两种颜色和三个转盘位置，所以一共有 8 个可能的代码：RRR、RRG、RGR、RGG、GRR、GRG、GGR 和 GGG。

正如默明所说，这是唯一一个"没有研究过量子力学的人都能想到的"解释。但是，这个显而易见的合理解释就是行不通。为什么呢？

我们来假定一种情况，两个物体共享的代码是 RRG（红 1 红 2 绿 3）。这段代码是说，如果左边探测器的转盘定位在 1，而右边的也定位在 1，那么两个探测器都将亮红灯。如果都定位在 2，也都亮红灯。如果都定位在 3，那将都亮绿灯。如果两个转盘分别定位在 1 和 2，还会同时亮起红灯；定位在 2 和 1，也还是都亮红灯。而其他四个转盘的定位则会亮起不同颜色的灯：1-3（红绿）、3-1（绿红）、2-3（红绿）、3-2（绿红）。对 RGR、GRR、GGR、GRG 和 RGG 代码来说，同样可以用这种逻辑来判断：这些代码中的每一个都会在五种情况下亮同色的灯，在四种情况下亮不同色的灯。

也就是说，九种转盘定位中的五种，会使得八种可能指令中的六种亮起同色的灯。还有两个指令是 RRR 和 GGG，它们能保证不管转盘如何定位，都会亮起同色的灯。这就意味着，总体而言，亮起同色的灯的比例至少是 5/9（55.5%）。你也许会说，那又怎样？事实上，根据实验数据和量子理论的预测，亮起同色的灯的比例只有 50%。而 55.5% 和 50% 之间的差异，就称为贝尔不等式。

贝尔不等式的概念实际上很简单，但第一次接触时，很难掌握其论点——你可能需要重新看看上面的那几段。如果你的肠胃突然下坠——就像坐过山车经过第一个陡降时产生的那种自由落体感觉——那你就知道自己已经掌握了。如果你还没有真正掌握它，你会觉得这一"最深刻的科学发现"未免言过其实。

而在你掌握它之后，你会觉得"深刻"这个词远不足以形容贝尔不等式。

你也许会发现，还有人没有完全掌握贝尔不等式，因为他们在耐心地听完这些描述后，会说这 5.5% 的差异实在太小，没必要这么激动。也许这个误差是因为探测器出错而偶然地亮起了错误的灯造成的，从而将期望比例从 55.5% 拉低到了 50%。多年来，这一可能的缺陷使得人们能够冷静地忽略贝尔不等式的存在。但从 1972 年开始，实验证据越来越充分，证明实验结果确实违背了贝尔不等式。预计中 55.5% 的实验结果就是不出现。到 2004 年，吉辛和他的团队得到的实验结果与贝尔不等式偏离了 20 个标准差，这个结果具有巨大的说服力，表明结果完全符合量子理论，而与经典物理学理论的预计完全背离。

所以，这个不等式并不是由于探测器表现糟糕所致，导致这一结果的概率实际上为 0，这表明量子理论是正确的。这也是为什么物理学家会对贝尔不等式感到震撼和不安（或者两种感觉都有）。它告诉我们，我们长久以来坚持和珍视的关于现实的假设毫无疑问是错的。实验证据使大部分物理学家不得不相信爱因斯坦错了。正如格林所说：

对数据最直接了当的解读是，爱因斯坦错了。在这边的物体和那边的物体之间存在着古怪、诡异、"幽灵式"的量子连接……这是一个惊天动地的结果。这个结果会使你无法呼吸。

超验与量子理论

量子理论以及支持它的大量实验告诉我们，有些我们不知道的东西连接着本来应该分离的物体。而这也正是超验经历和实验要告诉我们的。这一相似性如此惊人，似乎表明，超验就是人类对量子互连的体验。这个跳跃看起来好像没有根据，因此，我们要更为审慎地看待这个结论。

1909 年，哈佛大学的心理学家威廉 · 詹姆斯写道：

25 年来，我一直在接触心理研究方面的文献，也和不少"研究者"有交情。我也花了不少时间……见证（或者试图见证）一些现象。但是，在理论上，我没能比我开始的时候走得"更远"。我承认，有时我忍不住去相信，创世主亘古不变的意志就是让这一部分的自然保持神秘，以引起我们的好奇心、希望和怀疑。因此，尽管鬼怪、千里眼、来自精灵的消息和嘀咕看起来似乎是真的，也永远不能通过解释完全排除，但是，到现在依然没有确凿的事实能证实它们的存在。

1922 年，哥伦比亚大学的心理学家墨菲（Gardner Murphy）——他后来成为了美国心理学会（American Psychological Association）和美国心灵研究会（American Society for Psychical Research）的主席——得到了哈佛大学理查德 · 霍奇森心理研究基金（Richard Hodgson Psychical Research Fund）的资助。谈到他早期对超验研究做的批判，墨菲说："我觉得在实验控制下引发心灵感应相对容易。我认为，实验所得出的那些具有分散、互不相干特性的数据，是这个行业内一些外行、幼稚和不专业的行为造成的。"墨菲后来意识到事情并非如此简单。

2001 年，在詹姆斯做出判断后差不多 100 年，普林斯顿大学的研究员杨和布伦达 · 邓恩在进行了 25 年的大量研究后得出了相同的结论："事到如今，我们面对的是一堆不正规、不合理但却不能丢在一边不加理会的数据，它们恶作剧般地证明，对这些现象的本质，我们一如既往地缺乏理解。"

这些场景不断重现。那些意识到在超验中有一些有趣的东西的科学家最初都是对其高度热情的人。从科学观点来看，真正的超验非常重要，而一眼看上去它也不那么复杂。大部分超验实验都简单得可笑——至少在原理上是如此。因此，新的研究人员通常都有一个不言自明的信念，即之前的研究人员要么就是能力差得不行，要么就是笨得可以，因此才没能解决问题。然后，经过几十年的研究，研究人员成熟了一些，也明智了一些，给出的意见也温和了很多。他们承认自己已经确信超验真的存在，但是要理解这些现象还是一个谜。

我对这个谜题的感觉是，詹姆斯走在了正确的轨道上。他在 1897 年写道：

在心理学、生理学和医学中，不论何时出现神秘主义和科学观之间的争论，并且争论一劳永逸地得到了结论，神秘主义通常会被证明说对了事实，而科学观在理论方面讲得更对。

事实上，前面的章节已经进行了说明，在过去几十年中，对超验的分析越来越集中和明确。虽说有些类似超验的实验可能是由一个或几个普通的错误造成的，但这个说法不足以解释超验实验的整体结果。所以在这方面，神秘主义可能说对了事实。但是，它们的解释会导向不可测试的隐喻。目前，"科学"理论在解释这些实验方面也没能做得更好，但我相信这种情况一定会改变。

1909 年，詹姆斯在承认超验令人困惑的同一篇文章中明确地指出，他确信存在真正的"超常知识"（supernormal knowledge）。[①] 对此，他还做了如下比喻式的解释：

我们和自己生活的关系好比大海中的岛屿与大海、森林中的树木与森林的关系。枫树和松树喁喁低语着各自的生活，科纳尼克（Conanicut）和纽波特（Newport）（它们都是靠近新英格兰的岛屿）倾听着各自发出的轰鸣。可是，这些树木的树根却在暗黑的地下互相盘绕，这些岛屿的岛基也在广袤的海洋底部连成一片。似乎存在一种宇宙意识（cosmic consciousness）的连续统，我们的个性虽然由此建立，但是不知为何，这种连续统却被屏蔽了，致使我们的意念无法像扎入大海母亲的怀抱中那样深入其中。

我们"常规"的意识被自身适应外在自然环境的行为包围着，不过这个围栏很脆弱，致使各种影响不断地从外界渗入我们的意识，展示了无法被验证的

---

① 注意，他没有说"超自然"，因为这会导致超出自然的或者神性的解释。

常见连接。不光是心理研究，就连形而上学和猜想生物学（speculative biology）也被导引着以各自的方法向某些"泛心论"（panpsychic）宇宙观投去赞许的一瞥。

假定存在这样一个意识的公共水库，我们都可以从中汲水……问题在于，它自身的结构是怎样的？其内在的拓扑结构是怎样的？……是不是有一种更加微妙的物质，偶尔会成为心理海洋中个性化功能连接的一部分，而只有在这时——也仅仅在这时——它才展现自己的真面目？以此而论，我们常规的人类体验，在其物质端和思想端，看起来不过是某种更大的精神物理学世界的一个摘要？

詹姆斯的宇宙意识隐喻在历史上有其对应物：印度教神秘主义奉为"生命之书"的"阿卡西记录"（Akashic record）中的古代观念、精神病学家荣格的集体无意识以及生物学家谢尔德雷克的形态基因场（mophogenetic fields）。但是，这些迷人的隐喻都提出了一个无法回答的问题：意念和物质如此紧密地缠绕于其中的假想媒介的本质是什么？它的存在是不是有任何独立的证据？如果我们看到一台电视机，要检查它是不是正常工作，一个完美且有效的解答是："你按下这个按钮，屏幕上就会有图像出现。"从字面上看，这也许是正确的解答，但不完全是我们在问"它到底是如何工作的"时想要的答案。

我相信，关于此假想媒介的更理性、更让人满意的解释正在形成，而这个解释将从物理中诞生。正是在物理中，存在着超验这个本质谜题。如果物理禁止信息超越常规的时空界限进行传递，那么从科学观点来看，超验就是不可能的。但是在这里，事情变得有趣起来。正如我们看到的，这一陈旧的禁忌不再成立。在过去一个世纪，大多数关于物理现实这块织物的基本假设，在被修正时都朝着真正的超验所预见的方向行进。

我之所以认为超验就是人类对缠绕着的宇宙的体验，原因即在于此。我们目前所理解的基本原子系统中的量子缠绕，其本身还不足以解释超验。然而，缠绕和超验本体论上的相似之处是如此使人信服，我相信对其加以忽视是愚蠢的行为。有益的做法是思考这样一个问题：如果我们所知道的一切只是原子的行为，那么，没有什么能表明以某种方式将这些原子堆砌在一起时会从中产生生物组织。我们更不可能据此预示我们称之为自觉意识的复杂结构也由此形成，更不要说预示全球文明的出现了。所以，要想象量子缠绕遇上生命后会引发怎样的奇迹实在是太困难了。就此而言，我同意物理学家尼克·赫伯特的说法。他说：

自然用来操作常规"死物"的精细程度让我十分惊奇，我无法想象它在操作"有意识的物体"时会精细到何种地步。我想，与我们必须深刻理解之后才能掌握的关于意识的知识比起来，我们学习量子理论得到的知识依然处于幼稚园水平。这倒不是说需要一种复杂的数学，而是需要一种全新的思考方式。

┃全新的思考方式┃

对于我们现在所进入的领域，冷静的物理学家们通常会用"过分""惊人"以及"难以置信"等诸如此类的词语来表达他们的诧异。让我们慢慢进入这个领域，先从一些简单的东西，如心灵感应开始。

杰克和吉尔同意参加一个新的实验。[①] 他们来到实验室后，被带入两个互相分隔且高度屏蔽的房间里——在它们之间，任何常规的通信方式都被禁止了。当杰克准备给吉尔发送消息的时候，他就按下一个按钮，让他房间外的一台电脑从三幅图片中随机选择一幅并发给自己。同时，另外一台在吉尔房间外的电脑检测到杰克开始实验后，也从相同的图片中随机选择一幅并显示给吉尔。

杰克和吉尔被要求开始精神沟通，并共同决定他们看到的图片是不是同一幅。他们可以回答"是"——是同一幅图片，也可以回答"否"——不是同一

---

① 按照常规，在人体尺度量子实验描述中用到的人名是爱丽丝和鲍勃。这里我还是用杰克和吉尔，这是为了强调其结果与超验实验结果的相似性。

幅图片。他们将各自的感觉记录在自己的电脑中。然后开始下一轮测试，使用的是全新的三幅图片。有时是杰克先开始测试，有时是吉尔先开始。每次测试得到的数据都是下列四种可能性之一：是是、是否、否是、否否。

他们持续进行该实验若干天，直到一共进行了 1000 次测试为止。对所有数据的分析表明，杰克和吉尔分别有一半的时间回答了"是"，另外一半的时间回答了"否"。但值得注意的是，只要杰克和吉尔看到的是同样的图片，他们在 77% 的时间都给出了同样的回答（而不是基于概率期望值的 50%）。"同样"的回答可以是"是"，也可以是"否"。相反，如果他们看到的是不同的图片，他们会随机回答"是"或者"否"，并且只有 50% 的命中率。

在每次测试中，如果两人的回答一样，就计为一次"命中"，否则就计为一次"失误"。我们发现总体命中率为 59%。这与之前讨论的梦境超验测试所得到的结果一致。如果进行 1000 次测试，这样的命中率出现的几率为 22500 万：1。简而言之，实验大获成功。

只是，有一点需要说明：这根本不是心灵感应实验。这是假定杰克和吉尔处于缠绕状态时关于量子理论预言的例子。由于它和真正的心灵感应实验的相似性，量子信息科学家、量子加密发明人之一的吉勒·布拉萨尔（Gilles Brassard）将其称为"伪心灵感应"（pseudo-telepathy）游戏。布拉萨尔说，在这样的游戏中，"两个或多个量子玩家可以一起完成一个分布式的任务，而不需要任何形式的交流。对于传统玩家来说，这几乎是一次不可能的壮举"。

一眼看去，这很难让人相信。两个（或多个）人怎么能在根本没有传递任何信号的前提下完成某种任务，而这种任务本身却要求他们进行信息共享？德州大学艾尔帕索分校的物理学家盖伊·范德格里夫（Guy Vandegrift）也为此而深感焦虑。在研究该问题后，他于《哲学季刊》（*The Philosophical Quarterly*）上发表了一篇文章表示他的不安。范德格里夫一开始就说道，"我最近研究的东西……如此令人不安，因此我不得不以尽可能简单且不会损害其论点正确性的方式将其表述出来。基本粒子的行为看起来似乎有通信渠道连接着，对这种渠道的最好描述就是它是'精神性的'"。

接着，他描述了一个与我们上面提到的测试类似的实验。他得出的结论是，这些结果在任何经典理论中都不可能，但是却与量子理论以及证实量子理论的实验一致，他总结道：

> 似乎没有什么重大的理由能阻止两个人将他们自己放入缠绕状态，并重现杰克和吉尔所做的事情。我不是想写一篇关于心灵现象的文章。我做这个类比是因为，它最直截了当地描述了 EPR 实验实际上是如何进行的。我不相信心灵感应、奇迹或者任何其他神秘现象。正因如此，贝尔不等式才让我感到毛骨悚然。

如果要描述缠绕是如何影响了人们对现实的科学理解，"毛骨悚然"确实是一个很好的词。它违背了三个世纪以来的科学假设。而且它看起来、感觉起来太像魔术了，如果对它思考得不够透彻，科学家们要么会感到害怕，要么会认为根本没有什么问题却极力拒绝解释为什么没有问题。①

将缠绕的概念应用到物理以外的学科的尝试才刚刚开始，但是前景光明且进展神速。布拉萨尔说道：

> 信息理论和计算机科学……牢牢地建立在经典物理学之上，而经典物理学不过是我们生活于其中的量子世界的一个近似存在。这阻碍了我们在处理信息的过程中全面利用自然的潜能。经典信息和量子信息可以协同工作，以完成单独一方绝对无法完成的伟业。
>
> 量子缠绕——所有量子资源中最不经典的形式，可以用来将量子信息从一

---

① 后一种反应来自那些物理学家，他们对有关量子的种种怪异想法已经司空见惯，所以不理解这样的小题大做有什么意思。这一混乱围绕着针对量子理论本体论和认识论的挑战——而不是任何实用主义结果——展开。至少到目前为止是如此。基本的世界观一旦发生改变，所有的改变都被催化了。

处传输到另一处。在完成分布式的任务时大大降低通信费用，这将是能够做到的。在极端情况下，我们可以为没有进行交流的参与者提供"输入"（inputs），而他们产生的"输出"（outputs）将会带来在经典物理中不可能出现的关联：这就是伪心灵感应的神秘领域。

有人可能觉得为缠绕而激动是一种时尚，或者只是为了让物理学家感到烦恼以及让新人类上当而设计的噱头。但是，缠绕确实比这些臆想更深刻。实验已经证明，经典物理学的世界观是错的——它不只是错在微不足道的地方，而是错在没能用正确的方式支持超验的存在。就此而论，这几乎是一个根本性的错误。

第十三章
超验理论

爱因斯坦提到他曾和一位知名不具但却非常"重要的理论物理学家"谈及心灵感应：

他：我倾向于相信心灵感应。

爱因斯坦：这大概和物理学而不是心理学更有关系吧。

他：是啊。

超验现象在理论发展上面临三个关键问题。第一个，信息必须以违背常识的方式穿越时空。如爱因斯坦所说，这是物理的问题。第二个，信息必须不经由常规的感官进入人的思想，并且必须能和远方的物体进行交互。这是物理和神经科学的问题。第三个，信息应经常出现在自觉意识中，足以让人们对其进行报告。这是心理学和神经科学的问题。

物理的问题列在第一位是因为这三个问题都和物理现实这个概念紧密相关。如果我们生活于其中的物理媒介禁止信息以超验所要求的方式传递，那唯一合理的结论就是关于这些超验的报告都是错的。按照这个观点，ESP 一定意味着"什么地方出错了"（Error Some Place），不管所有实验证据可能说明什么。

幸运的是，正如我们在上一章讨论的，关于物理现实本质的知识在过去几千年来不断在演变。这一演变的方向表明，"错误假设"越来越不可能成立，而超验假设越来越可能成立。为了开展这个讨论，有必要看看关于物质、意念和超验关系的概念是如何演变的。

这个演变过程有四个阶段，分别对应着古代、经典时代、现代和可能的未来时代（图 13-1）。在古代，主要的现实观点是所谓"世界的灵魂"（anima mundi），即活着的宇宙。这一"魔法时代"（Age of Magic）持续了上万年，而其时代精神（zeitgeist）是"精灵"（spirit）。人们把现实想象成循环式的存在。这种想法来自观察星移斗转、四季更迭、昼夜交替、生老病死时发现的规律。现实的本质不但理所当然地建立在神之构思的基础上，而且人们还认为，活动的精灵们可以在远处使得一件事情发生而无需媒介，至少不是存在于"我们"这个世界内的已知原因能够解释的。意念的概念和灵魂关联，而灵魂是我们体内的神性所放射出的光芒。在古代，超验现象被认为是自证的，是灵魂和精灵沟通的自然方式。

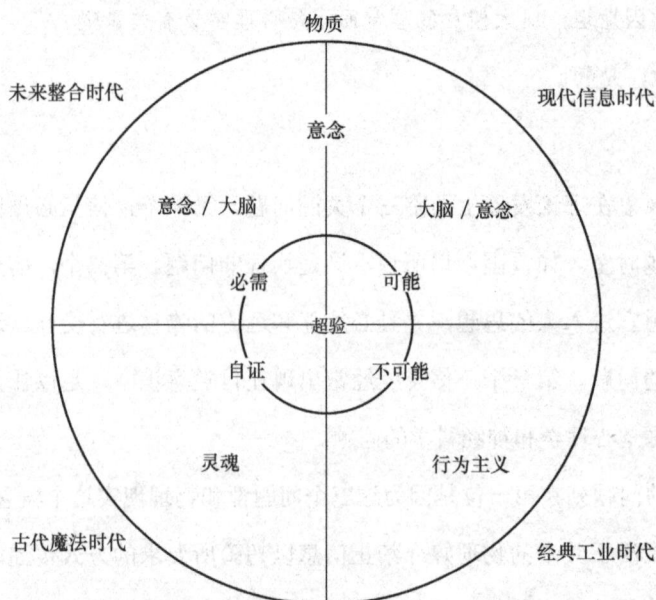

图 13-1 与超验有关的物理、精神世界观的演化

第二阶段是经典科学时代。在经典时代，凌驾一切之上的现实概念是"机械宇宙"（mechanical universe）。这一"工业时代"（Age of Industry）从 17 世纪开始到 19 世纪中叶为止。其时代精神是"钟表"（clockwork）。诸如时间、空间、能量、物质等基本概念被认为是固定的、绝对的，而且在本质上是不同的东西。人们理所当然地认为，现实以一种绝对的方式存在，与观察者无关；另外，还有一个信念就是远距作用是不可能的。而意念的概念，先是被当时初具雏形的心理学科加以审视，后被一时风行无比的行为学加以分析，最终被认为是由大脑的"钟表"机制产生的幻觉。既然意念是幻觉，而远距作用不可能，真正的超验现象自然是不可能的。

　　经典时代演变到如今的量子时代。虽然量子理论的起源可以追溯到 1900 年，但它对这个世界产生整体影响却是从 20 世纪 50 年代开始的，然后在 20 世纪 80 年代腾飞。假定如今的趋势还会继续（这个猜测就像在伸手不见五指的夜晚打枪一样没有什么把握），它也许会统治到 2100 年。我们也许会将当今的时代称为"信息时代"（Age of Information），其时代精神是"量子计算机"（quantum computer）。诸如空间、时间、能量、物质等基本物理概念被认为是相对的、互补的，而且依赖于某种不明不白的观察方式。远距幽灵作用不仅是可能的，而且在我们理解物理现实的时候是必需的。意念的概念被认为是在一个复杂的物理结构（大脑）和自然进程（意识）之间发生的动态的、事理学的交互，而大脑被认为是该进程的主要推动者。越来越多的数学家开始考虑量子理论在大脑中以及创造或维持意识方面的作用。超验不再是断然不可能的。我相信这个共识会随着时间而加强。

　　我预计，现在的阶段会演化到一个"整合时代"（Integral Age）。科学世界观将围绕整体概念而建立。其时代精神将是"人类思想圈"（noosphere），也就是德日进神甫将地球看成一个会思考的生物的概念。这个时代也许会在 21 世纪中叶到来，并在可预见的将来持续繁荣。基本物理概念不仅被认为是互补的，而且是积极参与的。意念还将被认为是大脑和意识之间的动态互动，不只是一种自然进程，也许更是该进程的主要推动者。

　　随着每个阶段的更替，超验从一开始被认为理所当然，到被否定，再到被允许存在。超验理论也和各个时代的观点保持一致。在魔法时代，超验理论建立在我们现在认为的神秘传说之上（图 13-2），诸如"星相""精神"个体、元素和精灵以及各种"生命力"等概念，是人们想象中超验媒介的主要存在方式。随着超自然魔法演化为自然魔法，炼金术和占星术发展成为化学和天文学，超验的概念也演化了，不再建立在看不见的精灵的故事上。现在还有人用诸如"星体（astral body）"这样的神秘术语来指称超验，但大部分具有科学头脑的研究人员只是将神秘传说当作一种比喻。

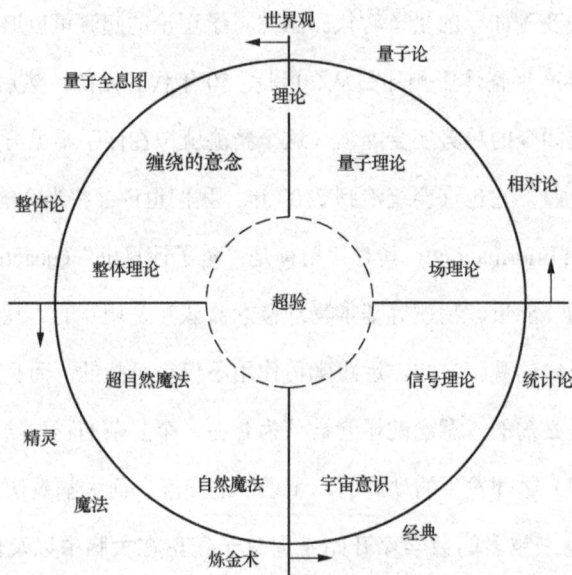

世界观

量子论

量子全息图

理论

缠绕的意念　　量子理论

整体论　　　　　　　　　相对论

整体理论　　　　　场理论

超验

超自然魔法　　信号理论　统计论

精灵

自然魔法　宇宙意识

魔法

经典

炼金术

图 13-2　超验理论示意图

　　在经典时代，超验理论随着物理的发展而发展，因此涉及场（比如"意识场"）和信号处理的想法变得流行起来。随着量子时代的到来，人们开始提出了场理论（如拟物场，quasi-physical fields）以及由量子场启发的相关理论。在设想中的整合时代，整体理论和缠绕理论可能会越来越流行。图 13-2 所画的圆圈代表了我们对演化趋势的看法——从整体上假设物理回到了魔法时代。但是，其中有一个重要的区别：后现代观点不再缺少第一阶段所没有的解释力量。按照这个观点，这个图不该是圆圈，而应该是一种螺旋线，绕着绕着就跑到了这页书之外。物理以及超验理论，也许可以被认为回到了魔法时代，但是其形式已经被彻底修正，变得更加精确。

‖超验理论‖

从最广泛的意义上说，理论是对观察到的效应的描述。它可以是一个能做出精准解释的数学公式，也可以是一个隐喻或者神话。科学理论的特殊力量在于，它们能推导出可被检验以及证伪的预测。如果没有测试一个理论的方法，你无法知道它是不是能导向正确的方向。

超验理论包含了所有可能的描述：数学的、隐喻的，可测试的、不可测试的。它们可以形成七种基本类别的超验理论，这七种理论又可分为两类：第一类是那些在一般意义上对超验效应做出解释的理论，第二类是那些试图解释在某种类型的实验中产生的某种特定效应的模型。下面这个简单的列表不是想囊括所有已经发表的理论，相反，我只列出了几个被提出来的理论主题，并对这些主题的代表性理论进行讨论。这七种基本类别包括：

- 怀疑理论（Skeptical theories）

- 信号传输理论（Signal-transfer theories）

- 目标导向理论（Goal-oriented theories）

- 场理论（Field theories）

- 集体意识理论（Collective-mind theories）

- 多维时空理论（Multidimensional space/time theories）

- 量子力学理论（Quantum-mechanical theories）

怀疑理论

这一理论试图通过各种心理上的弱点来解释超验的报告，比如记忆技巧、润饰、一己之愿、感官错觉、隐性学习、对巧合频率的低估、实验设计缺陷、选择性报告（轶事和实验）、目击证人的证词存在弱点、精神病理学、欺骗、无知以及造假等。

毋庸置疑，如果应用得当，这些因素确实可以模拟超验效应。事实上，如果超验实验的唯一证据只是轶事的堆砌，很难针对这样的解释做出有说服力的辩解。但是，之前章节讨论的大部分实验证据的设计就是用来避免这样的解释的，因此，怀疑理论不足以成为唯一的超验解释。

信号传输理论

该理论认为，某种物理载波（physical carrier wave）——类似传递无线电信号的电子波——传递了超验信息。好多年来，这都是对心灵感应所做的一个令人心动的解释，因为我们知道大脑会产生电磁场，而电磁场能以光速传递信息。1899 年，物理学家汤姆逊爵士在一次英国科学促进协会（British Association for the Advancement of Science）的演讲中提出，电磁场也许是心灵感应的物理载体。上文提到的辛克莱那本书的标题就叫《心理电台》，这也反映了当时的人们对信号传输模型的热情。

信号传输理论的最大问题是，假定该载体至少与电磁场类似，那么对于所有已知的物理场，场的强度都会随着距离的增加而快速降低。如果超验以任何一种常规的物理场作为媒介，我们会发现超验的精确性也随着距离的增加而急速下降。但是，在强电磁屏蔽和远距条件下进行的超验实验并未显示其精确性降低了。这不是说距离问题已经完全被解决了，而是说，正如我们看到的，有迹象表明，距离（或者可能是对距离的认知）可能在某些场合中扮演了某种角色。

距离衰减法则（the rule about distance drop-offs）有一个例外。对于超低频率（ELF，指频率在 0.3 ~ 1kHz 之间）来说，电磁场强度可以在长距离中保持，这是因为它可以通过那些会吸收或者阻断更高频率的障碍。20 世纪 60 年代，俄罗斯物理学家科甘（I. M. Kogan）认为，心灵感应是由 ELF 波传递的。对于较高频率的电磁场碰到的问题来说，这是一个全新的解决方案，但是它也有问题。与所有依赖电磁场的方法一样，要解释超验显然与时间无关的事实并不那么容易。所谓的电磁场前导波方案在原则上允许反馈信号的存在。但是，这种信号的时间尺度会受限于光速，也就是说，某人只能以每纳秒 0.3 米（也就是光的速度）的速度获得预知信息。用这个去解释生活和实验室中观察到的预知效应，限制太大了，因为未来的信息显然可以在几毫秒、几个月甚至更早之前被感知到。它也不能轻易地解释倒摄认知（retrocognition）这一预知的对立面，即过去的隐藏信息也可以被感知。

信号传输理论包括诸如超光速粒子、反物质（可以理解为沿着时间反向运动的粒子）、中微子、引力子等假设。不幸的是，所有这些模型都对效应受时空限制感到困惑，而且没有一个能解释千里眼。另外，该理论也没能为心灵感应提供一个可信的解释，特别是不能解释某人大脑发出的信号是如何被另一人的大脑"解码"的。

▌目标导向理论▌

该理论描述了超验的一个主要心理学特征：其目的论或者说目标导向的本质。它认为，超验"起作用"是为了获得想要的结果。在这个意义上，它与亚里士多德对不同种类起因的描述类似，特别是其中的动力因和终极因。动力因是我们解释日常事物如何工作的方式，比如，桌球互相碰撞以及齿轮互相啮合。终极因认为，最终目标不可避免地和事件的最初动因缠绕在一起，换句话说，在一个事件的开始和结束条件间，动因会引起反响。这一理论认为，实验结果并不特别地依赖其背后的物理系统本质或者实验任务的复杂性。[①] 该理论还认为，要产生超验效应，一个关键要素是反馈，因为这正是终极因成立的方式。

物理学家赫尔穆特·施密特版本的目标导向理论基于由量子理论启发的概念，即观察影响了或然事件。心理学家雷克斯·斯坦福（Rex Stanford）的"一致性理论"（Conformance Theory）以此模型为基础——超验指引着某人的行为，并通过影响外部事件以实现某个目标。心理学家迈克尔·塔尔博恩（Michael Thalbourne）的泛心理学理论（theory of psychopraxia）——自达成的目标（self-achieving goals）——与斯坦福的理论近似。物理学家埃德温·梅的理论被称为"决定增幅理论"（Decision Augmentation Theory），它建立在这一想法之上：如果我们的决定可以由对可能未来的预知加以导引，那么我们就可以优化这些决定以达到目标。所有这些理论都做出了可测试的预言，而总体来说，证据也表明这些理论是有价值的。但还不清楚的是，反馈是不是超验得以"工作"的必要要素。

┃场理论┃

物理场理论和拟物场理论包括荣格提出的集体无意识、生物学家谢尔德雷克的形态基因场、神经科学家迈克尔·帕森格的地磁场理论（geomagnetic field）。这些模型都假定存在某种形式的非定域记忆，它们能渗入时空，并与我们发生共鸣。荣格和谢尔德雷克没有指明这样的场应该由什么构成，而帕森格

---

① 有一些证据表明预知可能与复杂性有关系。

的模型认为地球的地磁场是这个场的媒介。这些理论都没有指出特定的信息是如何从这些场中提取出来的，只是说通过一种共鸣进程。在这些理论中，谢尔德雷克的想法经过了实验的测试，获得了一些成功。

作为场理论的认知科学尝试，心理学家克莉丝汀·哈代（Christine Hardy）曾提出过一种语义场（semantic fields）理论。她主张，既然超验与意念密切相关，而意念在物理上的基础还是争论激烈的话题，（现在）也就没有必要将超验理论的基础完全置于现有的物理原则之上。哈代认为，意念是"语义小星球构成的晶格……由经验、一般约束和文化背景的交互而形成"。她把这些星球看成自组织的、交错的动态网络，而超验事件是这些语义网络互联的方式。

其他的"意念场"模型还包括威廉·詹姆斯的宇宙意识概念、牛津学者迈尔斯的"影像世界"（metetherial world）或者"潜意识中的自身"（subliminal self）等。这些理论都认为，某些深层次的个人意念是一个更大的统一意念的一部分，因此可以自然而然地解释心灵感应、同步性体验等经验。但是，这些理论不能轻松地解释更广泛的超验经历，比如千里眼、预知以及 PK，而且它们也不能推导出直截了当、可以被测试的预测。

▎多维时空理论▎

该理论用几何的方法来解决超验如何超越时空的物理问题。其最初变得流行是在 19 世纪末，当时所谓的"第四维"概念激起了大众的好奇心。超验的时空奇异性无法融入经典模型之中，但是加入一个第四维度后，却变得很有道理。不少人对这个想法印象深刻。例如，英国心理学家惠特利·卡林顿在 1920 年出版了名为《生存机制的理论：第四维及其应用》（*A Theory of the Mechanism of Survival：The Fourth Dimension and Its Applications*）的著作，他在书中提到，意识可能存在于第四维中。

更新也更复杂版本的多维模型，来自物理学家伊丽莎白·劳舍（Elizabeth Rauscher）和拉塞尔·塔格。他们的模型认为，我们所熟悉的四维时空（三维空间加上一维时间）实际上是一个复数八维时空。这里说的复数指的是基于虚数（此虚数建立在 −1 的平方根的基础上）的数学的一个分支。这个模型的好处是与所有已知的物理理论——包括量子力学和相对论——保持一致，而且它还得出结论，看起来互相分离的物体，在时间或空间中的距离可以为 0。这个模型认为，意念有能力在八维空间中漫游。它对我们如何在原则上解释超验需要的非定域性而不破坏已知的物理还是有用的。但是，它不能说明所谓的意念漫游是如何发生的，也不能解释 PK 是如何起作用的。

▎量子理论▎

受量子力学启发的超验理论有五个。虽说"量子"这个词如今被视作带有异国情调的形容词而到处使用，以促进随便什么东西（食谱、渔具等）的销量，但这里所谈到的其与意识的联系却不是无关紧要的。正如物理学家亨利·斯塔普（Henry Stapp）所说：

量子理论是个谜，意识也是个谜，所以也许两者有关联。意识的量子处理方式，有时被认为受到了这个想法的启迪。不过，这个想法却显露了对量子力学本质的深刻误解。这种误解事实上包含了一种试图解决意念和物质之间关系的实用的、科学的方案。

理论1：观察理论

观察理论于 20 世纪 70 年代初提出。它是被量子波动方程的非定域性和超验现象的时空独立性之间的相似性，以及在量子测量问题中意念在物理现实中扮演了重要角色的可能性所激发出来的。这个理论与诺贝尔奖得主约翰·艾克尔斯及尤金·维格纳的观点一致，也与神经学家怀尔德·彭菲德（Wilder Penfield）、数学家冯·诺依曼的观点相符。维格纳根据自己的观点——物理中的对称性——得出结论说，物质对意念的作用必定会导致"意念对物质的直接作用"。

如此激进的想法吓坏了那些传统派人士，他们更愿意以经典的方式来思考现实。例如，在 2005 年 1 月的《科学美国人》专栏中，持怀疑论点的迈克尔·舍默表示了不满：量子理论的解释怎么会允许意念在现实形成的过程中扮演一个积极的角色呢？他将其称为"量子胡诌"（quantum flapdoodle）——诺贝尔奖得主穆雷·捷尔曼（Murray Gell-Mann）创造了这个说法。舍默可能没看到 1979 年的那期《科学美国人》。在那一期中，物理学家伯纳德·德斯帕纳特（Bearnd d'Espagnat）写了一篇文章解释量子理论，并总结道："世界由物质组成，而其存在不依赖人的意识这一点被证明与量子力学以及由实验建立的事实相矛盾。"

众多研究人员对观察理论做出了贡献。物理学家埃文·哈里斯·沃克对其做出了第一个形式化表述，而物理学家赫尔穆特·施密特也提出了一个早期版本的变种。这些理论的所有变种都假定，对一个量子事件进行的观察行为，或许改变了它的结果。观察理论特别有趣的地方在于，它会导致一个荒谬的预测：随机数据——比如一系列随机字节——被自动记录在计算机硬盘中，而如果没有人观察它们，那么这些记录下的随机字节将保持不确定状态，直到它们被观察。在被观察之后，它们就会"塌缩"成实际看到的字节。

这一预测引发了一系列实验。之前记录下来但未被观察的随机字节，日后根据诸如"要得到 1"或者"要得到 0"这样的指令被加以观察。这些指令在字节被实际记录下来之后才发出——强调这点很重要。实验结果是成功的，与观察行为回溯地影响了量子事件的预测一致。于是，观察理论成为最早一批预测并成功确认了时光倒流这一离谱效应的理论之一。顺便说下，之前章节讨论过的延迟选择实验，给出了与这些"反向 PK"（retro-PK）实验完全一样的预测。

唯一的区别是，那些实验被认为是物理主流。

理论2：实用信息模型

物理学家和心理学家华特·冯·卢卡多（Walter von Lucadou）认为，量子理论的基本机构也许可以适用于一般复杂系统。这个想法的动力在于，与所有受到量子理论启发的理论一样，量子理论精确地解释了小到亚原子尺度，大到宇宙级别的观察。因此，看起来，也许可以通过更一般的方式使用量子理论的基本原则去解释信息、时间、空间之间的基本关系。

卢卡多的模型假设，一个系统——任意大小和复杂的系统——的结构和功能是互补的。也就是说，一个系统如何构造，又如何表现，两者不仅互相关联，也逃不开缠绕在一起的命运。按照这个互补关系，卢卡多认为可以导出类似海森堡不确定性原理的另一个不确定关系。这一不确定关系建立在卢卡多所谓的"实用信息"（pragmatic information）——或者说"信息的含义"——之上。与所有不确定性关系一样，我们不能同时以任意精度去测量结构和功能，因为这两个属性是缠绕的。比如说，如果有人想精确地测量固定在显微镜载片上的一个细菌的结构或者形态，那么就会影响它的功能或者行为；而如果有人想确定细菌的功能，那进行这些测量的方式很可能改变它的结构。以此类推。卢卡多的模型认为，超验效应的产生，源于结构－功能关系缠绕后派生出的非定域性关联。

理论3：弱量子理论

采用和卢卡多类似的方法，心理学家哈罗德·瓦拉齐（Harald Walach）提出，"一般化的缠绕"可能与理解超验有关。它延续了之前由普林斯顿研究员杨和邓恩提出的观点。他们注意到，玻尔和其他量子理论奠基人通常认为互补是自然的基本成分，这个"自然"当然包括心理学范畴。

在 2002 年的《物理学基础》（*Foundations of Physics*）杂志中，物理学家

哈罗德·阿特曼斯帕彻（Harald Atmanspacher）、哈特曼·罗默（Hartmann Römer）和瓦拉齐共同描述了心理治疗——特别针对转移现象（phenomenon of transference）——中关于"弱量子理论"的一个案例。转移指的是，病人将自己的问题投射给医生；而反转移（countertransference）说的是医生将自己的问题投射给病人。有时，病人生活中不为其意识所知的片段会在医生的思想中出现，反之亦然。阿特曼斯帕彻和他的同事们认为，因为共享的有意识和无意识状态的互补性或缠绕性，弱量子理论预言了这样的"思想缠绕状态"。与其他互补条件一样，这些互斥条件的不确定性创建了非定域性关联，在本案例中，就是存在于病人和医生之间的"缠绕"关系。

弱量子理论还列举了其他可能发生非定域性关联的互补属性，比如，物质与能量、时间和空间、波与粒子、场与量子、实数和虚数、零和无穷、分析和综合、有机和无机……统而言之，就是部分和整体。

理论4：波姆的隐/显秩序

爱因斯坦的学生、美国物理学家大卫·波姆（David Bohm）认为，量子理论暗示，存在一个比我们感官所呈现的现实更深的现实。他用"隐秩序"（implicate order）来指代没有分割开的整体领域，这个领域超越了诸如时空、物质、能量这样的概念。在隐秩序下，所有的东西都与其他东西完全折叠，或者说缠绕在一起。相反，一般观察到的、常识中的世界的"显秩序"（explicate order）来自或者说展开自隐秩序。

波姆用全息图这个比喻来说明关于整个系统的信息是如何折叠成一个隐结构以及任意一部分是如何反映整体的。从此观点出发，他在谈到人类体验时写道：

> 比方说，我们假定每个人都是独立的存在，与其他人以及自然发生交互。这个说法完全是误导，更是彻底的错误。其实，所有这些都是一个单一整体的投影……在隐秩序下，我们不得不说，一般而言，意念是与物质——特别是身体——

折叠在一起的。同样，身体不只是与意念，从某种意义上说，也与整个物质宇宙折叠在一起……如果要充分地解释实际发生了什么，我们必须把物质纳入其中，而不仅仅是身体。这最终将包括其他人、整个社会，甚至是人类整体……

斯坦福神经学家卡尔·普瑞布朗（Karl Pribram）独立地提出了一个与波姆的想法类似的概念。他认为，存在一个应用于人类大脑进程中的量子全息图现实。在研究大脑结构和功能的过程中，普瑞布朗被大脑和光学全息图存储信息的方式的相似性震惊了。虽说全息图不像大脑那样是一个动态处理器，但照普瑞布朗的说法，其基本原理还是有特定的类似之处：

在大脑中，当我们看到经由神经细胞传递的电流脉冲以及数十亿计的神经细胞交互模式，你会说这类似于……在更深的量子层面发生的过程……如果我们真的说对了，那这些类似量子的现象……对我们的心理过程同样适用，对神经系统中的行为也一样适用。那么，我们就可以据此去解释人们称之为精神体验的那种经验。这是因为你对精神体验的描述似乎与对量子物理进行的描述类似。①

这一双生想法——波姆的全息宇宙、普瑞布朗的全息大脑——经由作者迈克尔·塔尔伯特（Michael Talbot）的书《全息宇宙》（*The Holographic Univervser*）而广为人知。在书中，塔尔伯特综合了波姆和普瑞布朗的想法，提出了一种能够解释各类超常现象或者心理体验的设想。心理学家肯·威尔伯（Ken Wilber）也在他编辑的书中讨论了类似的想法。全息概念如今被宇宙学家用来建立宇宙物理结构的数学模型。而现实是一个量子全息图以及一个基于量子波干扰特性的自参考系统的概念，也开始吸引人们的注意力。正如美国物理协会（American Institute of Physics）站点中的一篇新闻所述：

---

① 来自电视节目 Thinking Allowed 对杰弗里·密施拉夫（Jeffrey Mishlove）的采访记录。

先见之明和远程视物之类的术语，被包装成伪科学的妄言用来解释江湖骗子自称拥有的、能看到藏起来的东西的精神能力。另外，量子全息图方法牢固地建立在现代物理之上，借助这一方法，似乎可以通过缠绕的光子看到隐藏的物体。

在字里行间，我们感到美国物理协会反对超验的概念，他们似乎对此存有偏见。我怀疑这样的偏见是出于对其公众形象的担心，而不是有什么实在的证据。

理论5：斯塔普-冯·诺依曼理论

1932 年，著名的匈牙利数学家冯·诺依曼将量子理论建立在牢固的数学地基之上。自此之后，他所做的构想被认为是量子理论中的正统"核心"。冯·诺依曼的解释和哥本哈根一样，他们都认为，量子理论告诉我们的是观察者对现实的认知，而不是"现实"本身。并且，观察设备和观察结果都是一个整体系统中的一部分。劳伦斯伯克利国家实验室（Lawrence Berkeley Nathional Laboratory）的物理学家亨利·斯塔普最近对诺依曼的解释进行了修订。斯塔普 - 冯·诺依曼理论认为，因为在量子测量过程中，关键要素是观察者和他的认知，这意味着意识将不可避免地与量子现实交织。虽说这不是作为超验理论提出的，但似乎自然而然地得出了这个结论。让我们一探究竟。

斯塔普断言，冯·诺依曼理论的一个关键优势是，它克服了在经典物理学中如何理解意识的限制。基于定域现实性和其原理的经典假设，大脑与其他物理客体一样，是一个类似钟表的对象。既然钟表没有意识，我们所说的"我"只能是从某个精密的机械装置中浮现的一个特性。因此，我们的自觉意识感，或者说我们感觉在轻嗅玫瑰的芳香不过是个幻觉——当然，对"谁"来说是幻觉还不是很清楚。从经典物理学观来看，正在读着这句话的"你"也是一个幻觉。这看起来是一个很重要的限制，因为大部分读到这些句子的人，大概都会相信他们（他们的自觉意识）是存在的。

斯塔普－冯·诺依曼理论解决这个问题的方法是将意识重新放回量子测量过程中。它通过两个事件——进程 1 和进程 2——来进行。简单地说，在进程 1 中，意识向自然提问；而进程 2 则是其回应。进程 1 对自然的探测"超出了"常规的时空限制（因此它是一个非定域性进程），而进程 2 是我们对自然的观察，因此被常规的时空限制。正如斯塔普所说：

这表明了经典物理学和量子物理之间存在的巨大差别。在经典物理学中，基本成分是微小的、看不见的物质粒子，它是我们在天空中看到的行星的理想化缩小版本，其运行方式不受我们的观察影响；而在量子物理中，基本成分是中间人（比如意念）的刻意行为，来自这些行为的反馈，以及我们的行为对体现或者载有这一信息的物理状态所产生的效应。

这些到底和超验有什么关系？其意思是说，意识／大脑可能是一个自观察的量子对象，正因如此，它处于一个缠绕、非定域性的媒介中，而这个媒介凑巧和所有已知的超验特性完全兼容。与单一的量子对象（比如原子）比起来，大脑要巨大很多。所以，像进程 1 这样的意识是如何与大脑的演变状态交互的？有人认为，神经细胞内部的结构——微管（microtubules）——应该能在大脑内保持量子效应。与物理学家沃克一样，斯塔普给出了一个不同的答案：大脑状态对发生在原子级别的事件——特别是发生在神经细胞边界（即突触）的事件——极为敏感。

神经细胞彼此之间的沟通是通过释放神经递质分子进行的。当一个电子信号抵达神经细胞末端的时候，它就使得神经细胞的通道打开，从而允许钙离子进入。如果累积了足够多的离子，神经细胞将释放神经递质分子，进而增强（有时是降低）周围神经细胞"发射"各自的电子信号的趋势。这一进程由数十亿神经细胞和数万亿突触加以重复。这就是大脑进行通信的基础设施。

量子成分会出现在离子通道里，因为在这些通道的某些点上——直径小于1米的十亿分之一（也就是1纳米）——量子效应就很明显了。斯塔普认为，离子位置的量子不确定性使得它变得"弥散"，最终成为概率云，而不是处在一个特定位置的经典粒子。这就是说，离子是否能落在某个给定的递质分子触发的位置上（以及是否落在这个递质分子上）是不确定的。这样的情形不断在大脑数万亿的位置中发生着。

这个理论描绘出一幅景象，离子的量子概率云整体动态地变化着，其中大部分被大脑自己"观察"并随后通过量子退相干过程（大脑内部环境的交互）而塌缩为粒子。因此，大脑的大部分操作都是自为地进行，不需要自觉意识来导演这场秀——这也是很多神经学家所相信的。那为什么还要意识呢？斯塔普认为：

大脑温暖湿润，不断与它的环境进行着强烈的交互。有人可能认为，与这些条件关联的量子退相干效应的程度如此之高，可能会将所有的量子效应消除。但是，由于在离子、原子、分子和电子层次产生的不确定性，大脑不会发展成某种单一的、常见的、可描述的宏观状态——这是经典物理学的行为——而是发展成与此类状态平行的、呈连续性分布的虚拟态。

因此，确实需要自觉意识来将这种动态的状态分布导向单一的专注意识的状态。否则，大脑工作起来就会更像一颗整天做着白日梦的花椰菜，而不是一个能思考、有意识的器官了。要提供这个导向，意识利用了这一事实，即，大脑的动态状态经常会达到一个临界点，它必须在两个或多个不同的反应中做出选择。这就提供了一个精巧而敏感的枢纽，由进程1（意识）去对离子概率云进行查看，从而使得某个离子云在一个神经细胞的接收端，而不是另一个神经细胞的接收端塌缩。

但是，意识/大脑又如何使得某一条特定的思考线——或者说决定——继续，而不会转到另一条呢？基于量子芝诺效应（Quantum Zeno Effect）①，斯塔普给出了一个引人入胜的猜测。这个效应说的是（后经实验确认）一个预测：对一个量子进行快速观察的行为，将迫使这个系统保持其波态、不确定状态，而不是塌缩为一个特定的确定状态。斯塔普说：

> 说到底，持续观察一个原子是否处在某个特定量子态会将这个原子永远固定在那个状态。出于这个理由，量子芝诺效应也被称为"盯着水壶看，水就不会开"效应。对一个量子系统进行快速提问的单一行为，将把系统冻结在一个特定状态，不让它演化——如果我们不偷看，它是会演化的。只是观察一个量子系统，就阻止了它通过某些转变转到别的状态。

也就是说，如果大脑的动态状态不断进行自观察，它会更倾向于保持某个特定状态而不是另外的状态。② 这就是斯塔普的观点，意念用注意力和意图"导演了一场秀"。在这个意义上，我们所说的"注意力"是指大脑对自身施加量子芝诺效应的结果，而我们所说的"意图"是指将注意力导向某个目标的行为。

因此，斯塔普-冯·诺依曼对量子意念的解释允许其在不同的大脑状态中进行选择。这并不意味着大脑和意识必然是不同的"物质"。思想可以被认为是大脑中负责观察和指引自身的那部分。无论我们是否认为冯·诺依曼的进程 1 是意识和大脑之间的一种二元交互，或者是一种一元意识／大脑过程，此过程本身却被定义为非定域性的。这就提供了这样的可能性：一个人的意识／大脑

---

① 芝诺指的是希腊哲学家芝诺，他提出了著名的芝诺悖论。这个悖论说，设想有一支箭在空中飞行。如果这支箭的轨迹被分成无数个无限小的点，那在这些点的每个点上，箭的速度都为零。由于无数个零的和还是零，我们必然得到结论，这支箭没有速度，实际上也没有移动。当然，这个悖论虽然有着无懈可击的逻辑，但是箭还是会击中目标。

② 生物物理学家约翰乔·麦克法登（Johnjoe McFadden）在他 2002 年的书《量子进化：物理学中的奇怪理论是如何解释生活中的重大奥秘的》（*Quantum Evolution: How Physics' Weirdest Theory Explains Life's Biggest Mystery*）中提出过类似的想法。

可以使得另一个人大脑的或然状态或者是另一个物体（或者是另一个人的器官，比如肠胃），朝着选定的状态有偏好地塌缩。这将打开超验之门。

┃缠绕的意念┃

要让缠绕的意念精确地描述并预测超验行为，我们需要一个综合了物理、神经科学和心理学特性的模型。在物理上，我们必须处于一种支持超越常规时空界限连接的媒介之中。在神经科学上，意念（我是说意念／大脑）必须对该媒介极其敏感，且在该媒介中扮演积极的角色。在心理学上，注意力和意图的过程应该对意念如何在这个媒介中"导航"起关键作用。

第一个问题是，现实这块织物是否允许非定域性的连接。我们看到，关于这个问题的肯定答案已经在理论上存在了80年，在实验中存在了20年。量子理论成功地描述了从原子到宇宙领域的物理行为，我们的实验至今还没有观察到违背这一理论的情况。如果我们发现一个小小的领域——我们的身体和思想正好居于其中的领域，不知怎地不能最恰当地被作为量子对象来描述，这肯定会让人感到异常吃惊（当然，这几乎是不可能的）。正如来自乔治·梅森大学（George Mason University）的科学史家罗伯特·纳多（Robert Nadeau）和物理学家蒙纳斯·卡法托斯（Menas Kafatos）在他们合著的《非定域性的宇宙》（*The Nonlocal Universe*）一书中所说：

在宇宙历史中，所有的粒子都和其他粒子发生交互，其方式正如亚斯佩做的实验所揭示的那样。在我们眼前的物理环境中，几乎所有的东西都由量子组成，自大爆炸以降直到今天，它们一直以这种方式和其他量子发生交互……

同时要考虑到……量子缠绕随着涉及最初量子状态的粒子数量的增加而呈

指数式增长，而这些缠绕的粒子的数量在理论上没有上限。如果是这样，在最根本的层次上，宇宙可能就是一张巨大的粒子网。在这张网中，粒子可以保持互相接触——不但能跨越任何距离，也不需要任何时间，甚至不用交换能量和信息。这表明——不论看起来有多奇怪和诡异——所有物理现实都是一个单一量子系统，能对进一步的交互一起做出反应。

一个很诱人的想法是，认为量子现实在理解人类经验这样的现象时将不再扮演角色。但事实是，我们不知道某种影响要有多大，才能将我们的大脑状态串成这样一整套主观体验，而不是另一套。如果斯塔普以及其他人对意念／身体的量子连接的看法是正确的，那么人类经验确实是量子现实的一部分。正如纳多和卡法托斯所说：

我们再也不能通过假定量子的种种奇怪之处只对量子世界起作用而使之理性化了。玻尔认为我们生活在一个量子力学宇宙中，而经典物理学则是这个宇宙动态的高度近似呈现。他说的对。如果的确如此，那么量子领域中的认识论现状应该能扩展到对所有的物理现实都适用。

顺便说一句，有趣的是，纳多和卡法托斯在他们著作的开篇部分曾提到，如果读者偶然在书店的"新时代"专区发现这本书的话，那他们应该会感到失望。因为这本书谈的是物理，而不是什么新时代的概念。但是，纳多和卡法托斯认为，他们提出的这一点很重要的事实，描述了在物理学中处于领先地位的解释与末流的形而上学的解释之间存在的日益紧张的关系。对量子本体论感兴趣的物理学家们痛苦地发现，量子现实的某些解释与神秘主义概念很接近，接近到令人不安的程度。在主流科学眼里，对神秘主义表示同情将摧毁一个人作为科学家的可信度。因此，禁忌总是存在的。

在缠绕的意念之内

英国诗人威廉·布莱克有诗云:"一花一世界,一沙一天国,君掌盛无边,刹那含永劫。"①布莱克的诗句暗示了缠绕的意念是如何感知这个世界的。在弗兰克·赫伯特(Frank Herbert)的科幻小说《沙丘》(*Dune*)中,当谈到具有远见卓识的男主角保罗·亚崔迪(Paul Muad'Dib)时,作者也对缠绕的意念做了一番非常富有诗意的描述。当亚崔迪服下被称为"香料"的启灵药后,他的感知超越了时空。下面这段文字即描述了其众多具有远见的经历中的一个场景:

他意识到,所谓预知就是一种启发,包含了它所揭示的情景的限制,这立即成为了精确和有意义的错误之源。某种海森堡式的不确定性干预进来:揭示了他所看到的情景的能量消耗,同时改变了他看到的东西。

他现在看到的是一个时间节点装置……其中汇聚了各种可能性。哪怕最轻微的动作——眨一下眼,说一句无心快语,错放了一粒沙——都会撬动横亘整个世界的杠杆……此情此景使他不禁想要进入永冻状态,但即使是这一举动,也是必然会产生相应后果的行动。

我认为,赫伯特和布莱克的描述指出了理解超验的正确方向。在所能掌握的比常规感觉更深层的现实中,我们的大脑和意念与宇宙保持着密切的交流。我们似乎生活在一个巨碗里,巨碗中盛满透明的果冻。我们所做的任意摆动——每次移动、每个事件、每种思想——在整个碗里都可以感觉到。只是,这种特殊形式的果冻确实是一种非常特殊的媒介,不像常规媒介那样是定域性的,也不像常规的果冻那样黏糊糊。它不断延伸着,超出了常规时空的边界,而且也

---

① 此处译文为宗白华翻译。——译者注。

不是一种物质——如果按照这个词常规的意义来理解的话。

由于我们存在于这个"非定域性果冻"之中，所以能够对他人思想、远方物体、过去未来的信息投去惊鸿一瞥。我们不是通过常规感觉来获取这些信息，也不是因为他人思想或远方物体的信号来到了我们的大脑中，而是因为在某种程度上，我们的意念／大脑已经与他人思想、远方物体和所有其他一切处于共存状态下。在这种空间中旅行，我们用到的是注意力和意图。按照这个观点，心灵体验不再被认为是神秘的"意识力量"，而被重新定义为对缠绕着的现实织物的瞬间一瞥。

所谓粒子是量子缠绕着的，不是说在它们之间有信号传输。缠绕意味着分离系统其实是相关的。另一方面，超验似乎涉及信息传递（比如信号传输）。一眼看去，在关于超验的解释中，似乎排除了量子关联。但是，之前章节讨论过的伪心灵感应实验表明，需要经典意义上的信号的协同任务，可以在不进行任何信息传输的情况下开展。这意味着对超验的另一种理解。也许超验根本不涉及信息传递，也许它只是纯粹的关联，并只以互相关联的方式表现。

为了更详细地对此加以解释，让我们假定身体、意念和大脑在一个整体宇宙中缠绕着。不需要假定意念和大脑有着本质的不同，甚至也不需要采用更激进的说法——现实是由意念创造的。只需要设想，意念／大脑的行为如同一个量子物体一样。想象一下，我们的意念／大脑对整个宇宙的动态状态很敏感。我们可能会对之做出反应的事件在数量上是惊人的，但其中绝大部分都可以被看作背景噪声。撇开你的身体位于何处不说，你可能会对任意给定时刻内宇宙中的另外十个位置或事件感兴趣，而所有这些在时空上都与你相对接近。

在你的无意识意念中，有一部分一直对这些选中的位置保持注意力。就像在一个吵闹的鸡尾酒会中突然听到有人提及你的名字一样，你通过自己无意识的扫描能力，获得了对自己感兴趣的东西的有意识感知。在很大程度上，你的大部分有意识感知是由感官输入驱动的。这个由感觉作为边界的大脑状态也与宇宙的其余部分缠绕并受其影响，但是，与我们的"后台"感知相比，其定域性效应不但非常强，而且很直接，因此只有在极少数场合，我们才能了解其缠绕的本质。有一些天赋异禀之人能随其意愿指引他们的有意识感知，在缠绕的无意识中巡航，但就算是这些人，也无法长期保持此种状态。正如保罗·亚崔迪所说，去看的行为干扰了被看到的东西。而我们这些平庸之人，只能依赖自己的无意识意念对那些我们感兴趣的稍纵即逝的事件加以注意。

或许有那么几次，如果远方的爱人身处险境，关注着爱人环境的无意识部分会向你的有意识部分发出警告。你可能会把这一警告体验为直觉，也可能会产生一种一些有意义的事情正在发生的古怪感觉，或者你的想象被激活了，使你感知到某种关于爱人的转瞬即逝的印象。在非常场合，对于其他人发生了什么事，你也许能获得可靠的感知。这个印象是从你的记忆和想象而来的，类似醒着做梦，但是，触发这个印象的东西却来自他处或者他时。

如果日后得知，你的爱人确实曾身陷险境，或者曾希望和你沟通，于是，你就会将这一情形称为心灵感应。这看起来像是一种信息传递的形式，但实际上是纯粹的关联。也就是说，在一个整体性的媒介之内，我们总是联结在一起。由于不存在分离的部分，因此也就不需要发生信息传递。穿过这种现实的导航是通过我们的注意力发生的，而非来自激活我们记忆和印象的非感官感知。

关于缠绕的意念的问题

不通过常规的感官，不受常规时空的约束也能获取信息，这怎么可能呢？大脑和其他物体一样，是这个缠绕着的现实的一部分。正因如此，大脑的功能不仅由经典物理学和生物化学所规范，也参与了分布整个时空的事件。事件可以被认为是一个广袤无垠的池子激起的涟漪，而大脑在其表面来回震荡，就像软木塞一样。大脑之所以偶尔产生非感官的感知，这是因为，作为一个精巧敏感的模式识别者，大脑会对与之前发生的事件相联系的相似涟漪做出反应。于是，相同的记忆便从脑海中升起。如果非自觉意识认为这些记忆足够有趣，那么信息就会以印象或者一闪而过的念头的方式上升到意识层面。

上述关于大脑的比喻产生了一个后果，那就是我们将无法通过超验感知还不熟悉的东西。如果我们让一位所谓灵媒通过千里眼描述一下 1200 万年前的火星上发生了什么，原则上她应该能获取这个信息。但是，即便我们要她随便描述一下某个具体目标——假设她没有因之前的经验产生偏见——她也很可能只能感知类似地球这样熟悉的环境，因为她的大脑只拥有关于地球的记忆。所以，如果她在描述中提到一个蓝色人形机器人悠闲地走过火星郊外的大卖场，而我们却认为这种感知是真实的话，那就大错特错了。

真正陌生的事件和位置——比如宇宙中的大部分空间以及洛杉矶某处的几个饭店——对意念而言是如此陌生，以至于这样的"感知"几乎永远不会上升到自觉意识中来。这个后果的另一面是，我们最熟悉的事物——比如我们的爱人、当地的环境、对我们最有意义的地方和人——最有可能被真切地感知，并进入我们的意识中来。这可能也就是大量自发超验体验都是关于对我们有特别意义的人或地方的原因。

在实验室测试中，超验为什么这么难以捉摸？法国哲学家、诺贝尔奖得主亨利·伯格森（Henri Bergson）在 1913 年 5 月向心理研究学会做了主席报告。在该报告中，他认为，大脑的其中一个功能就是使自觉意识被"固定在我们生活的世界中"。伯格森将大脑设想成一个过滤器，它可以保护意识不会因刺激过多而被压垮，从而使得我们能够关注自身的物理生存。他补充道：

> 如果心灵感应是真实的，它很可能随时随地都在发生，但是，要么由于其

强度太低，所以我们注意不到；要么就是因为其与屏蔽机制一起进行，所以它在显示自身的同时中和了效应。我们每时每刻都在制造电，空气中一直充满了电，我们总是在磁场中走来走去，但是，数百万人生活了几千年，都没有猜想到电的存在。心灵感应的情形也可能是这样。

按照这个观点，超验效应之所以显得微弱，是因为大脑／意念进化后，过滤掉了与外在世界有关的大部分感知。如果不是如此，那么即便是最感观的信息也会变得特别让人分心。这个过滤的过程对发生在时空另一处的事件同样适用，因为大脑对这些事件的感知比常规感官更加强烈。另外，缠绕的宇宙不只是一个巨大的复杂系统，它还敏锐地对行为和观察做出反应。这一递归的关系使得超验必然是难以捉摸的。这就像你对着镜子看着自己的眼睛，准备取下假睫毛。你转动眼球以更好地看到假睫毛，而在这时，整个图像也跟着移动了。

也许宇宙在大爆炸之后最初的几纳秒内保持了缠绕，但是怎么可能在之后数十亿年间保持缠绕呢？爱因斯坦的狭义相对论认为，物质和能量是同一个东西的不同方面，而原子弹的制造确证了这个想法。因此，缠绕是物质（比如在原子中）和能量（比如在光子中）都有的属性。也就是说，我们身体周围的生物电磁场不仅和定域性环境中的电磁场缠绕，也和来自遥远宇宙空间的星星的光子缠绕。大脑的电磁场和宇宙的其余部分缠绕，这不是因为发生了直接接触（类似台球互相碰撞那样），而是因为它的场和其他每个东西的能量场互相渗透。这也是宇宙保持缠绕的方法。

超验为何通常是目标导向的？在生活和实验室中，为什么"意义"有时会加强超验效应？我们为心理意图和生理需求所驱动，因此，以有意识和无意识心理驱动力为媒介的超验，也强烈地反映了这些需求。另外，个体大脑／意念有很大一部分在进行"意义的建立"，也就是说，使其感知更加富有意义。因此，缠绕的意念也与"意义的建立"紧密相关，并受到心理信念以及我们对意义的需求的调节。

在实验中，观察到的超验效应为什么有时会错失（明显避免正确的目标）、偏移（实际描述的是周边的物体而不是选中的目标）和衰减（随着实验重复进行，效应会降低）呢？我怀疑这些效应都是心理过滤后的结果。要注意的是，"心理"不一定局限于一个人的心理。缠绕的意念的概念认为，个人信念和欲望不是强定域性的，因此，如果观察到某种强烈的超验效应并广泛报道之，那么这一消息可能会在希望这些效应消失的那些群体中引发集体的反抗（社会性"免疫反应"），从而使得这种效应的保持变得越来越困难。

发生效应错失是因为自觉意识希望回避某些特定的体验。超验错失最容易在对比绵羊（相信超验的人）和山羊（不相信超验的人）的超验表现的研究中观察到。山羊不想看到超验的证据，于是其倾向于进行系统性低于概率期望值的命中，以此来支持他们的愿望。

发生效应偏移是因为，意念不只是和预期的目标（比如，在一次心灵感应实验中）缠绕，而且和所有可能的目标缠绕。如果某个实验中的目标池特别有意义或者特别有趣，而反馈进一步将意念和所有的目标加以缠绕（这在全域心灵感应实验中很常见），于是意念就开始困惑，不知道哪个目标才是"重要"的那个。这也可能和超验错失效应相关。偏移效应通常发生在一连串非常准确的命中之后。强烈的超验效应体验能激发抑制反应，从而使自觉意识发生偏差，看不到正确的目标。

效应衰减会发生在需要重复测试的多种类型的实验中。根本的罪魁祸首应该是"厌倦"。要从一堆稻糠中挑出缠绕着的米粒，需要保持高度的注意力，因此新鲜感很重要。一旦开始厌倦，就不大可能保持注意力，因此表现也就变糟了。

为什么超验更多的是在另一种意识状态——比如梦境、冥想——中自发出现呢？一般的清醒状态很大程度上是由感官知觉驱动的，所以任何可以扰乱感官的东西大概都可以提升超验体验。这不但可以解释为什么颞叶不稳定的人报告了更多的超验体验，也可以解释传统的萨满教方法（如冥想、击鼓、念咒、精神刺激药物）引发的非常规状态为什么与关于超验感知提升的报道关联。生来就有超验能力的人似乎不需要什么特殊的意识状态，他们快速地在意识状态间切换的能力也许正是他们所谓天分的内涵吧。

缠绕的意念又如何解释集体意识形式，如场意识效应呢？意念和宇宙缠绕，因此从原则上看，意念可以非定域性地影响任何事情，包括其他意念或者物理系统的集合。大脑中独立的神经细胞构成了神经网络，形成了复杂的大脑回路和自觉意识（或者说意识的相关性）。与此类似，个人的意念可以组合成缠绕着的意念网络，形成更为复杂的"意念回路"、意识形式以及集体超验效应，这些都超出了我们的理解范围。

那意念—物质的交互（念力）效应又是怎么工作的呢？在缠绕的媒介中，意念和意图不只是在这里——意念可以在任何地方、任何时间。任何东西，哪怕只是在量子非确定状态下保持了一刹那的时间，都容易受到非定域性意念的影响。这也预测了，物体内部固有的不确定性越强，越容易被思想影响（PK）。因此，用意念影响一块石头，要比影响一个细菌困难得多。

大尺度的效应，比如漂浮或者瞬移在原则上也是可能的。但是，关于这些主张的实验室证据还很薄弱。如果某天，这些效应可以令人信服地展示，意念能影响能量平衡态——哪怕是在最微小的尺度上，也足以证明其是可能的。比方说，飞机机翼之所以能飞起来，是因为利用了空气压力的不平衡。根据同样的原理，如果意念可以轻微地减少一个可乐罐底下的大气压力，这一压力的不平衡就可以将可乐罐射向十几米的高空，直到平衡再次建立。与此类似，如果意念可以瞬时改变一个可乐罐底下的量子零点场（quantum zero-point field）的能量平衡——用一个不太恰当的类比，这是空气压力平衡的能量平衡版本——那么在平衡态再次恢复之前，完全可以将可乐罐发射进绕地轨道。

量子交互不牵涉信号传输，但是超验似乎需要信号。那么，量子缠绕真的是超验可行的模型吗？生物系统是很聪明的，能找到方法利用非生物。这些方法，只看其利用的材料的性质，是根本无法想象的。所以，生命系统也能找到如何使用量子相关进行交流的方法。在原子量度看来是随机的一个短序列，对生命系统来说可能有着巨大的意义。在原子级别，印出句子"你赢了100万美元"里的这个"1"的油墨分子，在这一页上别的油墨分子看来，差不多也是随机分布的。但是，从我们的级别看，这个处于上下文中的"1"不是随机的。相反，它好像一个催化剂，激发了某种巨大的能量效应。这种能量的释放，从构成"1"这个数字的原子的视角是无法预计的。

物理学家布莱恩·格林说，虽然他喜欢"缠绕的宇宙"这种观点，但是不可否认，关于这种观点的"诸多感情丰富的谈话不仅漏洞百出而又言过其实"。因此，基于缠绕的超验理论虽然被认为是某种万灵药（panacea），号称包治百病，其实只不过是武断地预测说"万物就是一切"（Everything is everything）罢了？或许可以将大爆炸遗留下来的缠绕比作低级的背景辐射。我们确实和所有事物缠绕，因此在原则上我们可以用意念和每样东西（任何东西）进行交互。但由于随着交互数量的增加，缠绕也随之增加，所以更可能的是，我们倾向于感知在时空中靠近我们的信息，而不大会感知发生在百万年前或者百万光年之外的事件。

通过在家庭成员和陌生人间进行的心灵感应测试可以证明这一点。我们可以预测，高度缠绕的对象——也就是家庭成员（有一些证据证明家庭成员间的缠绕程度较高）——会得到更好的结果。但是，因为地球上原子和电磁场之间的交互比较频繁，实际上，这个星球上的每样东西都已经高度缠绕在一起了。为了观察到有着巨大差异的效应，我们也许要在地球上的物体和另一个星球上的物体之间进行超验测试。

我们还可以预测，为了提高心灵感应实验中的超验表现，我们应该提升缠绕的程度，比如用同卵双胞胎——他们在一起的时间很长——进行测试；我们应该了解有谁知道正在进行的实验以及实验结果，这可以帮助我们对过多的非定域性意念"噪声"与实验交互进行限制；我们应该测试有超强记忆力的双胞胎——他们都对超验持有开放心态、擅长创造图像且能在很长一段时间内保持高度的注意力；我们使用的任务必须新鲜而且极其刺激；我们应该选择之前有过心灵感应体验的双胞胎。

在实际进行的实验中，最接近上面模式的，是一次对才华横溢的艺术系学生进行研究的全域心灵感应实验。在这群参与者中，在概率期望值是 25% 的前提下，直接命中率高达 50% ～ 75%。所以，有理由相信，与在实验室中得到的观察结果相比，我们可能会在现实中发现更好的超验表现。

如果超验是真的，而且它能带来明显的优势，那它为什么没有随着进化历程而进化呢？一种可能的情形是，进化确实利用了超验，但是我们还没有注意到。例如，物理学家约翰·萨姆汉默在发表于 2005 年 3 月的一篇名为《昆虫的量子合作》（*Quantum Cooperation of Insects*）的文章中提到，如果昆虫们处在缠绕状态中，那么与只依赖传统形式的交流相比，它们可以更有效地完成任务。在分析中，萨姆汉默首先采用的是两只蚂蚁推动一块卵石——它很重，一只蚂蚁推不动——的例子。其次是关于两只相隔很远的蝴蝶想找到对方的例子。他证明，两只有着量子缠绕的蚂蚁推动卵石的速度比两只传统蚂蚁快两倍；两只互相缠绕的蝴蝶找到对方的时间比两只传统蝴蝶少 48%。基于这个分析，他提出，如果生物系统是缠绕的，而由于缠绕提供了优势，进化一定会想到方法去利用缠绕。

换个角度来看，我们也许会随时发现变异人。他们对缠绕的宇宙异常敏感。问题是，这样的变异是不是与一般的心理功能足够兼容，以使其生存下来。比如，无论是对个人还是社会来说，天才般的智力都会被认为是一个重要的进化优势。

可是，如今的我们为什么没有全部成为天才呢？一种答案是，有些优势是自灭绝的。天才可以令人不安地接近疯狂，而疯狂并不能提供生存优势。与此类似，超强的、天生的超验能力看上去可能提供了生存优势，但是它也可能带有心理分裂趋势、过度敏感的移情认同水平趋势等，比如，某些精神分裂形式可能是因为大脑负载了过多的超验信息所致。

　　如果我们的社会寻找那些天生就有超验天赋的人加以培养，并且顾及他们具有的特殊的敏感性，那有理由认为，有着精细的超验能力的团体将不断涌现。这些团体可能会被证明对社会特别有用。不幸的是，这类团体的存在也可能给那些缺乏天赋的人群带去极大的恐惧和憎恨。我们也不清楚"局外人"（outsiders）需要多长时间才能控制这样的团体。因此，如果真的存在这样的团体，只有在极度保密的条件下，它们才能被建立。这是科幻小说最喜欢采用的场景。这种场景极可能与科幻小说本身一样隐藏着某些不为人知的真相。

第十四章

下 一 步

预测是困难的，预测未来更加困难。

尼尔斯·玻尔

┃最新进展┃

经过一个世纪越来越精细的研究，进行了超过 1000 次对照实验，总体事件的发生几率超过 $10^{104}:1$（表 14-1），于是，现在我们有了强有力的证据，证明某些超验现象确实存在。[①] 尽管这是一个令人印象深刻的统计，它所要表达的也只是这些实验的结果肯定不是出于巧合。我们也考虑了其他的常见解释（如选择性报告、实验质量的变化等）。尽管这些因素会将总体结果调低，但毋庸置疑，确实发生了一些有趣的事情。随着物理不断修正我们对现实织物的理解，超验理性解释的理论框架终将建立起来。目前来看，这是非常有可能的。

[①] 这一综合数字基于和涵盖了与所有七类实验的 Stouffer Z（未分配权重）相关的概率。该数字无疑是保守的，因为它排除了未在本书中讨论的其他类型的超验实验。

实验类型	实验次数	测试次数	发生几率
梦境超验	47	1270	$2.2 \times 10^{10}:1$
全域超验	88	3145	$3.0 \times 10^{19}:1$
有意识地探测被人盯着看	65	34097	$8.5 \times 10^{46}:1$
无意识地探测远方的意图	40	1055	$1000:1$
无意识地探测被人盯着看	15	379	$100:1$
色子PK	169	投掷了260万个色子	$2.6 \times 10^{76}:1$
随机数发生器PK	595	11亿次随机事件	$3052:1$
综合结果	1019		$1.3 \times 10^{104}:1$

表 14-1 对本书提到的实验证据类型的元分析进行的元分析。表中列出的研究次数和发生几率，已经用裁剪和填充算法对可能的选择性报告偏差进行了调整。综合结果表明，这些实验结果不大可能是出于巧合或者纯粹的运气，肯定发生了一些别的事情。真正的超验提供了一种越来越可信的解释。

▌超验革命▐

超验是真是假到底会带来怎样的不同？我认为，科学接受超验后产生的一个主要效应是，在短期内会引发世界观的改变。真正的超验会带来深刻而重要的影响，影响我们对我们认为自己是谁、是什么的看法。它定义了一个全新的知识领域。这与在其他星球上发现生命，找到 20000 年前地球上有高等文明生活的证据，UFO 降落在白宫草坪上等事件一样，其带来的影响都是一个类型的。

它还将迫使我们重新评估关于意识自身本质的古代知识。数千年来，东方的冥想一直被用来探查睡眠时以及濒死时意念到底发生了什么。东方传统中的梦境瑜伽（dream yoga）以及关于巴尔多（bardos，即中阴，指存在于生存和死亡之间的过渡状态以及超越死亡的状态）的大量文献表明，与生命和意念相关的西方科学观，可能只解释了我们能力中很小的一部分。一个著名的苏菲派（Sufi）寓言教导我们，这就像在回家的路上丢了房门钥匙，我们只在靠近路灯的地方寻找，因为只有那里存在光线照明。也许我们为自己用的工具所诱导，只去看某些特定的地方，而在此过程中，我们却忽视了那些很有趣的东西。

几乎所有的冥想传统都自然而然地认为，我们称之为超验的东西，就对更深层次现实的认识而言，还处于初始阶段。如果超验可以通过西方科学手段加以确认，我们又将如何处理这些东方的知识呢？意念的某些方面在身体死亡后是否还能存在？有没有别种形式的生存？其他的智慧呢？在西方，诸如此类的问题完全被归于宗教和迷信的领域。但也许，我们可以通过越来越精细的科学方法研究它们，而不会引起对未知的恐惧和忽视。

怀疑论

尽管有足够的证据，很多人还是表示怀疑。这种态度没有错。怀疑才是健康的态度。但是极端怀疑就是另外一回事了。我们这里不讨论极端怀疑主义者的心理，但是很难忽视这样一个事实：抱有怀疑态度的狂热群体似乎更多地被愤怒和犬儒主义驱动，而不是被客观地追求真相的意愿所驱动。

合理的质疑由三个互相关联的因素所维系。首先，确实还没有人研究出一种傻瓜式的配方，能保证任何人在任何时候都可以进行一次成功的超验实验。但是，我们也可以说，在癌症治疗研究上花费了数千亿美元，并没有人能保证大部分癌症患者能成功康复，有时医生甚至也无法对其做出成功的诊断。现实是，有些问题实在太难了，而超验就是这样的问题之一。我们可以想象一下把为癌症研究所筹集的资金在一天内花完的情景，那么相比之下，为超验研究筹集的资金——在全世界范围内所有历史阶段所筹集的所有资金——按照保守估计，等于癌症研究在短短 43 秒钟内花掉的钱。[①] 从这点来看，我们还能学到一些东西就显得很神奇了，这也意味着超验比我们想象的更无所不在。困难只是在于，我们无法解除自己与所处的环境的缠绕，因而也就不能清晰地看到超验——我们就像被安排去研究水之本质的鱼一样。

其次，大多数科学家不清楚相关的实验文献，也不太注意本体论中发生的改变，而这些改变正在重塑科学基础。尽管在主流杂志中，会时不时地出现与超验相关的话题，但其在数量上远不及那些更传统的文章，因此超验研究的进展很容易被忽略。另外，科学的分支学科如今已经太专业化了，尽管某门学科只是讲述了现有知识的一小部分，也不能指望有人会出于了解全部知识的目的而深研其他学科。因此，有人对另外一门学科中引人注目的声明表示怀疑是完全有理由的。

我认为第三个因素是最重要的，即怀疑论继续存在的原因在于，科学真理不是只靠新证据的堆砌和评价产生的。需要特别提出的是，统一的意见要靠权威力量的说服而获得。在理想的世界，不应该是这样的方式。但事实上，科学家们在著名的杂志和报纸上做出的评论常常能影响公众和科学界的观点。利用修辞手段（比如讽刺）在科学中特别具有说服力，因为很少有研究人员愿意赌上自己的信誉，承认对"每个人都知道"只不过是迷信妄言的东西感兴趣。

在说服力的影响下形成的这种共识"真理"对科学探索精神来说是诅咒，但它确实发生着。自进入 21 世纪以来，这样的情形变得愈加明显。总是存在着后台卡特尔（cartel），由政治、商务和科学构成。而如今，那些著名的医学科学家竟开始公开接受医药公司支付的所谓"顾问费"，亲自推广这些公司的产品。

在早期，商业和科学还没有那么深刻地互相纠缠在一起，很多科学家认为，大量的新证据可以——至少在原则上——影响舆论走向，使公众接受超验。例如，在 1882 年的伦敦，亨利·西奇维克（Herny Sidgwick）向心理研究学会做

---

① 5000 万美元除以 1000 亿美元是 0.05%，而 24 小时的 0.05% 是 43 秒。事实上，在癌症研究上花费了数万亿美元很可能只是保守估计。

了第一次主席演讲。西奇维克是一位来自剑桥的伦理学教授，也是一位著名的道德哲学家。在会上，他说道：

对超验现象真实性的争论还在继续，这么多有能力的目击者已经声明了对超验的信仰，另外还有很多人对超验问题深感兴趣，而作为一个整体的文明世界却依然对超验抱有怀疑态度。这真是一个丑闻。

来自科学的怀疑日益积累，有着太多、太强的根基。我们要消除它——如果还能消除的话——只能用大量的事实将其埋葬……我们不应过多地与表示怀疑的外人争论任何一个研究结论，而应该相信大量决定性的证据……我们似乎将那些反对者逼入了这样的境地：要么承认超验现象——至少对他来说——无法解释；要么认为研究人员不是在撒谎就是在欺骗，不是无知就是健忘，根本不处在知性状态，简直是个彻头彻尾的白痴。

西奇维克说的对，反对者从没有放弃指控超验研究人员撒谎、欺骗、"白痴"。但是，他错在认为对超验的不信任可以由大量事实加以粉碎。自西奇维克的时代至今，关于超验存在的事实已经从只有几道菜的家庭晚餐演化到丰盛的自助大餐，但是学院派的观点并没有被改变多少。全世界有 3000 所正规的学院和大学，只有在 1% 不到的学校中，有公开承认对超验研究有兴趣的教师任教。相反，绝大多数心理系都把对超验有兴趣的教师放在一个特别的、不重要的位置，一般人根本无法意识到这些课题是对意念或者行为的研究。

球状闪电

我对这个僵局的感觉是，超验是一种现象，却超前了它所在的时代，现在科学正试图赶上它的步伐。对球状闪电的报道与之类似。所谓球状闪电，是一个发光的、自由浮动的、篮球大小的等离子体，可以存续几秒到几分钟。观察到球状闪电通常会和暴雨天气联系在一起，但是它也可以在晴天发生。它可以进入建筑物内部，挤入比它直径小的空间中。在空气中，它缓慢浮动或者快速闪过。据说它的发热量很小，可以以不同的颜色和亮度出现。这些等离子球体在漂浮、旋转，或者在物质表面滚动、跳跃时，可以被观察到。它们要么因爆炸而消失，要么安安静静地消失。几个世纪以前，就有对被观察到的球状闪电的报道，而自19世纪中叶起，这些报道开始出现在科学文献中。 正如物理学家特纳（D. J. Turner）所描述的：

在20世纪20年代以前，关于球状闪电的几乎所有关键特征已经被确认。但是从整体上看，依然无法借助已知的物理法则对其进行整合。大多数声称找到了这一现象完整解释的尝试表明，作者要么忽略了某些已经被报道的观察，要么拒绝承认它们和球状闪电的形成有关。结果就是，至少从阿拉戈（Arago）逝世的时候（1853年）起，很多科学家一直怀疑作为物理实体的球状闪电的存在。

第一篇科学报道出现后100年，一门新的电化学科目才从化学和物理科目中演化而来，又过了50年，它才发展到了可以提出可信的球状闪电模型的阶段。直到最近，初具雏形的球状闪电演示终于在实验室中出现了。自从进入21世纪，随着观察和实验证据的持续累积，理论猜想才被频繁地提出。有一篇发表在《自然》杂志上的报道认为，球状闪电由土壤中的微观粒子产生，它们从闪电中吸收能量，然后浮入空中，慢慢氧化，释放光和热。 另一种模型认为，这个等离子球是一个热化学的热泵，能量来自闪电的电场。

我们所说的要点是，如果一种现象不能很容易地由主导的科学理论加以诠释，就会被忽略，并被认为是不可能的而被摒弃。一旦现象对基本的假设提出直接的挑战，那它们肯定会受到嘲讽。对超验来说，也是如此。或许，在未来的某个时候，将会诞生一门新的学科。在该学科中，会有模型为超验体验提供越来越可信的解释。到了那时，实验证据也会提升到这种层次——令人信服的演示可以更容易地重现。与球状闪电一样，这种现象可能极为敏感，很难按需产生，但是可以频繁地出现，从而使得理论和观察能够被检验。

▍怀疑论者▍

经常有记者问我，怎么解释这样一个事实：有些科学家认为有证据表明可以对超验实验进行重复，而另外一些科学家则不以为然。争论的双方看起来都很聪明且有学问。双方都知道元分析的优势和局限。我们有可能解决这种争议吗？还是说，在它们之间存在着永远没法调和的差异？

有一个方法可以回答这个问题。我们不妨采用一个简化版本的政治类比：把"支持派"视为自由党，把"怀疑派"看作保守党。他们都对同样的目标——了解自然——感兴趣。他们也都希望避免在追求这一目标的过程中可能产生的错误。科学保守党不能接受在已知的事实中掺入可能为假的概念的想法，而科学自由党不能接受因排除可能为真的新事实而限制真理发展的想法。

我个人的偏见是，与担心某些概念可能为假相比，提倡对新想法进行认真研究更重要。我这么想是因为历史表明，在科学的进程中，几乎所有令人振奋的突破都来自对"疯狂"想法的包容。激进的新想法一开始总是显得疯狂，但是在冷静的科学审视之光的照耀下，真正疯狂的想法无法持久。所以我相信，分配资源对其进行严肃地调查是完全合理的。当然，这只是我的想法。其他科学家更愿意保护已经尝试过并且被证实的东西；他们对非正统的概念感到不快，更愿意排除看上去与现存概念不匹配的所有东西。

应对来自怀疑论的批判

事实上，还存在另一种形式的怀疑论。仅仅因为一个判断经常被重复，以至于只是通过单纯的重复，它就开始披上了真理的光环。要揭穿这种怀疑，我们要进行一次"谣言粉碎机"式的过程。以下批判来自约克大学心理学家詹姆斯·阿尔科克（James Alcock）最近的言论，他公开发表了对超心理学表示怀疑的观点，因此，在这里我也逐条对他的批判进行回应。

批判：超心理学是伪科学。它自称和别的学科一样，但是没有核心的知识体系，没有一套构念（construct），没有一套标准的方法论，也没有一系列为所有超验研究者接受的被认可或可演示的现象。

事实：1969 年，超心理学被接纳为 AAAS 的分支。它是世界上最大的科学组织，发行了最顶级的科学杂志之一——《科学》。随着被 AAAS 吸纳，超心理学被证明是真正的科学学科。相比之下，没有一个所谓"专业的"怀疑论机构——有些甚至声称正进行科学调查——被 AAAS 吸纳。至于说没有核心的知识体系、构念等，这意味着要成为一门科学，学科里的成员必须都认可一套统一的信条。这是对科学应如何开展的古怪看法。事实上，随便打开一本科学或学术期刊，你很快会发现，研究人员总是进行着激烈的争论。一旦一门学科塌缩到只有唯一一套信念、构念、甚至只有一套方法时，那它就不再是科学，而是宗教。至于说"标准的方法论"，在本书中已经讨论了很多。

批判：超验与任何其他进行了科学研究的现象不同。它的定义不是基于"它是什么"，而是基于"它不是什么"。

事实：在物理学中，一个带电的粒子穿过充满液氢的气泡室，这个粒子就以它"不是什么"来展示自身：一串小气泡替换了液氢。与此类似，"超验不是什么"的定义反映了超验在实验室中是如何进行研究的，而不是想象中它应该怎样。换句话说，这个问题混淆了检测现象的方法和现象本身。如果要给一个正面的定义的话，可以说超验是一种方式，通过这种方式，不需要经由常规的感官，人们就能获取远处的信息。

批判：在主流科学中，没有人一开始就准备在实验室中引发异常现象。它们是在常规研究过程中呈现的，之后科学才试图对其加以解释。

事实：出现这个批判是因为"只见树木，不见森林"。超验研究不是为了追求异常，它所追求的是去调查令人迷惑的人类体验。通常，这些体验非常有意义，有时甚至是革命性的。历史上有数不清的人报道过超验体验。

批判：在科学上，所谓可重复实验的概念，是说任何研究人员——而不只是那些相信的人或者狂热分子——只要具备恰当的知识和设备，就应该能重现报道的结果。超心理学从未构造出一个成功的实验，使得中立的科学家在具备恰当的能力、知识和设备后就能加以重现。

事实：之前章节讨论的元分析粉碎了这个判断，也解答了另一个更有趣的问题：当怀疑论者尝试重复超验效应时会发生什么。这样的例子很多。让我们来看看斯坦利·杰夫斯（Stanley Jeffers）——一位来自约克大学的物理学家兼怀疑论者——的经历。1992 年，他尝试重复进行与 PEAR 实验室报道的实验类似的 PK 实验，但没能成功。1998 年，他又进行了另一次 PK 研究，也没成功。他的怀疑因此得到了加强。[①] 到了 2003 年，杰夫斯与其他人一同进行了第三次实验，最终发现了可重复的、显著的 PK 效应。所以，怀疑论者能不能进行成功的实验？当然可以。他们只是从来不去尝试罢了。

批判：所谓"实验效应"，也就是说有些人能比另外一些人获得更显著的超验结果。这令人生疑。用它来解释实验结果缺乏一致性，只是空洞的借口。

---

① 而 PEAR 实验室想利用杰夫斯的设备重复杰夫斯所做的实验时，也没有成功，实验结果不显著。

事实：那你又怎么能接受外科大夫、律师和经理人在各自的工作中有不同的成功率呢？这些人可都聪明透顶，受过专门训练，并且都是充满热情地维护自己充实而成功的事业。他们之所以获得了不同的成功，其根源是什么？答案是，人们从事的工作，如果需要与他人进行交互，会传递巨大的影响力——不管他们有意这么做还是无意。他们说话的音质、姿态、穿着、手势、被感知的信心以及习惯都会在他人如何做出反应时扮演重要的角色。

还不止如此。他们未表达出来的期望也在无意识中传达给了实验的参与者。1950 年，哈佛大学心理学家罗伯特 · 罗森塔尔（Robert Rosenthal）开创了"实验者期望效应"（experimenter expectancy effect）研究，也称"个体间期望效应"（interpersonal expectancy effect）或者"皮格马利翁效应"（Pygmalion effect）。希腊神话中有一位雕塑家叫皮格马利翁，某天他用象牙雕塑了一个美女。他深深地爱上了这个美女，在雅典娜的恩惠下，雕像具有了生命，变成了真人。这个神话是对"自我实现预言"（self-fulfilling prophecy）这一概念的最佳说明。

当罗森塔尔第一次提出实验者的期望可以巧妙地传递给实验的参与者，并因此建立一个自我实现预言时，有些人认为这个想法太可笑，而另外一些人则认为这是革命性的进步。如他所述：

这一研究得到的矛盾反应可以用我在同一天收到的两封信来代表。第一封信拒绝在一份著名的杂志上发表该论文。第二封信说，该论文已经获得 AAAS 颁发的 1960 年的"社会 / 心理学奖"。

自此之后，针对这一概念进行了数百次实验，对象有教师、律师、法官、经理人、卫生保健工作人员。期望在无意识下影响了研究参与人员、学生、陪审员、病人的反应，这一点一再得到证明。罗森塔尔和其他人还证明，这些效应不是微不足道的，它们会在现实世界中产生有意义的结果。例如，在医学环境中，从"医生对病人说话或者说起病人的语调"可以预见到他们说服病人接受治疗的有效程度。另一项研究发现，"与用尊重的语调对病人说话的医生相比，用颐指气使的语调对病人说话的医生更容易被他们的病人起诉。"

从这个角度看，如果所有的超验研究人员都获得了一致的成功才是可疑的。我们可以想象任意一个经过合适训练的实验人员都能在任何实验条件下获得成功的结果，但这终归是理想化的想象，不是活生生的现实。我们指的是实验人员有着和蔼可亲、宽容大度的个人风格呢？还是有着冷若冰霜、悲观厌世的人生态度呢？这是不是很奇妙——一种怀疑、讥讽的态度，会无意识地影响众多怀疑论者的人际行为，从而使他们没法获得成功的结果。但是，和蔼热情的支持者们做到了吗？实际上，这些因素不只是保证了成功或导致了失败，还扮演着更重要的角色。

在怀疑论者提出这样的批判时，脑海中想到的是那些异常稳定的效应（如引力）。引力可不管你是不是怀疑它。但是，在研究人类表现——即使是那些特别有天赋的人的表现时，就不是这回事了。想想体育比赛时的"主场优势"就知道了。《经济与商业杂志》（*Journal of Economics and Business*）报道说：

> 在国家橄榄球联盟（NFL）中，主场球队在 1981—1996 年赢了 58% 的比赛……而在这些比赛中，就得到全国性关注的那一部分比赛（比如，周一晚间和季后赛）来看，赌主场球队赢产生了 59.2% 的胜率……赌周一晚间没能进入季后赛的冷门主场球队赢产生了 65.5% 的胜率。这些结果暗示着，在体育心理文献中也得到承认的主场优势在全国的公众关注下得以提升，而且提升幅度超过了赌徒们的想象。

如果在高度熟练的竞赛中，这些顶尖职业选手有着天差地别的表现是由谁在看比赛决定的，那么，对于超验实验，为什么我们应该期望有什么不同呢？

批判：超心理学不能在实验之前做出预测，然后通过实验加以确认。

事实：如果这是说，事先就知道什么样的条件能产生 100% 成功的结果，那这个批判没错。但是，事实上，在人类行为中，没有人能有绝对把握做到这一点，所以这样的要求是不现实的。诸如全域心灵感应测试等研究的设计有着明确的预测，而累积的数据表明，这些预测在极高的可信度上得到了证实。

批判：超心理学利用统计数据推导出超验存在，而不是去评估一个变量对另一个变量产生的效应。这不是证明某个效应的合理方式。

事实：数理统计学会（Institute of Mathematical Statistics）的主席波顿·坎普（Burton Camp）早在 1937 年就解决了这个问题，结论是对超验有利。谈到莱茵在 ESP 卡片测试中用统计方法证明超验存在时，坎普认为：

莱茵博士的调查有两个方面：实验方面和统计方面。在实验方面，数学家当然没有什么可说的。不过在统计方面，近期的数学研究已经证明，只要实验过程是合理的，那么统计分析就是基本有效的。如果要公正地对莱茵的研究进行批判，就不能从数学基础着手。

批判：在缺乏可靠数据的情形下把超验理论化，特别是试图通过解释量子力学理论来适应超验的做法，实际上等于没来由地给超验冠以科学的光环。

事实：只有在相信的人眼中才有"可靠"的数据。对那些不愿意接受这些数据的人来说，理论化当然为时过早。但对那些已经接受这些数据的人来说，需要一个更综合的解释。如之前章节讨论过的，我认为现代物理和超验现象之间的关联，远不止"科学的光环"那么简单。

批判：超心理学没能与其他科学领域保持一致。如果超心理学是对的，那物理学、生物学和神经科学在某些基本概念方面就错得离谱了。

事实：一个神学家在他的信仰受到新的事实的挑战时，应该会发表这样的言论。但是对科学家来说，这似乎太不恰当了。当然，现有的科学知识并非"错得离谱"，但也不是绝对正确。量子物理与经典物理学大不相同，但是包含了后者。所有科学学科的发展莫不如此。这种假设，不仅是缺乏想象力的表现，也是对历史的否认。

批判：所谓超验效应，与其他已知能量不同，与距离无关。时间也不会对其造成障碍，因为据说，超验效应能顺着时间方向或者逆着时间方向起作用。

事实：放在 17 世纪，这个论点就是所谓的"表演终结者"（showstopper），但是它忽视了之后的物理学发展。量子物理中的时空非定域性以及经典量子力学中时间对称性的形式化已经完整建立。另外，虽然证据表明超验并不受时空强有力的约束，但还不能确定它绝对与时空无关。

批判：大部分学院派心理学家认为超验现象其实从未存在过。如果某天出现了超验存在的强有力证据，那些希望探索令人振奋的研究新领域的心理学家，将争先恐后地来叩击超心理之门。

事实：学院派心理学家倾向于避免超验现象，这是因为教科书对这个主题的描述是严重扭曲的。2002 年，对心理学入门教科书的研究表明，在 57 本流行课本中，只有 33 本（58%）提到了超验，而在提到超验的那些课本中，描述该主题的文字平均只有 2.4 页。其中有 14 本书说到了莱茵的 ESP 纸牌实验，24本书提到了全域心灵感应。仅此而已。我们在这里讨论的其他上百个实验根本没有被提及，而它们只是更大范围的文献的一部分。在所有被提及的已发表的论文中，最高的引用次数是 63 次，引用的是《心理学公报》描述的全域实验。但是，第二高的引用次数是 58 次，引用的文章来自《怀疑调查者》（*Skeptical Inquirer*）杂志：你的头发是不是竖起来了？这就像为了维持严肃的科学讨论，我们引用的却是来自街边小报的文章，而小报里充斥着诸如"在中央公园发现耶稣穿过的拖鞋""科学家揭示，闪电是因胖子跳爆竹引起的"等"正经"故事。① 如果给可塑性极强的心理系学生灌输这样的学术信息，整个未来一代的学院派心理学家认为这根本不算什么也就不足为怪了。另外，《心理学公报》于1994 年报道过那次成功的全域实验后，在同行评审期刊中，没有报道说有哪个学院派心理学家因所谓的争先恐后的热情而尝试去重复该实验。一个也没有。

批判：怀疑论者设立了好多项奖金以求取精神现象存在的证明，因此，如果超验是真的，那应该有人已经获得至少一项奖金了。

事实：确实，伪装成物理的魔法，或者认为自己比实际上更有精神能力的人，不会赢取这些奖金。但我不相信这些奖金——如果真有的话——会一直存在。这是因为，像超验那样经过了时间考验和科学审查的现象，应该是真的。随着科学的进步，这些现象将脱离超现实的不确定领域，进入使人愉悦的常规领域。这样的转变现象被称为"准常规"（perinormal）。这是极度怀疑论者、剑桥大学动物学家理查德 • 道金斯（Richard Dawkings）用的词。道金斯在 2005年 1 月举行的一次怀疑论者大会上提出了这个新词。作家泰德 • 戴斯（Ted Dace）在后来回顾这次会议时写道，道金斯当时曾被问及对一个为了授予证明超现实存在的人而设立的奖项。他回答说："至于那 100 万美元奖金，我要是你的话，就会很担心。因为我们现在有准常规的可能性。"看起来，即使在怀疑论者中，那些聪明人也开始避免下注了。

撇开赌注不说，我们担心的是，努力争取奖金值不值得。如果某个人，面对打定主意的怀疑论者的严苛审查，真的能证明强而可靠的超验效应确实存在——这样的人实在少之又少——那也许是值得的，因为他所花费的成本微乎其微。但是，对于在实验室中观察到的那些超验效应来说，100 万美元根本无法冲抵实验成本。假设要得到 1 亿∶1 的几率才能赢取 100 万美元，我们不妨据此计算一下需要多少次重复实验、多少被试、多少实验人员以及多少持怀疑态度的观察者……这些费用加起来比奖金还要高。所以，从纯粹实用的角度出发，目前给出的各类

① 《世界新闻周刊》（*Weekly World News*）用的就是这样的标题。

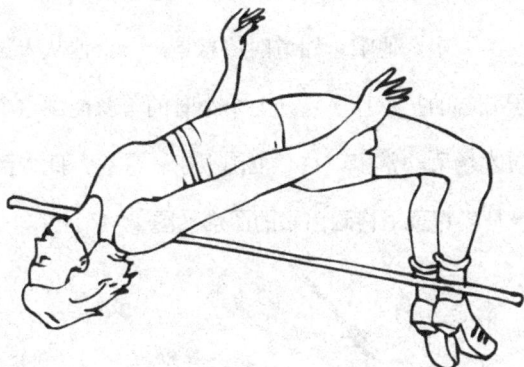

奖金还不够诱人。

批判：在超验实验中，统计分析被用来定义并捍卫其与其他实验差异的重要性。这个差异如此之小，以致对一个世纪之前的研究人员来说，根本无法让他们提起兴趣。

事实：电子的电流也很小。但那又怎么样呢？不能混淆效应的存在与效应的量度。无论如何，很多现代的超验实验都把随机选择的大学二年级学生和其他非刻意挑选的人作为被试进行实验。结果是，在实验室中观测到的效应比较弱，这可能是因为，就我们感兴趣的才能而言，接受测试的人并不突出。

假定我们有兴趣研究跳高。我们听说有人可以跳 1.83 米，但是我们不相信。一个人能跳得比自己身高还高，好像违背了引力定理。不过，我们还是想对这个结论进行测试。于是，我们随机选择了 100 名大学二年级学生，测量每个人能跳多高，并根据这些数据对可能得到的高度进行分析。我们发现，一般的学生可以跳 1.04 米。我们将这个数字与 1.83 米的结论比较后，带着满意的心情证明，1.83 米的结论是无稽之谈。没有哪个二年级生能跳到接近这个高度。但是，跳高的世界纪录不是 1.83 米，而是 2.45 米。[①] 只有天赋异禀的运动员才能接近此高度。所以，如果只是依赖未经特别选择的志愿者，我们就永远不能确认超乎寻常的结论。

有些人挑选那些有超验天赋的人进行了长期测试，并得到了相对更强烈、更可靠的效应。这种人很少，但确实存在。其中一个人是约瑟夫·麦克蒙尼格（Joseph McMoneagle）——美国陆军前顶级秘密项目"烧烤火焰"（GRILLFLAME，又叫"星门"，此外它还有别的古怪名字）中的远程视物者 001 号。他曾在多次

---

① 跳高的世界纪录目前由古巴的哈维尔·索托马约尔（Javier Sotomayer）于 1989 年创造并保持至今。

双盲实验室试验中接受测试，并展示出描述远处甚至未来物体和事件的能力，其描述有时有着惊人的细节。在某次实验中，他唯一知道的信息是，一个他从未见过的人在某个时刻会访问一处位于硅谷的技术场所。开一个小时的车就能到这个地方。开一个小时的车就能到的技术场所非常多，这个范围很广。最终，此人到达的地方有一个粒子加速器，这也是麦克蒙尼格画出来的图形（图 14-1）。[1]

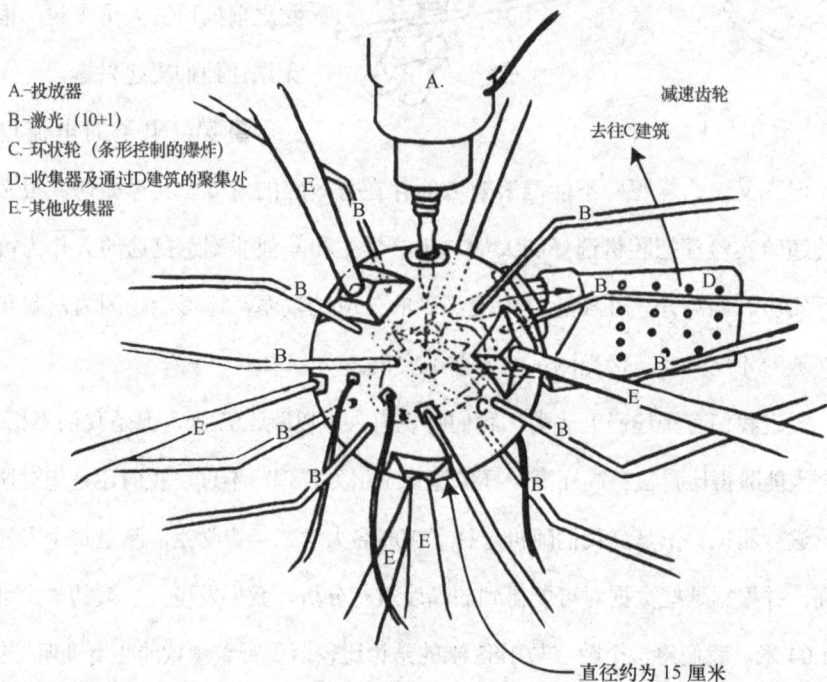

图 14-1 军方远程视物者麦克蒙尼格画出的远方技术场所的粒子加速器。事实证明，他的描绘非常精准。

▎超验的应用 ▎

既然这样的能力——虽然罕见——确实存在，我开始对专业的超验是否能帮助研究者发明实用仪器感兴趣。多年来，我一直有志于发明一台"超验开关"

① 基于美国政府持续 20 年的超验研究和应用项目中数万个文档之一而重现。根据信息自由法案，这些文档中的一部分已经可以从 CIA 获得。

（psi-switch），一种检测远程心理倾向的技术方式。1998 年 11 月 3 日，美国颁发了一项专利（专利号 5830064）。该专利基于 PEAR 实验室对超验效应的研究。所以，基于超验技术的概念不像有些人认为的那样是不可能的。

在我的某个超验开关项目中，有一年的时间，在多个不同的场合下，我很好奇地想，麦克蒙尼格是不是能探究一下不远的未来，描绘一下第一台超验开关设备的原型是什么样的呢？我暗自设想，如果真的有可能描绘一项未来的发明，我不想要来自太远的未来的信息。因为这就好比拿一台便携 DVD 机给本杰明·富兰克林看，还问他："你认为这台机器是如何工作的呢？"他不可能给出答案。与此类似，用今天的术语描述来自遥远未来的超验放大设备根本没有任何意义。所以，我请求麦克蒙尼格提供一个会在不远的未来出现的原型设备的略图。他做到了（图 14-2）。

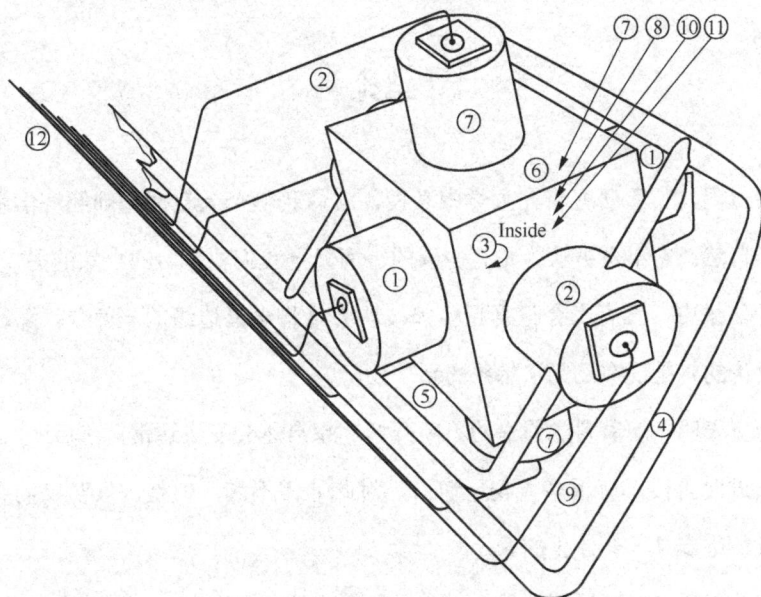

图 14-2 未来能放大意念并由意念操控的"超验开关"的草图。此图由远程视物者麦克蒙尼格画出。我们在这里印出这幅草图只是表明，有时那些天赋异禀的"灵媒"也可以给出非常详细的技术信息——纯属开心，没有别的意思。

讨论超验可能的应用很令人振奋，但是也要小心，需要谨慎对待——这种谨慎超出了本书的范围。[①] 目前，从当前的知识和趋势推算，我猜测在未来，我们会看到超验成为各种新奇的通信形式和预测技术的核心。已经有证据证明，超验效应可以通过使用统计上的纠错技术加以放大。 这些应用在短期内不大可能成为我们消费电子世界的一部分——除了做一些简单的玩具或游戏。我们可能会看到越来越多的发展直觉的技术和培训项目，以及探测远方意愿的方法。我们几乎肯定能看到人们对"集体超验"——不是个人，而是群体行为和决策中的超验效应变得日益显著——的兴趣不断增加。正如场意识实验、全球意识项目和在线超验测试开始展示的，基于对我们的集体意图和直觉的观察，不可否认，我们还有很多需要学习的。这些效应可能会催生全新类型的"社会超验"应用。

‖结论‖

　　某一天，超验研究将在大学中教授，就像我们今天教授基础经济学和生物学一样自然。它不再被认为是有争议的，而只是我们要学习的自然的另一方面。在这种前景中，没有人会记得超验曾被认为是科学最边缘的一部分。那时，我们要讨论的将是现在还无法想象的新争议。

　　历史表明，随着科学前沿的不断开拓，超自然会变成超常，然后变成常规。在这一过渡阶段，有很多人咬牙切齿，对此非常不满。但是，只要我们有决心和勇气，进步是不会停止的。

　　在关于科学发现进程的见解中，我最喜欢的一个来自丹尼斯和泰伦斯·麦

---

① 与超验有关的一些元问题，这里避免进行讨论。真实超验提出了一些严肃的认识论和本体论方面的挑战，这些挑战必须得到澄清，才能设计出可靠的基于超验的技术。一些基本的超验技术可以基于当今的知识获得，但是，它们不可能很可靠。

克基纳（Dennis and Terrence McKenna）：知识的篝火越燃越旺；而我们惊恐不安的眼睛看到的黑暗也越来越多。我们可以想象一下这种景象：在某个没有月光、乌云遮天的夜晚，我们坐在一小堆篝火旁，举目四望，周围除了黑暗阴森的森林，什么也没有。最初，微弱的知识之光只能照亮我们惊恐的脸。随后，火苗逐渐腾起，我们可以更清楚地看到对方。接着，我们看到了营地以及一些树木。在每个向前推进的阶段，随着我们对我们是谁、我们是什么的知识的不断累积，火光也变得越来越亮，我们逐渐开始理解我们挤在一起的空间多么开阔，而我们要探索的依然处于黑暗中的空间多么广袤。在这些阴影中，究竟还隐藏着多少未知的奇迹呢？

　　超验的光芒正不断变亮，这是之前从未见过的。可惜的是，启示飞驰而过，又弱不禁风。探索未知领域总是存在风险的。害怕黑暗的那些人通常拒绝去看，也不想别的人去看。但是，生活的真谛何在？随着科学的地平线的延伸，风险和论战是不可避免的，不过，由于能看到真正发现的可能性，冒险也是值得的。请再大胆一些吧，静心呵护好奇心的火苗。再大胆一些吧！

致　谢

我要感谢 IONS，一个专注于人类认知前沿研究的机构。我特别要感谢 IONS 的总裁詹姆斯·欧迪厄（James O'Dea）以及副总裁玛莉莲·西利兹（Marilyn Schlitz）、IONS 的创立者、阿波罗 14 号宇航员埃德加·米切尔以及理查德·亚当斯（Richard Adams）、彼得·鲍曼（Peter Baumann）、迈克尔·布雷兰（Michael Breland）、查尔斯·布鲁斯（Charles Brush）、桑德拉·霍布森（Sandra Hobson）、克莱尔罗素（Claire Russell）、威廉·朗佛契（William Froelich）、乔治·齐默（George Zimmer）、路易斯·波尔特拉（Luis Portela）、比亚尔基金会和费策尔学院（Fetzer Institute）的慷慨支持。我还要感谢 IONS 的前总裁威克·富兰克林（Wink Franklin），他对我的工作非常支持；另外，我还要感谢维奥莱特·克夫利兰（Violet Cleveland）的员工。

我还要感谢好多朋友和同事。我们进行了有价值的讨论，正是这些讨论澄清了我的思路。我要特别感谢卡洛斯·阿尔瓦拉多（Carlos Alvarado）、迪克·比尔曼、达米安·布罗德里克（Damien Broderick）、科林·俄瑞特（Colin Cherot）、拉里·多西、托马斯·艾特·詹姆斯·法伦（James Fallon）、尼克·赫伯特、艾米·兰斯基（Amy Lansky）、琳恩·梅森（Lynne Mason）、埃德温·梅、加勒特·莫德尔（Garret Moddel）、迈克尔·墨菲（Michael Murph）、罗伯特·麦康奈尔（Robert McConnell）、罗杰·尼尔森、卢·鲁道夫（Lou Rudolph）、斯蒂芬·施瓦兹（Stephan Schwartz）、鲁帕特·谢尔德雷克、理查德·肖普、亨利·斯塔普、拉塞尔·塔格、卡洛琳·瓦特（Caroline Watt）以及理查德·怀斯曼。本书中可能出现的任何错误和误导都源于我，而不应归咎于他们。

我要感谢 Paraview Pocket Books 的桑德拉·拉马丁（Sandra Martin）和 Paraview Literary Agency 的丽莎·哈根（Lisa Hagan），他们帮我整理稿件，使得本书最终顺利通过了出版业迷宫一般的过程。感谢帕特里克·休吉（Patrick Huyghe）给我提供了富有洞见的编辑意见。

我要感谢 IONS 研发部的珍妮·马休斯（Jenny Matthews）、沙琳·法瑞尔（Charlene Farrell）、卡桑德拉·魏特恩（Cassandra Vieten）、蒂娜·埃默克（Tina Amorok）、凯莉·德金（Kelly Durkin）以及盖尔·海森（Gail Hayssen）。他们为我提供了良好的工作环境。在此环境中，具有争议的想法不仅会得到鼓励，实际上还可以存活。这样一种真诚支持的环境太难得了，即便是在那些进行创意研究的机构中也很难得。

我还要感谢硅谷的杰出人物大卫·里德尔、费德里克·法金（Federico Faggin）、安德烈·辛格（Andrew Singer）和丹妮丝·卡鲁索（Denise Caruso）对我的研究的支持和鼓励。

我还要感谢我邻居的孩子们，他们在我的家庭办公室外面游玩时总是发出最大的声音。按照沃德豪斯（P. G. Wodehouse）的说法，要是没有他们的帮助，这本书也许只花一半的时间就能完成了。

感谢我的妻子苏西（Susie）以及两条小狗威尔伯（Wilbur）和邦尼（Bunny）。它们幽默异常，还会吠叫（当然是说狗狗，不是苏西），而且在我写作时表现出了足够的耐心。感谢我的父母希尔达（Hilda）和杰瑞（Jerry），是他们让我尝到了学习的乐趣。

最后，我要给我哥哥莱恩（Len）打个招呼。他是个牙医，也是一名杰出的戏剧老师。嘿，莱恩。

图片来源及致谢

图 6-8 重印自 Sanchez, J., Dohoo, I., Carrier, J., DesCôteaux, L.（2004）.

A meta-analysis of the milk-production response after anthelmintic treatment in naturally infected adult dairy cows.Preventive Veterinary Medicine，63，（3-4），237-56，with permission from Elsevier publishers。

图 6-9 重印自 Particle Data Group's document located at http：//pdg.lbl.gov/2005/reviews/historyrpp.pdf as of April 2005，with permission from the Particle Data Group。

图 7-2 重印自 Schmidt，S.，Schneider，R.，Utts，J.，Walach，H.（2004）. Distant intentionality and the feeling of being stared at：Two meta-analyses. British Journal of Psychology，95，235-247. © The British Psychological Society。

图 7-3 重印自 Standish，L.J.，Johnson，L.C.，Richards，T. and Kozak，L.（2003）. Evidence of correlated functional MRI signals between distant human brains. Alternative Therapies in Health and Medicine，9，122-128，with permission from InnoVision Communications in the format Trade Book via Copyright Clearance Center。

图 7-4 重印自 Kittenis，Caryl and Stevens. "Distant psychophysiological interaction effects between related and unrelated participants，" Proceedings of the 2004 Parapsychological Association，with the kind permission of Mario Kittenis。

图 9-3 重印自 Jahn，R. G.，Dunne，B. J.，Nelson，R. D.，Dobyns，Y. H.，and Bradish，G. J.（1997）. Correlations of random binary sequences with pre-stated operator intention：A review of a 12-year program. Journal of Scientific Exploration，11（3），345-367，with permission from the Journal of Scientific Exploration。

图 10-4 重印自 McCraty，R. Atkinson，M.，and Bradley，R. T.（2004）. Electrophysiological evidence of intuition：Part 1. The Surprising role of the heart. Journal of Alternative and Complementary Medicine，10，133-143，with permission from the Journal of Alternative and Complementary Medicine。

图 10-5：重印自 Spottiswoode，S. J. P.，and May，E. C.（2003）. Skin conductance prestimulus response： analyses，artifacts and a pilot study. Journal of Scientific Exploration，17（4），617.641，with the kind permission of James Spottiswoode.

图 10-6 重印自 Bierman，D. J. and Scholte，H. S.（2002）. Anomalous anticipatory brain activation preceding exposure of emotional and neutral pictures. Paper presented at Toward a Science of Consciousness，Tucson IV，with the kind permission of Dick Bierman。

图 11-1 重印自 Radin，D. I.，Taft，R. and Yount，G，（2004）. Possible effects of healing intention on cell cultures and truly random events. Journal of Alternative and Complementary Medicine，10，103-112，with permission from the Journal of Alternativeand Complementary Medicine。

图 11-7 及图 11-8 重印自 Global Consciousness Project Web site，http：//noosphere. princeton.edu，得到了罗杰·尼尔森的允许。

图 11-11 重印自 Nelson，R. D.，Radin，D. I.，Shoup，R.and Bancel，P.（2002）. Correlations of continuous random data with major world events.Foundations of Physics Letters，December 2002，vol. 15，no. 6，pp. 537-550（14），with permission from Springer Science and Business Media。

剪贴画来自 © 2005 JupiterImages Corporation（ClipArt.com）。